Stefan Thiel
Cuts

Stefan Thiel
Cuts

Edited by
Herausgegeben von
Oliver Zybok

With contributions by
Mit Textbeiträgen von
Stefan Neuner
Raimar Stange

and an interview with the artist by
und einem Interview mit dem Künstler von
Oliver Zybok

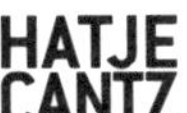

for Katrin

für Katrin

Contents
Inhalt

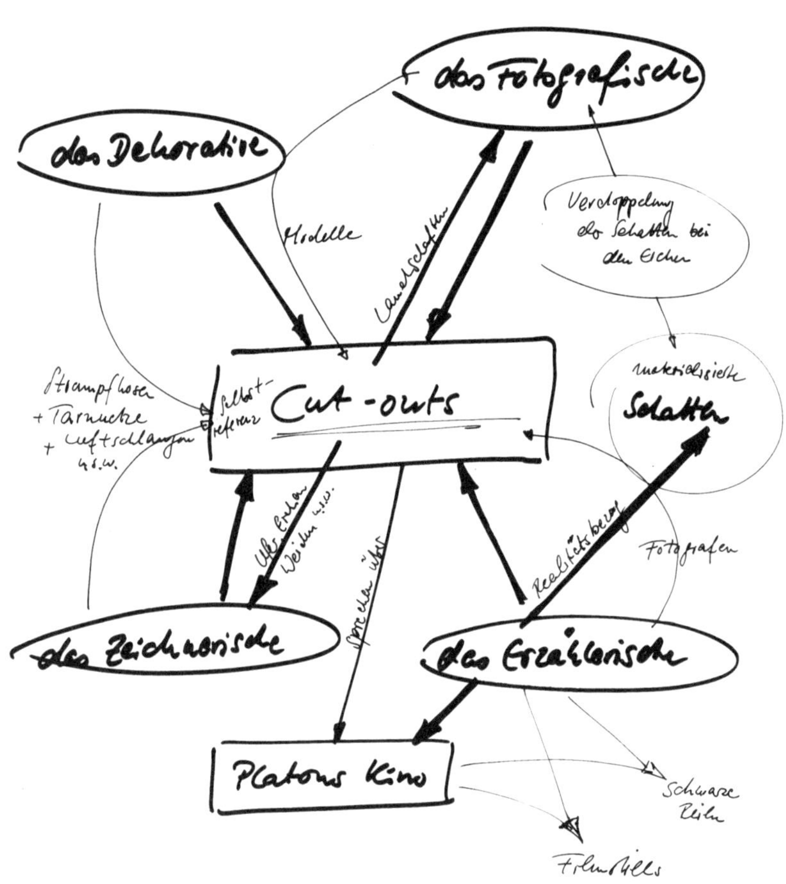

Note / Arbeitsnotiz
2009

Foreword
Vorwort

It is the varied content of the paper cut-out's contexts—including aspects of the performative, graphic, photographic, and decorative—that interests Berlin-based artist Stefan Thiel. In addition to his own photographs, material from films also provides him with motifs. In the exhibitions at the Kunstsammlung Neubrandenburg, the Galerie der Stadt Remscheid, and the Künstlerverein Malkasten in Düsseldorf, the paper cut-outs are presented in combination with photographs and sculptural objects. Each medium deals in itself with the variety of textures that fascinate the artist. Shapes are varied and they reappear separately in a kind of collage remix.

Stefan Thiel's artistic transformation of the drawn line into a cut line frees its sculptural qualities. Like Henri Matisse with his *papiers découpés,* Thiel does not invent shapes but takes them from different images manifest in real life, revealing their essential lines. In this context the holes in a pair of fishnet stockings or in a chain-link fence, for example, can be seen as a sign of a disintegration process. The numerous medial characteristics of the paper cut-out offer many possibilities for Stefan Thiel. To quote Matisse, one can "seek a more real, more essential character" beyond the superficial existence of beings and things, and "give a more durable interpretation of reality" to the artistic form.

We would like to thank Stefan Thiel for his great dedication in realizing this exhibition project. Many thanks are due to Nando Palla for designing the catalogue and to the authors Stefan Neuner and Raimar Stange for their insightful contributions. For their generous support we would like to thank Mai 36 Galerie in Zurich, Dominik Mersch Gallery in Sydney, Widmer+Theodoridis contemporary, Zurich as well as all the lenders to the exhibition. Finally, we would like to thank all the employees of the institutions involved, who always helped energetically with the realization of this project.

Den in Berlin lebenden Künstler Stefan Thiel interessiert der Papierschnitt in seinen vielfältigen inhaltlichen Kontexten, die Aspekte des Performativen, Zeichnerischen, Fotografischen und Dekorativen einschließen. Neben selbst gemachten Fotografien dient ihm auch Filmmaterial als Motiv. In den Ausstellungen der Kunstsammlung Neubrandenburg, der Galerie der Stadt Remscheid und des Künstlerverein Malkasten, Düsseldorf, werden die Papierschnitte mit Fotografien und skulpturalen Objekten kombiniert gezeigt. Jedes Medium für sich thematisiert die Vielfalt an Oberflächenstrukturen, die den Künstler faszinieren. Dabei werden Formen variiert, sie kehren vereinzelt in einer Art von collagiertem Remix immer wieder.

Stefan Thiels künstlerische Umformung der gezeichneten Linie zur geschnittenen setzt deren plastische Qualität frei. Ähnlich wie Henri Matisse in seinen »papiers découpés« erfindet er keine Formen, sondern löst aus den verschiedenen Erscheinungsbildern der Wirklichkeit dezidiert Formen heraus, indem er ihre wesentlichen Linien herausarbeitet. In diesem Kontext sind zum Beispiel die Löcher in den Netzstrumpfhosen oder im Maschendraht als Zeichen eines Auflösungsprozesses zu verstehen. Die vielfältigen medialen Eigenschaften des Papierschnitts eröffnen Stefan Thiel neue Möglichkeiten, um, wie Matisse es formulierte, über die oberflächliche Existenz der Wesen und Dinge hinaus »einen wahreren und wesentlicheren Charakter zu erforschen« und der künstlerischen Form »eine dauerhaftere Interpretation der Wirklichkeit zu geben«.

An dieser Stelle danken wir Stefan Thiel ganz herzlich für sein großes Engagement bei der Realisierung dieses Ausstellungsprojektes. Ein großer Dank gilt Nando Palla für die Gestaltung des Kataloges, ebenso den Autoren Stefan Neuner und Raimar Stange für ihre aufschlussreichen Beiträge. Für die großzügige Unterstützung sei der Mai 36 Galerie in Zürich, der Dominik Mersch Gallery in Sydney, Widmer+Theodoridis contemporary, Zürich sowie allen Leihgebern gedankt. Abschließend richten wir unseren Dank an alle Mitarbeiterinnen und Mitarbeiter der beteiligten Institutionen, die wie immer tatkräftig an der Umsetzung des Projektes mitgewirkt haben.

Merete Cobarg
Director, Kunstsammlung Neubrandenburg

Oliver Zybok
Artistic Director, Galerie der Stadt Remscheid

Robert Hartmann
Chair, Künstlerverein Malkasten, Düsseldorf

Merete Cobarg
Leiterin, Kunstsammlung Neubrandenburg

Oliver Zybok
Künstlerischer Leiter, Galerie der Stadt Remscheid

Robert Hartmann
1. Vorsitzender, Künstlerverein Malkasten, Düsseldorf

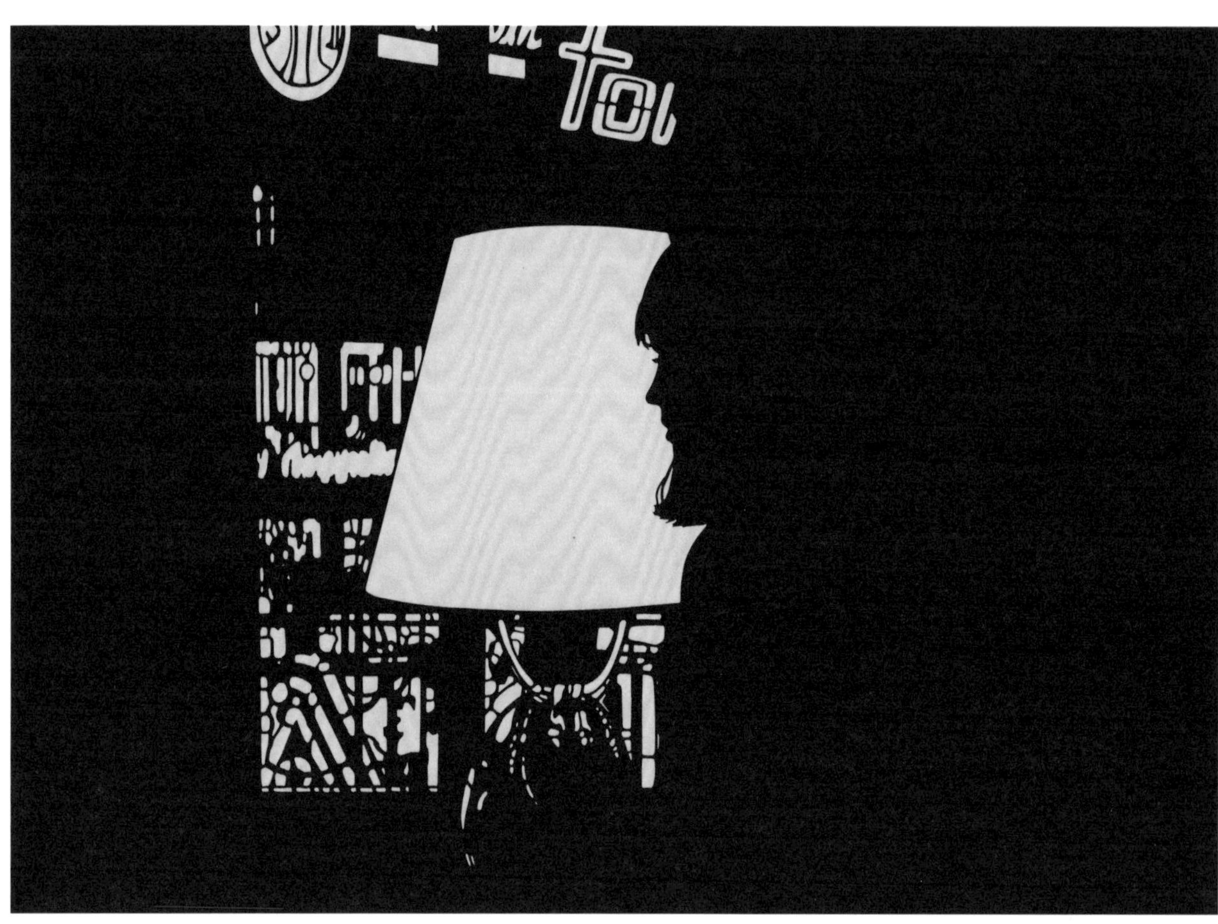

Filmstill 3 (alphaville)
2008

Cut-out
47.5 × 66.7 cm
Private collection

Light and Shadow by Raimar Stange
Licht und Schatten von Raimar Stange

Black-and-White   Stefan Thiel is fascinated with dual systems. After all, in his work *The 120 Days of Sodom, or the School for Libertines* (1994–98, Ill. p. 11) the Berlin artist rendered Marquis de Sade's 1785 novel of the same name into Braille, a complex aesthetic game of high and low. In the cut-outs following that work cycle it is the binary code of black-and-white that gives his art its form. Black-and-white, by the way, appears on the aesthetic master plan in the strictest sense of the word here, that is: without any shades of gray. In these pictures, usually presented as series, Stefan Thiel transposed photographs (usually taken by himself) into the formal language of a vintage medium, arriving at an "intensified precision of representation as well as an aestheticization of the represented."[1] As with *The 120 Days of Sodom, or the School for Libertines,* the artist relied on painstakingly laborious work, time-consuming cuts taking the place of a swift push of the shutter release. These precise, large-scale cut-outs intentionally do without narrative connections between the subjects chosen. Instead, the subjects—the content ranges from fashion and architecture to nature and landscape—develop their easily remembered yet always mysterious power in a symbolic and, at the same time, stoically banal manner.

Most recently Stefan Thiel has transformed the strategy of his cut-outs, choosing images from more-or-less legendary movies of the 1960s and 1970s. These sources are no longer pictures he took himself, but found footage that has long since made its home in our "museum without walls" (André Malraux). These colorful film stills are transposed into Thiel's black-and-white and while they were originally "moving pictures," they are now stopped, as it were, by the cut.

Ready for Action   The artist finds the sources for his cut-outs in movies such as Jean-Luc Godard's *Alphaville, Une étrange aventure de Lemmy Caution* and *Pierrot le fou* (both from 1965), *The Lost Honor of Katharina Blum* (1975) by Volker Schlöndorff, and Federico Fellini's *La Dolce Vita* (1960). Thiel chooses not mainstream movies, blockbusters that can usually be found in the crossover of art and cinema, but sophisticated auteur films. The film aesthetics of the 1960s and 1970s are interesting to him, especially their high-contrast game of light and shadow. Yet their psychologically charged

Schwarz und Weiß   Duale Systeme haben es Stefan Thiel angetan. So übertrug der Berliner Künstler in seiner Arbeit *Die 120 Tage von Sodom oder die Schule der Ausschweifung* (1994–1998, Abb. S. 11) den gleichnamigen Roman des Marquis de Sade aus dem Jahre 1785 in Blindenschrift, also in ein komplexes ästhetisches Spiel von hoch und tief. In seinen auf diesen Werkzyklus folgenden Scherenschnitten ist es dann der binäre Code von Schwarz und Weiß, der seiner Kunst die Form gibt. Schwarz-Weiß tritt hier übrigens im strengsten Sinne des Wortes auf den ästhetischen Masterplan, also ohne jegliche Grautöne. Vor allem selbst geschossene Fotos übersetzte Stefan Thiel in diesen meist in Serie präsentierten Arbeiten in die Formensprache des altehrwürdigen Mediums und erzielte so eine »gesteigerte Prägnanz der Darstellung ebenso wie eine Ästhetisierung des Dargestellten«.[1] Diese präzisen, großformatigen »Cut-outs« verzichten bewusst auf narrative Zusammenhänge zwischen den gezeigten Sujets. Wie schon bei *Die 120 Tage von Sodom oder die Schule der Ausschweifung* leistet der Künstler sich hier gleichsam manische Fleißarbeit, an die Stelle des geschwinden Drucks auf den Auslöser des Fotoapparats tritt das zeitraubende Ausschneiden. Stattdessen entwickeln die Motive – das inhaltliche Spektrum reicht von Mode über Architektur bis hin zu Natur und Landschaft – so sinnbildhaft wie gleichzeitig stoisch-banal ihre einprägsame, aber dennoch immer auch rätselhafte Kraft.

Nun transformiert Stefan Thiel die Strategie seiner Papierschnitte insofern, als es jetzt Bilder aus mehr oder weniger legendären Filmen der 1960er- und 1970er-Jahre sind, die er zu Papierschnitten weiterverarbeitet. Nicht mehr selbst gemachte Aufnahmen sind hier also die Vorlage, sondern quasi »found footage«, die längst in unserem »imaginären Museum« (André Malraux) zu Hause ist. Diese werden dann meistens aus der Farbigkeit des Originals übersetzt in das von Thiel genutzte Schwarz-Weiß. Zudem handelt es sich jetzt um Bilder, die eigentlich bewegte sind, von den Papierschnitten dann aber gleichsam stillgestellt werden.

Filmreif   Filme wie Jean-Luc Godards *Alphaville, une étrange aventure de Lemmy Caution* und *Pierrot le fou* (beide von 1965) oder *Die verlorene Ehre der Katharina Blum* von Volker Schlöndorff (1975) sowie Federico Fellinis *La dolce vita* (1960) sind es zum Beispiel, in denen der Berliner Künstler die Vorlagen

moments also challenge the artist to transpose the cinematic plot he appreciates into his own aesthetic of the cut-out. Thiel chooses moments that are characterized by tense emptiness or suspense, that develop their emotional power especially in the absence of action in carefully directed scenarios. A good example of this is a cut-out whose source can be found in *Alphaville* (Ill. p. 8). We see a woman—a silhouette, yet somehow physically present just the same—standing in a hotel room in front of a white table lamp. In addition, through the window in the background, we discern a typical neon sign from 1960s Paris. The woman is the actress Anna Karina, who is visiting Lemmy Caution (played by Eddie Constantin) in his hotel room. On the one hand, this picture resonates with all the melancholy and latent tension of film noir—with which Godard played in *Alphaville* in such a virtuoso, almost parodist manner. On the other hand, it is crucial that Thiel succeeds in his piece in imbuing this scene with a new intensity beyond its almost clichéd character.

The Anti-Godard?   Jean-Luc Godard's book *Introduction à une Véritable Histoire du Cinéma* was published in 1980. It contains black-and-white photos from the director's movies, printed as grainy reproductions. At first glance they seem to bear a significant similarity to Stefan Thiel's cut-outs; but when we look more closely, it is the differences between the two pictorial systems that become more important. In the introduction to the German translation of the book—which, by the way, is based on lectures given by Godard at the University of Montreal in Canada—we read concerning the photos: "We find traces of the films' movements better than is usual in photographs."[2] How so? Some extreme enlargements and, above all, the rough cuts that show the pictures in a fragmented state that begs for continuation cause these black-and-white images to become something other than film stills that simply stop the moving pictures. They are indeed much more interested in just the opposite. Thiel's cut-outs work completely differently: his images are deliberately composed. The lamp, for example, is placed in the center, the window and the woman in front of it are grouped precisely around this central focus. The figure of the woman merges with her shadow, which heightens its role—that of influencing our perception—within the image. The cut (note the exact verbal analogy to the cinematic technique) of the cut-out, like the frame chosen, is also extremely precise, presenting virtually self-contained image content. The result is a beauty that lies in and consciously ventures close to the decorative. An almost contemplative silence without any "traces of the films' movements" can be found in the cut-outs, a sensitive silence that is emphasized by the use of black-and-white. Black-and-white is deliberately different from the

für seine Scherenschnitte sucht. Thiel wählt also weniger mainstream-taugliche Blockbuster aus, wie sonst im Crossover von Kunst und Kino oft üblich, sondern eher gehobene Autorenfilme. Die Filmästhetik der 1960er- und 1970er- Jahre jedenfalls interessiert ihn, vor allem ihr kontrastreiches Spiel mit Licht und Schatten. Aber auch ihre psychologisch aufgeladenen Momente fordern den Künstler zu einer Umsetzung des von ihm geschätzten cineastischen Geschehens in seine Ästhetik des »Cut-outs« heraus. So sucht sich Thiel Augenblicke in den Filmen, die einerseits geprägt sind von spannungsreicher Leere, von »Suspense« also, die gerade durch die Abwesenheit von Handlung in sorgsam inszenierten Szenarien ihre emotionale Kraft entwickelt. Ein gutes Beispiel hierfür ist ein Papierschnitt, dessen Vorlage in *Alphaville* zu finden ist (Abb. S. 8). Wir sehen eine weibliche Person, silhouettenhaft und dennoch körperlich präsent, die in einem Hotelzimmer vor einer weißen Tischlampe steht. Im Hintergrund erspähen wir durch das Fenster hindurch eine typische Neonreklame im Paris der 1960er-Jahre. Es handelt sich um die Schauspielerin Anna Karina, die Lemmy Caution, gespielt von Eddie Constantine, in seinem Hotelzimmer besucht. Einerseits schwingt in diesem Bild all die Melancholie und latente Spannung mit, die wir aus dem Film noir kennen und mit der Godard in *Alphaville* so virtuos, fast schon parodistisch zu spielen wusste. Andererseits, und dies ist entscheidend, gelingt es Thiel in seinem Bild, dieser Szene, jenseits des fast schon klischeehaften Charakters, eine neue Intensität einzuhauchen.

Der Anti-Godard?   1980 erschien das Buch *Introduction à une véritable histoire du cinéma* von Jean-Luc Godard. In ihm finden sich Schwarz-Weiß-Fotos aus Filmen des Regisseurs, die grob reproduziert abgedruckt wurden. Auf den ersten Blick scheint eine signifikante Ähnlichkeit zu den Papierschnitten Thiels vorzuliegen, auf den zweiten Blick jedoch sind es gerade die Unterschiede zwischen beiden Bildsystemen, die hier Sinn machen. Schon im Vorwort der Übersetzer zur deutschen Ausgabe – es handelt sich übrigens um Aufzeichnungen von Unterrichtsstunden, die Godard an einer Filmhochschule im kanadischen Montreal gehalten hat –, ist über die Fotos zu lesen: »[…] man findet besser als sonst auf Fotos die Spuren von den Bewegungen der Filme«.[2] Wie dieses? Teilweise extreme Vergrößerungen und vor allem die ruppigen Anschnitte, die das Fragmentarische, und somit das nach Fortsetzung Rufende der Bilder betonen, sorgen dafür, dass die Schwarz-Weiß-Aufnahmen eben keine Filmstills sind, eben nicht den bewegten Film stillstellen, sondern eher um das Gegenteil bemüht sind. Ganz anders nun funktionieren die Papierschnitte Thiels: wohlkomponiert sind diese Bilder, mittig zum Beispiel ist die Lampe platziert, das Fenster und die davorstehende Frau verhalten sich präzise zu dieser zentralen Fokussierung. Die Figur der

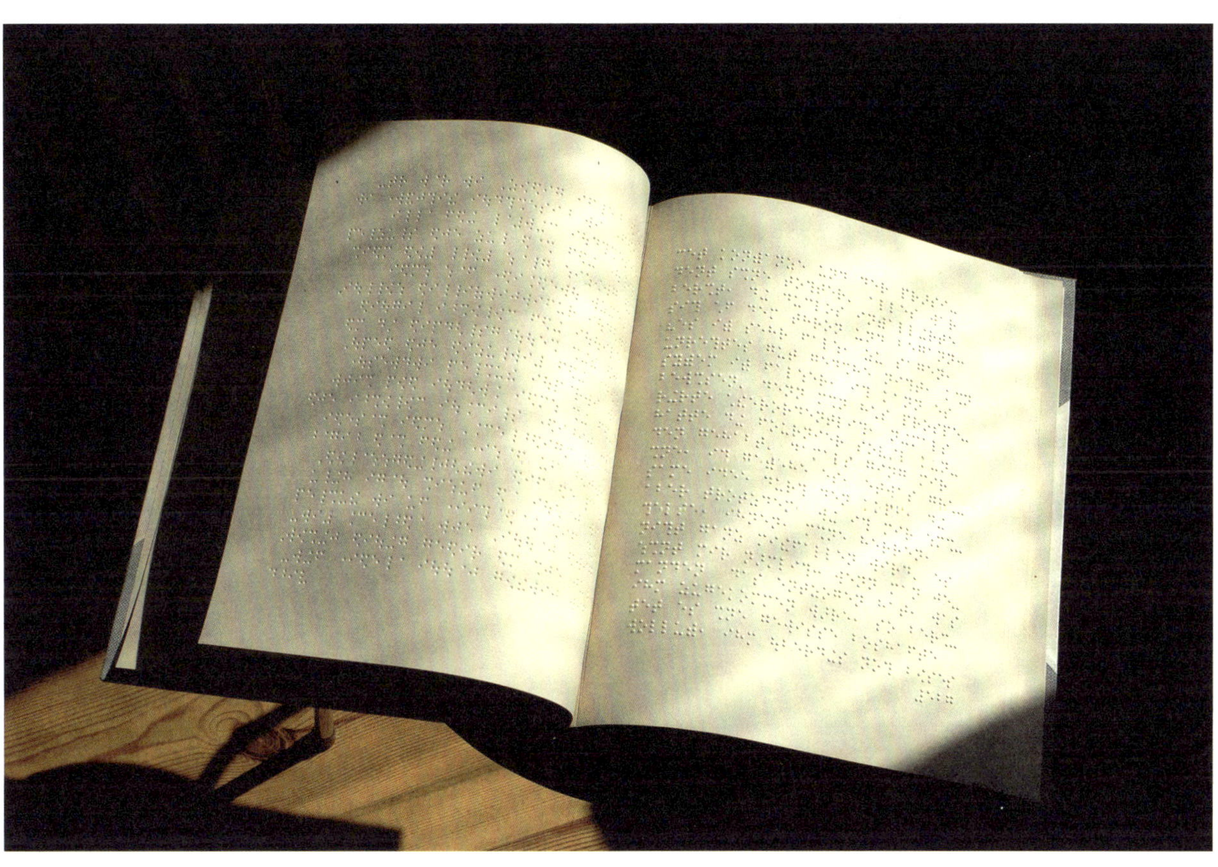

Die 120 Tage von Sodom oder die Schule der Ausschweifung
1994–98

25 half-cloth bound books, cardboard
each 31 × 24 cm (variable thickness)
Springmeier Collection, Berlin

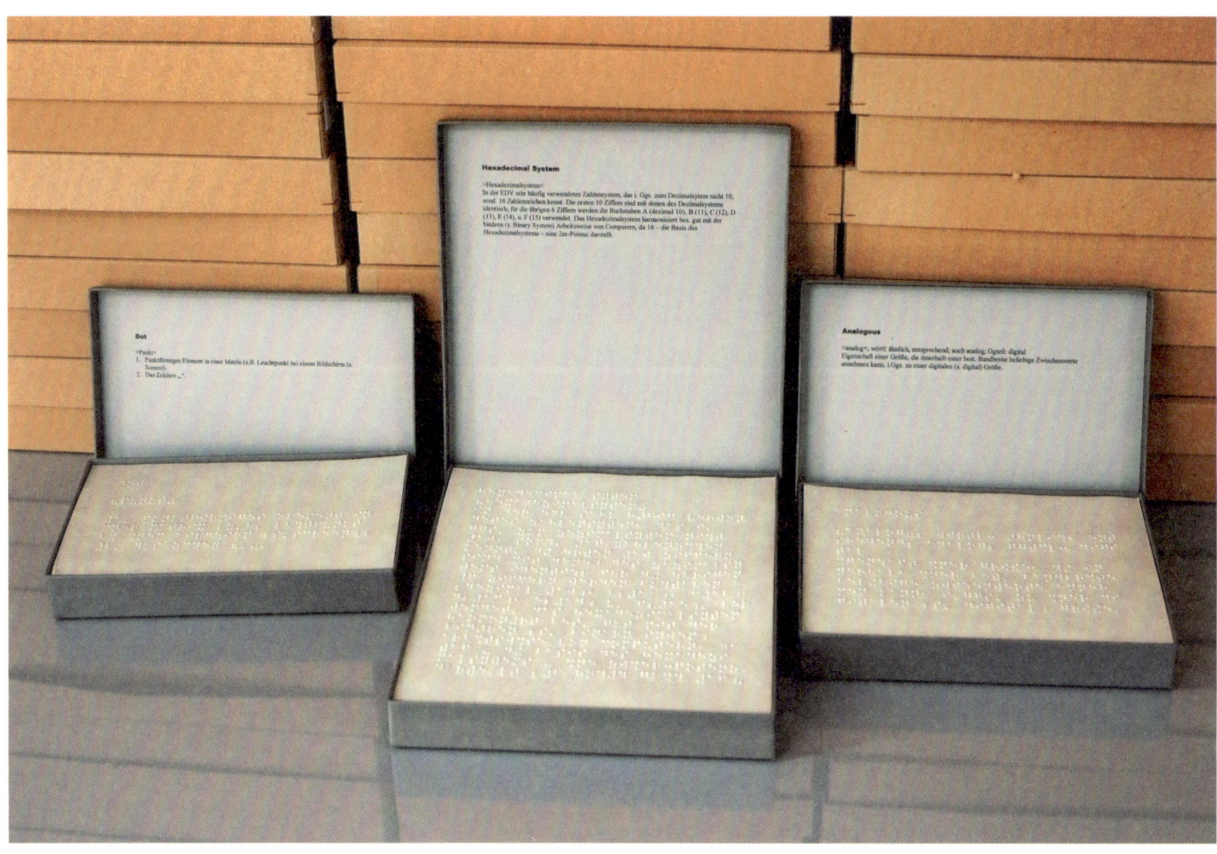

blind boxes
1998

11 paper boxes, cardboard, paper with Braille embossing
Dimensions variable
Springmeier Collection, Berlin

"colorful arrangement of pictures" that we almost always find in the mass media. This merely spectacular color is, according to the art critic and film theorist Siegfried Kracauer, a powerful counterstrike against knowledge.[3] And it is precisely this strike that Thiel refuses to join with his work.

Platonic   Lastly, Thiel's transposition of the cinema's play of light and shadow into that of the silhouette coincides with a media theory debate spearheaded by the French philosopher Jean-Louis Baudry,[4] which compares sitting at the movies[5] to remaining in the cave of Plato's *Allegory of the Cave.* Plato proposed that humans with their sense perceptions are really chained sitting in a cave. Behind us is a fire, and in front of the fire there are things of which we can only see the shadows on the walls of the cave, thrown there by the light of the fire. According to this discussion the cinema is similar: we sit without moving, watching a copy of reality projected onto a screen. The rules of the medium and the (conventional) perception of the viewers result in an apparatus that achieves a "standardized" form of perception where, just as for those remaining in Plato's cave, a reality check is impossible. Thiel's silhouettes, generated from movie pictures, take up this theory without illustrating or commenting on it. Instead, they are a memorial to this idea, opposing its sensibilities to those of the movie image; and with that they indeed attest to the relativity or, ultimately, the ideological character of images. In departing from its sources, Stefan Thiel's art succeeds in advancing along the path out of the cave, which Plato also imagined: toward more truth.

Frau geht bruchlos über in ihren eigenen Schatten, wodurch dessen die Wahrnehmung beeinflussende Rolle im Bild verstärkt wird. Überaus präzise auch der Schnitt – man beachte die wortwörtliche Analogie zur Filmtechnik – des »Cut-outs«, ebenso der gewählte Ausschnitt, der quasi einen abgeschlossenen Bildinhalt präsentiert. Das Resultat ist eine in sich ruhende Schönheit, die sich bewusst an die Grenze zum Dekorativen wagt. Eine fast schon kontemplative Stille bar jeder »Spur von Bewegungen« ereignet sich so in diesen Papierschnitten, eine sensible Stille, die auch durch den Einsatz des Schwarz-Weiß unterstrichen wird. Das Schwarz-Weiß nämlich unterscheidet sich gezielt von einem »bunten Arrangement der Bilder«, wie wir es in den Massenmedien fast immer finden. Diese bloß spektakuläre Buntheit aber, so betonte schon der Kulturkritiker und Filmtheoretiker Siegfried Kracauer, ist ein »mächtiges Streikmittel gegen die Erkenntnis«.[3] Genau diesem Streik verweigert sich Thiel mit seiner künstlerischen Arbeit.

Platonisch   Last, but not least: Thiels Übersetzung des Lichtspiels Kino in das Lichtspiel des Schattenrisses läuft parallel zu einer medientheoretischen Diskussion, vorgetragen vor allem von dem französischen Philosophen Jean-Louis Baudry,[4] die das Sitzen im Kino mit Platons Höhlengleichnis vergleicht.[5] Wir erinnern uns: Platons Gedanke war, dass wir Menschen mit unserer sinnlichen Wahrnehmung gleichsam festgebunden in einer Höhle sitzen. Hinter uns brennt ein Feuer, davor befinden sich die Dinge, von denen wir aber nur ihre durch das Feuer an die Höhlenwand geworfenen Schatten sehen. Ähnliches ereigne sich im Kinosaal, denn auch dort sitzen wir unbeweglich und sehen die von dem Projektor an die Leinwand geworfenen Abbilder der Realität. Die Regeln des Mediums und die (konventionelle) Wahrnehmung der Subjekte ergeben so ein Dispositiv, das eine quasi »standardisierte« Form von Wahrnehmung leistet, bei der, wie bei Platons in der Höhle Verbleibenden, eine Realitätsprüfung ausgeschlossen ist. Thiels Schattenrisse, generiert aus Filmbildern, knüpfen an diese Theorie an – ohne diese zu illustrieren oder zu kommentieren. Stattdessen setzt sie dieser Reflexion ein – im wahrsten Sinne des Wortes – Denkmal, das seine Sinnlichkeit in Differenz zu der des Filmbildes setzt und so dann doch die Relativität, letztlich also den ideologischen Charakter von Bildern bezeugt. Stefan Thiels Kunst gelingt es gerade durch die Abweichung von ihren Vorbildern den auch von Platon vorgestellten Weg heraus aus der Höhle, hin zu mehr Wahrheit, ein Stück weit zu gehen.

1   Iris Wien, *Stefan Thiel: Cut-Outs,* exhibition press release (Mai 36 Galerie, Zurich, 2003).

2   Jean-Luc Godard, *Einführung in eine wahre Geschichte des Kinos* (Frankfurt, 1984), n. p.

3   See Siegfried Kracauer, "Photography," in *The Mass Ornament: Weimar Essays,* ed. and trans. Thomas Y. Levin (Cambridge, Mass., 1995), pp. 47ff.

4   See Jean-Louis Baudry, "The Apparatus: Metapsychological Approaches to the Impression of Reality in the Cinema," trans. Bertrand Augst and Jean Andrews, in *Camera Obscura* 1 (Fall 1976), pp. 104–26.

5   Susan Sontag discusses Plato with regard to photography in her essay "The Image-World," in *On Photography* (New York, 1977), pp. 153ff.

1   Iris Wien, *Stefan Thiel: Cut-Outs, Pressemitteilung zur Ausstellung,* Mai 36 Galerie, Zürich, 2003.

2   Jean-Luc Godard, *Einführung in eine wahre Geschichte des Kinos,* Frankfurt am Main 1984, o. S.

3   Beide Zitate: Siegfried Kracauer, »Die Photographie«, in: ders., *Das Ornament der Masse,* Frankfurt am Main 1973, S. 34.

4   Vgl. Jean-Louis Baudry, »Das Dispositiv. Metapsychologische Betrachtungen des Realitätseindrucks |1975|«, in: *Kursbuch Medienkultur. Die maßgeblichen Theorien von Brecht bis Baudrillard,* hrsg. von Claus Pias u. a., Stuttgart 1999, S. 381–404.

5   Susan Sontag hatte die Referenz zu Platon bereits in Hinsicht auf die Fotografie diskutiert. Vgl. ihren Aufsatz »Die Bilderwelt«, in: dies., *Über Fotografie,* Frankfurt am Main 1980, S. 146 ff.

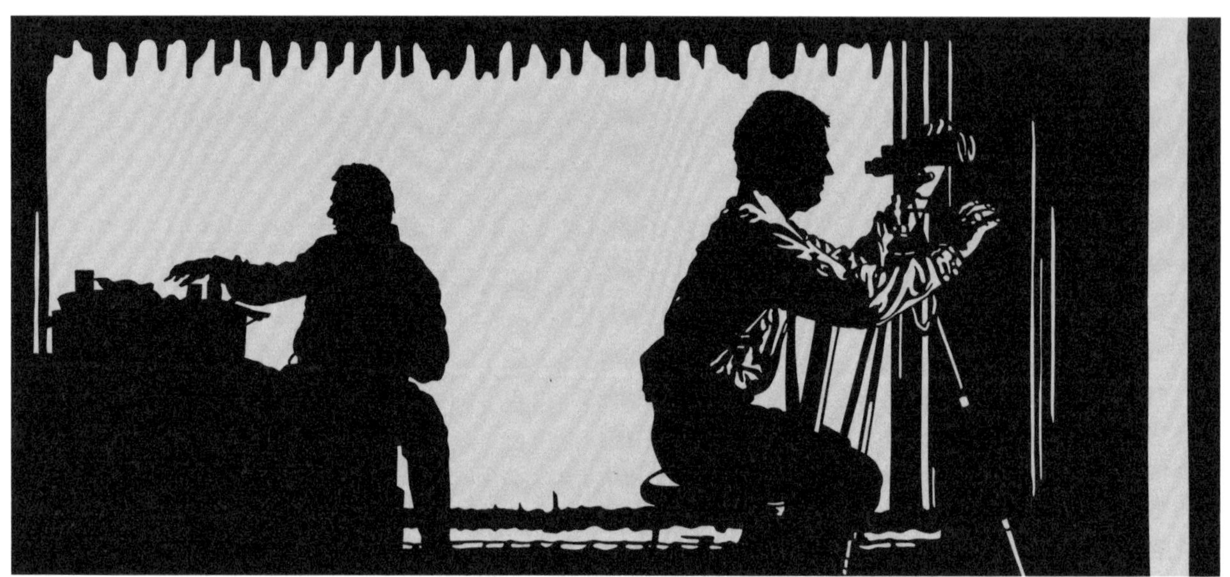

Filmstill 25 (magnum force)
2009

Cut-out
33 × 73.5 cm
Private collection

Shadow/Cuts
Snippets on Stefan Thiel by Stefan Neuner
Schatten/Schnitte
Schnipsel zu Stefan Thiel von Stefan Neuner

"Are you asleep?"

"I'm trying to remember."

"What?"

"The picket fence. What was beyond
the fence?"

"I told you, nothing. Nothing."

"There's nothing?" *(Dies)*

"Hey, Jo, look! We won."

Henri-Georges Clouzot
Le salaire de la peur (Wages of Fear), 1953

»Schläfst du?«

»Nein, ich versuche mich zu erinnern.«

»Woran?«

»An den Lattenzaun. Was war hinter dem
Lattenzaun?«

»Nichts. Das hab ich dir doch gesagt. Nichts.«

»Nichts? Da ist nichts?« *(Stirbt.)*

»Jo, hei Jo, schau mal: Wir haben gewonnen.«

Henri-Georges Clouzot
Le salaire de la peur (Lohn der Angst), 1953

I.   When Stefan Thiel turned to cut-outs—now his signature artistic medium—in 1998, it was due to his longing for "images"—and "lots of them" at that.[1] Since then he has created a host of images at his studio. Let's take a look at a few of them. There's a model on a catwalk (*Model 05/04,* 2004), a nature study (*Oaks XII,* 2004), pornography (*Marcel,* 2006), and an image from a French film noir (*Film Still 13 [le salaire de la peur],* 2008). Offensive or harmless, significant or decorative (Ill. 01), the artist seems to have cut out whatever appears on today's screens as if carried along without resistance by the current flood of images and as if reproducing the interchangeability and lack of substance of the masses of images in the leveled-out and flattened black-and-white of his works. Images of images. An embrace of the "spectacle"? A happy immersion in the delusional postmodern realm of shadows?

On the other hand, in taking up his cutting tools Stefan Thiel reverted back to a genuinely Modernist method of image creation. In the cut-out, of course, the classical avant-garde discovered a technique that lent itself to their artistic concern to create the image as an opaque surface.[2] What had been viewed as a deficiency—that cut-out pictures lag behind painting's illusionism—was now embraced as a quality. To cut

I.   Als Stefan Thiel sich 1998 dem nunmehr für ihn typischen künstlerischen Verfahren, dem Papierschnitt, zuwandte, war dies einem Verlangen nach »Bildern« geschuldet, und zwar nach »vielen«.[1] Eine wahre Fülle von Bildern ist seither in seinem Atelier entstanden. Greifen wir ein paar heraus: Ein Modell auf dem Laufsteg (*Modell 05/04,* 2004), eine Naturansicht (*Eichen XII,* 2004), Pornografie (*Marcel,* 2006), ein Bild aus einem französischen Film noir (*Filmstill 13 [le salaire de la peur],* 2008); Anstößiges und Harmloses, Bedeutsames und Dekoratives (Abb. 01). Es scheint, als hätte der Künstler nachgeschnitten, was immer heute auch auf den Bildschirmen erscheint, als würde er sich widerstandslos von der gegenwärtigen »Bilderflut« mittragen lassen, und als reproduziere sich im nivellierenden und verflachenden Schwarz-Weiß seiner Arbeiten die Austauschbarkeit und Substanzlosigkeit der Bildermassen. Bilder von Bildern. Eine Umarmung des »Spektakels«? Ein fröhliches Eintauchen ins postmoderne Schattenreich der Trugbilder?

Auf der anderen Seite hat Stefan Thiel, als er daranging, mit dem Schneidewerkzeug zu arbeiten, auf ein genuin modernistisches Verfahren der Bildherstellung zurückgegriffen. Die klassischen Avantgarden entdeckten bekanntlich im Papierschnitt

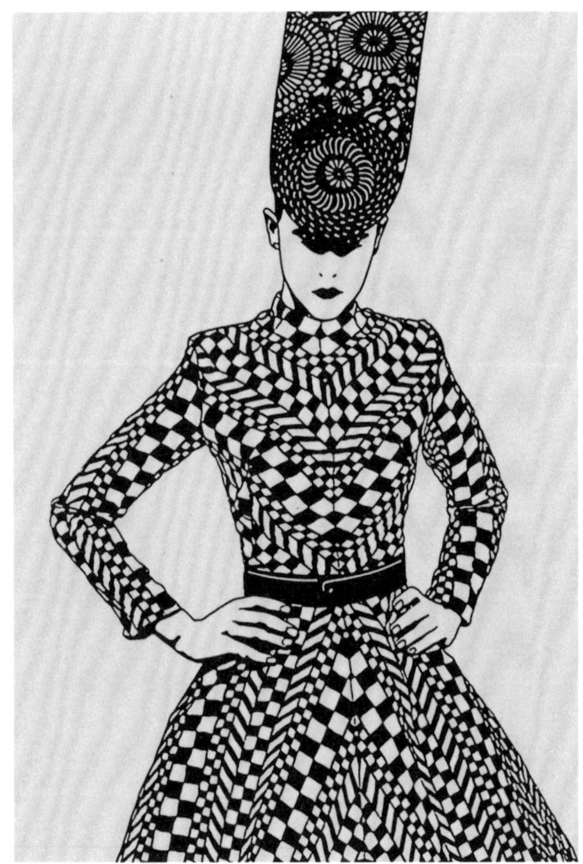

Ill. / Abb. 01 Stefan Thiel, Model 05/04, 2004 (Detail)

out is to create tangible forms; something real, rather than an illusion. However, Thiel's works do not follow the art tradition of the first half of the twentieth century solely in terms of technique. His tendency toward symmetry, toward ornamental pattern, toward the creation of complex relationships between figures and backgrounds connect his pictorial creations to fundamental aspects of Modernist composition. To keep the contemporary flood of images in mind while observing the pictorial rules of classical Modernism—isn't that a Janus-faced endeavor? What does it mean to cut out the shadows of illusions?

II.   Stefan Thiel's pictures are created through a complex chain of operations, a combination of completely different techniques and media. At the beginning is the photographic source, either created by Thiel himself or culled from periodicals, movies, etc. In the latter case these images are re-photographed and, in both cases, the photos are projected with a slide projector onto a black sheet of paper where they are recorded as a white line-drawing. It is only then that Thiel takes up his cutting tool, a scalpel, and transforms the drawing into a

eine Technik, die dem künstlerischen Anliegen, das Bild als eine opake Oberfläche zu gestalten, von Hause aus entgegenkam.[2] Was ehedem als Defizit angesehen wurde – dass nämlich geschnittene Bilder hinter dem Illusionismus der Malerei notwendig zurückbleiben –, wurde nun als eine Qualität aufgegriffen. Schneiden heißt greifbare Formen zu schaffen, Wirkliches, nicht Trügliches. Aber nicht allein in technischer Hinsicht stehen Thiels Arbeiten in der Tradition der Kunst der ersten Hälfte des 20. Jahrhunderts. Die Neigung zur Symmetrie, zum ornamentalen Muster, zur Ausbildung komplexer Beziehungen zwischen Figuren und Grund verbinden seine Bildfindungen mit wesentlichen Aspekten modernistischer Kompositionen. Die zeitgenössische Bilderflut im Auge zu haben und dabei die Bildgrammatik der klassischen Moderne zu beobachten, ist das nicht ein janusköpfiges Unternehmen? Was heißt es, die Schatten von Trugbildern auszuschneiden?

II.   Stefan Thiels Bilder gehen aus einer komplexen Operationskette hervor, einem Verbund sehr verschiedener Techniken und Medien. Am Beginn steht eine fotografische Vorlage, die Thiel entweder selbst herstellt oder Zeitschriften, Filmen und anderen Quellen entnimmt. Diese Bilder werden im zweiten Fall noch einmal fotografiert, in jedem Fall aber mit einem Diaprojektor auf einen schwarzen Papierbogen projiziert, auf dem sie als weiße Linienzeichnung festgehalten werden. Dann erst greift Thiel zum Schnittwerkzeug, das bei ihm ein Skalpell ist, und setzt die Zeichnung in einen Papierschnitt um, den er in der Regel zum Schluss umdreht, um die Linienzeichnung zum Verschwinden zu bringen, mit einem weiteren hellen Papierbogen unterlegt und hinter Glas präsentiert. Der Künstler selbst bezeichnet seine Bilder neutral als »Cut-outs«, und hat es damit vermieden, seine Praxis auf eine bestimmte Tradition des Papierschnitts zu beziehen. Dennoch ist es überaus aufschlussreich, der Frage der (kunst-)historischen Genealogie seines Verfahrens nachzugehen. Die moderne Nobilitierung des Papierschnitts als künstlerisches Medium war wesentlich mit der Frage nach dem Verhältnis von gezeichneter und geschnittener Linie verknüpft. Denn traditionell gab es Scherenschnitte – ähnlich wie die Stickerei – nur als sekundäre Umsetzung gezeichneter Vorlagen, die von einem männlichen Künstlerautor zum Nachvollzug durch Frauenhände erfunden wurden.[3] Trotz seiner natürlichen Affinität zur Linie war dem Schnitt in einem ästhetischen Ordnungssystem, das der Zeichnung den Vorrang gab, ein nachgeordneter Platz zugewiesen. Das hängt freilich nicht zuletzt mit den Eigenarten der Schneidetechnik zusammen. Eine geschnittene Linie ist nicht einfach etwas, das man so kontrolliert wie einen Federstrich in ein (gegebenes) piktorales Bezugssystem eintragen könnte (ein solches Bezugssystem in einem gegebenen Bildfeld herzustellen, das war

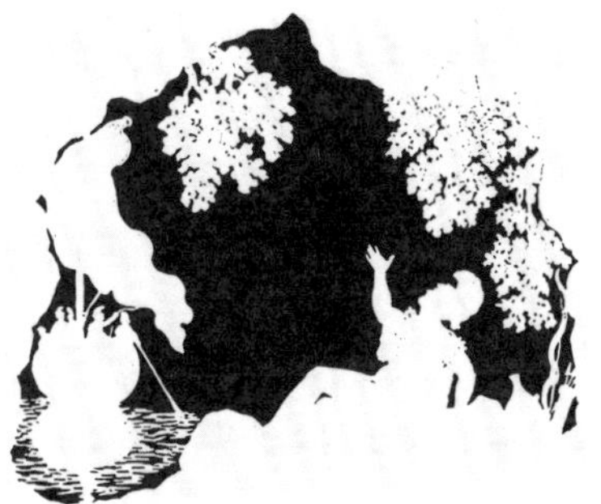

Ill. / Abb. 02 Jean Huber, Der auf der Insel
Lemnos ausgesetzte Philoctet, 1776–80

cut-out (usually turned over at the end to hide the line draw-ing) which is backed by a second, lighter sheet of paper and presented behind glass. The artist uses the neutral English term "cut-outs," avoiding reference to any particular German tradition of paper cutting. It is nonetheless instructive to pursue the (art) historical genealogy of his technique. The modern elevation of paper cutting to an artistic medium was fundamentally connected to the question of the relationship between the drawn and the cut line. This is because tradition-ally silhouettes—like embroidery—only existed as a secondary realization of a drawn source invented by a male artist-creator and copied by women's hands.[3] In an aesthetic hierarchy that gave priority to drawing, paper cutting was relegated to an inferior place despite its natural affinity with the line. This is largely a result of the characteristics of the cutting technique. A cut line cannot be inserted in a controlled manner into a (given) pictorial reference system the way a pen stroke can (creating such a system of references in a given image was, after all, the task of the *disegno* of classical art theory, and its authority and primacy rested on this). First of all, a cut does not generate a line at all, but rather damages the surface where it is placed. It only becomes a visible line when this surface is positioned on a background of a different color. In addition, cutting (especially when working with scissors) necessitates moving and turning the paper during its treat-ment. A cut tends to take place beyond total visual control. To be sure, seeing and manual work, the visual and tactile level of artistic creation, can never—even in drawing—coincide completely,[4] but the impossibility of their coexistence has far more drastic consequences in cutting. This is why the art of silhouettes (Jean Huber's work in the eighteenth century for example) began with the cutting out of compositions that had first been sketched in pencil (Ill. 02). For a long time silhou-ettes were appreciated not so much on account of the linear compositions realized in them but because of the dexterity needed—given the stubborn material—to fashion them in the first place.

nicht zuletzt Aufgabe des »disegno« in der klassischen Kunst-theorie; darauf ruhten seine Autorität und sein Primat). Zu-nächst bringt ein Schnitt nicht unmittelbar eine Linie, sondern eine Verletzung der Oberfläche hervor, in die er gesetzt wird. Als Linie wird er erst sichtbar, nachdem man die bearbeitete Fläche vor einem anders gefärbten Untergrund angebracht hat. Sodann bringt es das Schneiden (vor allem bei der Arbeit mit der Schere) mit sich, dass die Oberfläche bei ihrer Bearbeitung bewegt und gedreht wird. Der Schnitt tendiert dazu, sich der visuellen Kontrolle zu entziehen. Sehen und manuelles Arbei-ten, die visuelle und die taktile Ebene der Kunstübung, können zwar nie, und auch bei der Zeichnung nicht, völlig zusammen-fallen,[4] die Unmöglichkeit ihrer Koinzidenz hat indes beim Schneiden weitaus drastischere Konsequenzen – weshalb die Scherenschnittkunst, etwa bei Jean Huber im 18. Jahrhundert, auch mit dem Ausschneiden von Kompositionen begann, die zuvor mit dem Zeichenstift entworfen wurden (Abb. 02). Der Scherenschnitt war lange Zeit ein Kunststück, das man nicht so sehr aufgrund der linearen Kompositionen an sich schätzte, die in ihm verwirklicht wurden, sondern vielmehr wegen der Geschicklichkeit, mit der sie in einem so widerständigen Medium realisiert wurden.

Man konnte erst eine Qualität sui generis in der geschnit-tenen Linie entdecken, als die Betonung der Materialität von Gestaltungsprozessen zu einem vornehmlichen künstlerischen Ziel geworden war – also in der Ära der klassischen Moderne. Bei Henri Matisse etwa wird das Schneiden mit der Schere gerade ob der strukturellen »Blindheit« dieses Verfahrens wich-tig; gerade weil die geschnittene Linie sich der Herrschaft des Auges partiell entzieht und der Meisterschaft seiner Hand Widerstände entgegensetzt.[5] In seinen »papiers découpés« geht es ebenso darum, einer einfachen und wohlfeilen Schönlinigkeit den Weg zu verlegen, indem nicht zuletzt die Prozesshaftigkeit des Schneidens, die Tendenz einer mit der Schere gefertigten Linie, in einem gleichsam stotternden Takt voranzugehen, ästhetisch ausgespielt wird. In den Begriffen der Semiotik: Die Schere wird in der Moderne als ein Instrument wichtig, das es erlaubt, den indexikalischen Charakter der Linie (als Spur eines materiellen Arbeitsvorgangs) hervorzukehren und ihre ikonische Signifikanz (als Abbild einer gesehenen Form) zu schwächen. Auch handelt es sich bei Matisse freilich nicht mehr darum, Gezeichnetes schnitttechnisch nachzuvollziehen, sondern überhaupt die Hierarchie, die in der alten Kunst zwischen grafischem Entwurf und (malerischer) Ausführung – zwischen »disegno« und »colore« – herrschte, umzustoßen und in einem Zug Farbe und Form zu gestalten.[6] Auf der ande-ren Seite wird im 20. Jahrhundert bekanntermaßen auch das destruktive Potenzial des Schnitts ästhetisch relevant. In der

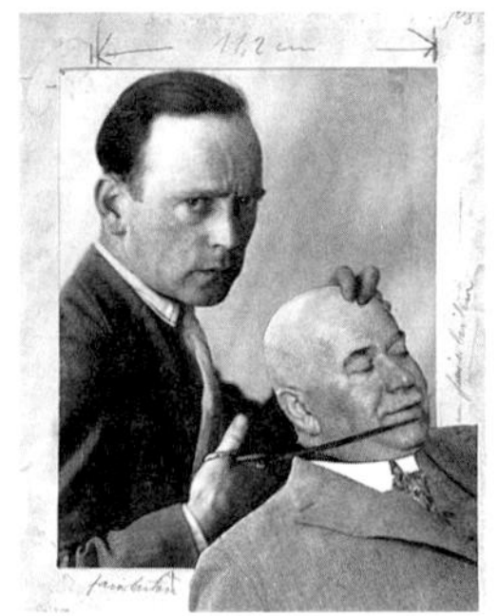

Ill. / Abb. 03 John Heartfield,
Mit Polizeipräsident Zörgiebel, 1929

It was only possible to discern the unique quality of the cut line when emphasis on the materiality of the design process became a principal artistic goal—during the era of classical Modernism. In Henri Matisse's work, for example, cutting with scissors becomes important because of the structural "blindness" of this method, precisely because the cut line partially escapes the power of the eye and offers resistance to the hand's mastery.[5] His *papiers découpés* also avoid the line's cheap simple beauty by aestheticizing the cutting process and the tendency of a line cut with scissors to progress in a somewhat stuttering beat. In terms of semiotics: in the modern era scissors become important as instruments that let us emphasize the indexical character of the line (as a trace of a material work process) and, at the same time, weaken its iconographic significance (as the representation of a visible form). Matisse's work does not, of course, follow a drawn line with the cut, but dismantles the hierarchy prevalent in older art between graphic design and its (painterly) execution, between *disegno* and *colore,* instead creating color and shape simultaneously.[6] In addition, the destructive potential of the cut became aesthetically relevant during the twentieth century. In a tradition that extends from Cubist *papier collé* through Dadaist collage up to photomontage, the cut is the agent of image fragmentation as well as of the destruction and undermining of its illusionist conclusion and sometimes even a symbolic act of violence (Ill. 03).

III.   Let's take a closer look at one of Stefan Thiel's works. *Oaks XII* is a picture that confronts us with an orientation problem (Ill. 04). It evidently depicts foliage protruding into the pictorial space from all four sides, forming a figure of vague bilateral symmetry. At first glance the viewer thinks of the leafy canopy of an oak forest and imagines herself to be looking through the tree tops towards the sky. At second glance, however, this interpretation is drawn into question. The viewer discovers a peculiar crookedness in the configuration of the lower part of the composition and assumes that this is a slightly rippling water surface reflecting the branches from the upper part

Tradition, die sich zwischen dem kubistischen »papier collé« über die dadaistische Collage bis hin zur Fotomontage nachzeichnen lässt, ist der Schnitt Agent der Fragmentierung des Bildes wie der Zerstörung und Unterwanderung seiner illusionistischen Schließung – manchmal sogar rundheraus symbolischer Gewaltakt (Abb. 03).

III.   Betrachten wir nun eine Arbeit von Stefan Thiel näher. *Eichen XII* ist ein Bild, das uns mit einem Orientierungsproblem konfrontiert (Abb. 04). Es zeigt offensichtlich Blattwerk, das von allen vier Seiten in das Bildfeld hineinragt und eine Figur ausbildet, die vage bilateral symmetrisch geordnet ist. Auf den ersten Blick denkt man an das Blätterdach eines Eichenwaldes und wähnt, durch Baumkronen in den Himmel hinaufzublicken. Der zweite Blick lässt Zweifel an dieser Deutung aufkommen. Man entdeckt, dass die Konfiguration im unteren Teil der Komposition eigentümliche Krümmungen ausbildet, die es nahelegen, hier eine leicht bewegte Wasseroberfläche anzunehmen, in der sich das Astwerk, das wir in der oberen Bildhälfte sehen, spiegelt. Diese Vermutung wird von anderen Arbeiten aus den Serien der *Eichen* und *Weiden* bestätigt. Solche Orientierungsprobleme begegnen uns schon in bestimmten Papierschnitten von Matisse, von denen hier außerdem anzumerken ist, dass sie in ihren anspruchsvollen Formaten, in ihrem vegetabilen Motivrepertoire und ihrer feldartigen Kompositionsstruktur als prominente kunsthistorische Bezugspunkte der thielschen Naturbilder anzusehen sind. Die großen, teppichartigen Zwillingsbilder *Océanie, le ciel* und *Océanie, la mer* (beide 1946) zeigen einmal einen Blick in den Himmel und einmal einen Blick in die Tiefen des Meeres, wobei die Verwandtschaft von oben und unten, des Luft- und des Wasserraumes, von Schwimmen und Fliegen als Bewegungsformen, die sich aus dem vertikalen Zug der Schwerkraft befreien, hervorgekehrt wird (Abb. 05). Vor allem aber sind die Luft- und Wasserwesen bei Matisse das logische Sujet eines Gestaltens, das sich in einem nicht eindeutig orientierten Operationsraum entfaltet: Das Schneiden mit der Schere erfolgt unter vielfachem Wenden des Papiers in der Luft – während Thiel seine Schnitte auf einer Tischoberfläche setzt, auf welcher der horizontal ausgebreitete Papierbogen bequem gedreht und von allen Seiten her bearbeitet werden kann, wobei oben und unten (wie im Motiv der Spiegelung vorgezeichnet), aber auch links und rechts ihre Plätze tauschen (wie es schlussendlich, wenn der Künstler den Schnitt umdreht und die Seite, die bei der Arbeit die Rückseite war, zur Schauseite macht, noch einmal geschehen wird).

Aber der Modernismus der thielschen »Cut-outs« ist bloße Mimikry. Das reflexive Verhältnis von Form und Arbeitsprozess wird nur über den Umweg einer Bildvorlage hergestellt. Wo in

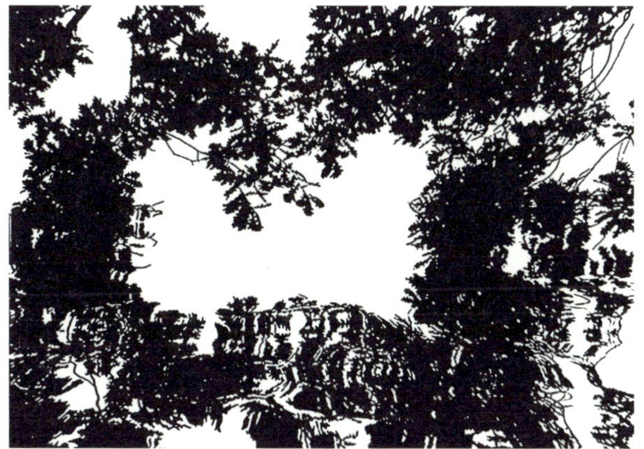

Ill. / Abb. 04 Stefan Thiel, Eichen XII, 2004

of the picture. This assumption is confirmed by several works from the series *Oaks* and *Willows.* Such orientation problems can also be found in certain paper cuttings by Matisse, and it should be noted that these, based on their demanding sizes, their vegetative subject matter, and their field-like composition structures, should be regarded as prominent art historical reference points for Thiel's nature images. The large, tapestry-like twin pictures *Océanie, le ciel* and *Océanie, la mer* (both 1946) show a view into the sky and a view into the depths of the sea, respectively. The relationship between above and below, the realms of water and air, swimming and flying as movements that can free themselves from the vertical pull of gravity, are all stressed here (Ill. 05). Above all, Matisse's air and water creatures are the logical subject of a design developed within a space that cannot be precisely oriented. Cutting with scissors occurs with constant turning of the paper in the air, while Thiel executes his cuts on a table surface, where the horizontally placed paper can easily be turned and worked on from all sides. Top and bottom (as in the subject of the reflection) as well as right and left can switch places (as will be the case again, ultimately, when the artist turns the cut-out over, making the display side what had been the verso during the production process).

The Modernism of Thiel's cut-outs, however, is pure mimicry. The reflexive relationship between form and work process is only created indirectly via a source image. While in Modernist art process and result are supposed to affect one another as directly as possible, in Thiel's work a source image always intervenes. The photographic source which the artist follows meticulously with his cuts regulates his actions in the strictest manner and initially interferes with the openness that was integral to the Modernist design process. This openness was still palpable in works that presented themselves as arrangements of forms that had each been created separately—or, in the case of collage, culled from various other contexts—and

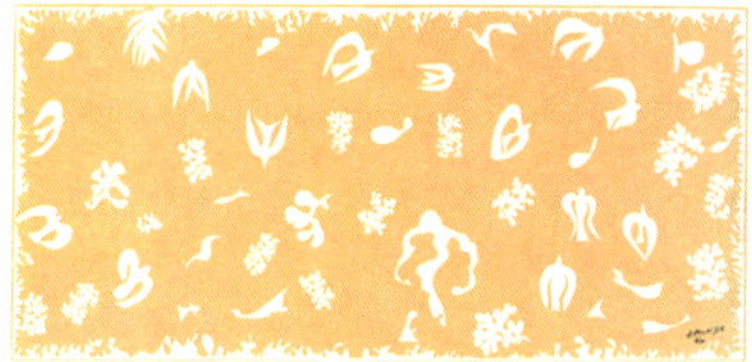

Ill. / Abb. 05 Henri Matisse, Océanie, le ciel, 1946

der modernistischen Kunst Prozess und Resultat möglichst unmittelbar auseinander hervorgehen sollten, ist bei Thiel stets eine Vorlage dazwischengeschaltet. Der fotografische Vorwurf, den der Künstler minutiös nachschneidet, reguliert auf die strengste Weise seine Handlungen und kommt vorab der Offenheit in die Quere, die für den modernistischen Gestaltungsprozess konstitutiv gewesen ist. Eine Offenheit, die auch noch in Arbeitsergebnissen spürbar bleibt, die uns als Arrangements von Formen entgegentreten, die je für sich gestaltet – oder im Falle der Collage aus unterschiedlichen Zusammenhängen herausgelöst – wurden, und sich erst auf der Bildoberfläche zu einer prekären Einheit versammeln. Bei Thiel hingegen ist das Bild nicht (vorläufiges) Resultat eines spontanen Schaffensprozesses, sondern eine apriorische Setzung; eine Ganzheit, die von Beginn in dem *einen* Papierbogen, auf den die Vorlage mit dem Zeichenstift übertragen wurde, als unteilbares Feld präsent war.

Es ist außerdem nicht nur eine Frage des Werkzeugs (Skalpell versus Schere), sondern der Logik des Verfahrens geschuldet, wenn Thiels Schnittlinien unbeirrt und ungebrochen dahinlaufen und ihnen nichts von der suchenden Qualität der geschnipselten Schnitte der modernistischen Papierkunst eignet. Man sieht es den thielschen Linien an, dass sie von vornherein wissen, wo sie ankommen werden. Wenn sie aber meist dennoch nicht mechanisch anmuten, sondern belebt und vielgestaltig wirken, so ist auch hier Mimikry am Werk. Besonders in Thiels Naturbildern haben wir es mit einer formalen Mannigfaltigkeit zu tun, die ganz im Motiv vorgezeichnet ist. Und wie um den Automatismus, dem sich die Unregelmäßigkeit seiner Schnitte verdankt, ironisch offenzulegen, zeigt uns Thiel in seinen Landschaftsbildern ein Motiv und seine verzerrte Abbildung – oder nur diese. Nicht die Widerständigkeit des Materials und nicht die Freiheit der Künstlerhand gibt da den gespiegelten Konturen jene zitternde Qualität, sie wird allein durch den Mechanismus der Projektion auf eine unruhige Oberfläche hervorgebracht (vergleiche insbesondere ein Bild wie *Landschaft [Wellen], 2007*).

IV. Allerdings: Was Thiels Arbeitsweise vom modernistischen Papierschnitt trennt, nähert sie jenen kunsthandwerklichen Schneidepraktiken, die der Nobilitierung des »papier découpé« als Kunstmedium vorausgingen. Wenn die Kunstlosigkeit, ja

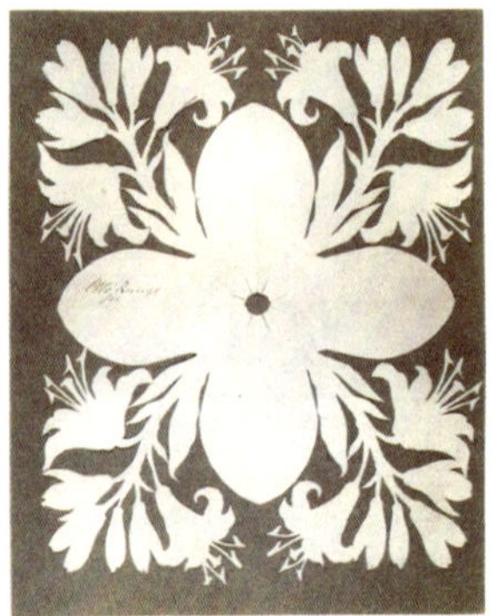
Ill. / Abb. 06 Philipp Otto Runge,
Lilien, ca. 1805

were only gathered into a precarious unity in the new image. With Thiel's work, the image is not the (preliminary) result of a spontaneous act of creation, but rather a predetermined selection, a unity present from the beginning as an indivisible field within the sheet of paper upon which the source was transferred with a pencil.

In addition, Thiel's cuts are unwavering and unbroken—they have nothing in common with the searching quality of the freehand snipping of Modernist paper art. This is due not only to the tool (scalpel instead of scissors), but also to the logic of the method. One can tell that Thiel's lines know from the outset where they will end up. If they nonetheless don't look mechanical, but appear vivid and varied, that too is based on mimicry. We are dealing with a formal diversity completely determined by the subject matter—especially in Thiel's nature pictures. And, as if he was ironically disclosing the automatism that the irregularity of his cuts is based on, Thiel shows us in his nature works a subject and its distorted reflection, or only the latter. What gives the reflected outlines their quivering quality is neither the resistance of the material nor the freedom of the artist's hand but the mechanism of projection onto a shifting surface (cf. especially images like *Landscape [Waves],* 2007).

IV.   However: what separates Thiel's method from Modernist paper cuts connects it to the craft cutting practices that preceded the elevation of the *papier découpé* to an artistic medium. If the lack of artistry, even clumsiness, of cutting was particularly programmatic in the Cubist *papier collé,* its artistry returns in a spectacular manner in Thiel's work. We observe him cutting pictures that must look like fine line drawings in a reproduction (such as *Mistletoe,* 2003). In addition, the decorative quality of a work like *Oaks XII,* in its symmetrical arrangement, actually has more in common with ornamental paper cuttings—as seen in folk art or in the cutting experiments of Philipp Otto Runge—than with field-compositions (Ill. 06). Here mechanism, avoided

Unbeholfenheit des Schneidens ganz besonders im kubistischen »papier collé« programmatisch war, so kehrt bei Thiel das Kunststückhafte des Papierschnitts auf spektakuläre Weise wieder. Wir sehen ihn Bilder schneiden, die man auf einer Abbildung für feingliedrige Linienzeichnungen halten muss (zum Beispiel *Mistel,* 2003). Die dekorative Qualität einer Arbeit wie *Eichen XII* hat zudem in ihrer symmetrischen Anlage im Grunde mit ornamentalen Papierschnitten, wie man ihnen in der Volkskunst oder auch in Schnittexperimenten Philipp Otto Runges begegnet, mehr zu tun als mit Feldkompositionen (Abb. 06). Die Mechanik, die die ästhetische Sensibilität jenes modernen Meisters so sehr scheute, ist dort formgenerierendes Prinzip. Die Technik ist uns aus der Vorschule vertraut: Man braucht nur ein Blatt, bevor man es beschneidet, ein oder zwei Mal zusammenfalten, um am Ende, wenn man es wieder auseinandernimmt – wie durch Zauberschlag – eine exakte symmetrische Figur vor sich zu haben.

Freilich wird bei Thiel auch wieder die Autorität der Vorlage ins Recht gesetzt. In seinem getreulichen, nachvollziehenden Vorgehen nimmt er alles das zurück, was das Schneiden am Beginn des vergangenen Jahrhunderts aus dem Bezugsfeld weiblichen Zeitvertreibs herausriss und zu einer auktorialen Geste maskuliner Künstlersubjekte werden ließ: seine Handschriftlichkeit genauso wie seine Aggressivität, wie sie in der dadaistischen Collage schlagend wurde. Thiels Schnitte gehorchen einer anderen semiotischen Logik als die modernistischen. Sie besteht aber nicht einfach in einem (erneuten) Dominantwerden des ikonischen Aspekts des Bildschnitts, sondern ebenso in einer Neubewertung seiner Indexikalität. Eine Neubewertung, die sein künstlerisches Projekt mit einer weiteren Spielart prämodernistischer Schnittpraxis verbindet, und zwar: dem Schattenriss.

Ebenfalls im Bereich der Salonunterhaltung angesiedelt, und aufgeladen mit dem pseudowissenschaftlichen Anspruch der Physiognomik, kam das Profilschneiden am Ende des 18. Jahrhunderts in Mode. Im Verständnis Johann Caspar Lavaters gab die Profillinie die Essenz der deutbaren Züge des menschlichen Gesichts – als piktorales Stenogramm sozusagen – zu lesen. Seine Deutungen setzten auch deshalb bei der menschlichen Silhouette an, weil sie sich – im Gegensatz zur Mimik – einer willkürlichen Verstellung entzieht; und nicht zuletzt, weil sie in Form des Schlagschattens als natürliches Bild und »unmittelbarer Abdruck der Natur« fasslich wird.[7] Es ist nur konsequent, wenn sich Lavater bei ihrer Aufzeichnung nicht auf die Geschicklichkeit einer Künstlerhand verlassen wollte, sondern die Zuhilfenahme einer Apparatur empfahl, die es erlaubte, die Schattenprojektion des Profils durch einen weiteren »unmittelbaren

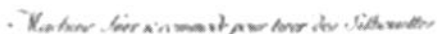

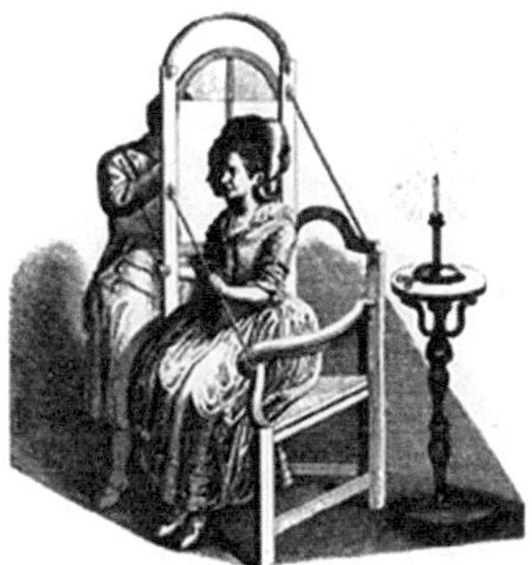

Ill. / Abb. 07 Johann C. Lavater, Essai sur la physiognomie, vol. II, Den Haag 1793

by the aesthetic sensibility of the modern master, is the principle that generates shapes. The technique is known to us from kindergarten days: fold a sheet of paper once or twice before cutting in order to arrive—like magic!—at an exact symmetrical figure when it is unfolded at the end.

To be sure, the authority of the source comes into its own once more in Thiel's work. With his faithful tracing method he takes back everything that severed cutting from the realm of female pastime at the beginning of the last century and turned it into an authorial gesture of masculine artist subjects: the artist's own hand, as well as the aggression that struck out in Dadaist collage. Thiel's cut-outs obey a different semiotic logic than Modernist ones. This consists not simply of a (renewed) dominance of the iconic aspect of the image cut, but also of a new evaluation of its indexicality. This new evaluation connects his artistic project with another form of pre-Modernist cutting: the silhouette.

The profile cut, which belongs to the realm of drawing room entertainment and is also loaded with the pseudo-scientific claims of physiognomy, became fashionable at the end of the eighteenth century. According to Johann Caspar Lavater, the profile outline revealed the essential interpretable features of the human face—pictorial shorthand, as it were. His interpretations also began with the human silhouette because, unlike facial expressions, it was beyond voluntary concealment. A shadow becomes tangible as a natural image and "direct imprint of nature."[7] Understandably, Lavater did not want to rely on the skill of an artist's hand to record the silhouette but recommended the use of an apparatus that allowed the shadow projection of a profile to be recorded by another "direct imprint": the model was placed on a chair between a candle and a screen onto which the model's silhouette was projected as a shadow. The outline could then be mechanically traced on the other side of the screen (Ill. 07).

Abdruck« festzuhalten: Das Modell wurde dabei auf einem Stuhl zwischen einer Kerze und einem Schirm platziert, auf dem sich seine Silhouette als Schlagschatten abzeichnete, und von der Rückseite her als Umrisslinie mechanisch festgehalten werden konnte (Abb. 07).

Der Schattenriss verweist also auf eine Indexikalität, die nichts mit dem Gestaltungsgeschehen oder der Handschrift eines Künstlers, sondern mit dem Abdruckcharakter der Schattenprojektion zu schaffen hat. Sie beglaubigt im Rahmen der lavaterschen »Wissenschaft« eine Authentizität, die wenig später auch das fotografische Bild – als Licht- oder Schattenabdruck der Wirklichkeit – für sich beanspruchen wird. Fotografie und Schattenriss stehen in einer logischen Beziehung zueinander, umso mehr als der fotografische Aufzeichnungsmechanismus ein Bild produziert, das man mit allem Recht als »Schnitt« durch das Raum- und Zeitkontinuum auffassen kann.[8] Die operative Verschaltung von Fotografie und Papierschnitt ist daher alles andere als willkürlich. Was aber bezweckt sie? Eine Re-Authentifizierung des fotografischen Bildes im Zeitalter der Digitalisierung?

V. Das Produktionsdispositiv – oder »Schattendispositiv« –, das wir uns in Stefan Thiels Atelier vorstellen dürfen (Projektion eines Lichtbildes auf ein Fläche, seine Übertragung in eine Strichzeichnung und dann in einen Papierschnitt), zeigt eine verblüffende Verwandtschaft mit der lavaterschen »Silhouetten-Maschine« (naheliegend, dass die mit ihr hergestellten Zeichnungen auch vor zweihundert Jahren am Ende ausgeschnitten wurden). Dennoch gehen keine Bilder aus ihnen hervor, die man als »Schattenschnitte« im geläufigen Sinne verstehen könnte. Denn ganz im Gegensatz zu zeitgenössischen Künstlern wie Adam Fuss, Julian Opie oder Kara Walker taucht die Silhouette als solche bei ihm nur im Ausnahmefall auf. Man kann nicht einmal füglich behaupten, dass sein Schnitt prinzipiell konturbezogen wäre. Eine Vielzahl seiner Bildfindungen bezieht ihren besonderen Witz aus der Abwesenheit von klaren Umrissen. Man betrachte nur sein *Modell 01/07* (und werde sich dabei auch bewusst, dass es bei Thiel tatsächlich einen Prozess der »Bildfindung« gibt, trotz aller Treue gegenüber der Vorlage. Denn was er als zu schneidende Linie gelten lassen wird, ist in seinen Vorwürfen noch nicht überall entschieden). Von einer Konturlinie sind nur Hals, Gesicht und Finger eingefasst, während der Rest der Figur nicht eigentlich linear definiert ist, sondern nur durch die Wiedergabe von Lichtreflexen auf dem (ich stelle mir vor: paillettenbesetzten) Anzug indirekt sichtbar gemacht wird (Abb. 08). Es kommt zu einer paradoxen Umkehrung der klassischen Bildgrammatik: eine Zeichnung, die keine Kontur, sondern allein Lichtphänomene

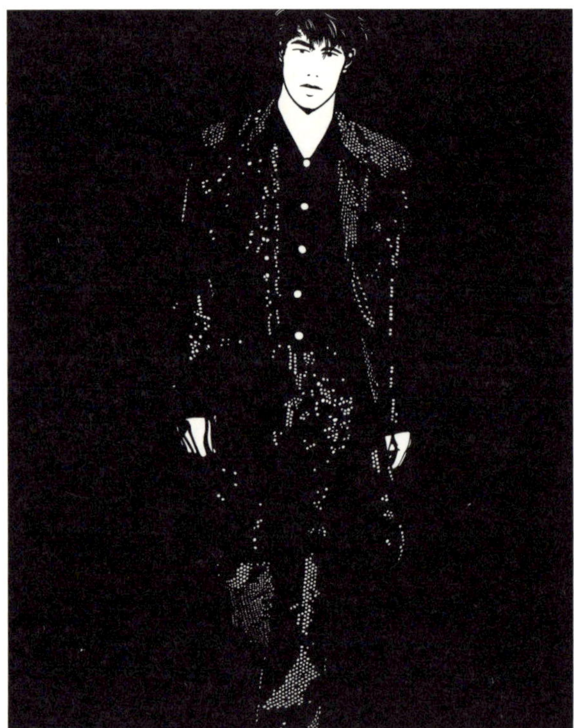

Ill. / Abb. 08 Stefan Thiel, Model 01/07, 2007

The silhouette refers to an indexicality that has nothing to do with design processes or the artist's hand but rather with the transferred character of a shadow projection. Within Lavater's "science" it bore witness to an authenticity that was about to be claimed by the photographic image as well—as a light or shadow imprint of reality. Photography and silhouette share a logical relationship, especially since the photographic recording mechanism produces an image that can rightly be described as a "cut" through the continuum of space and time.[8] The operational connection of photography to paper cut is not arbitrary at all. Yet what is its goal? A re-authentication of the photographic image in the era of digitalization?

V. The production apparatus—or shadow apparatus—we can imagine in Stefan Thiel's studio (the projection of a photographic image onto a surface, where it is transferred into a line drawing and then into a cut-out) bears striking similarities to Lavater's "silhouette machine" (it is obvious that the drawings created with it two hundred years ago were also ultimately cut out). However, they do not produce images that could be called "silhouettes" in the traditional sense; for, unlike contemporary artists such as Adam Fuss, Julian Opie, and Kara Walker, Thiel uses the silhouette as such only in exceptional cases. One cannot even reasonably state that his cut-outs usually refer to an outline—in fact a majority of his image definitions gain

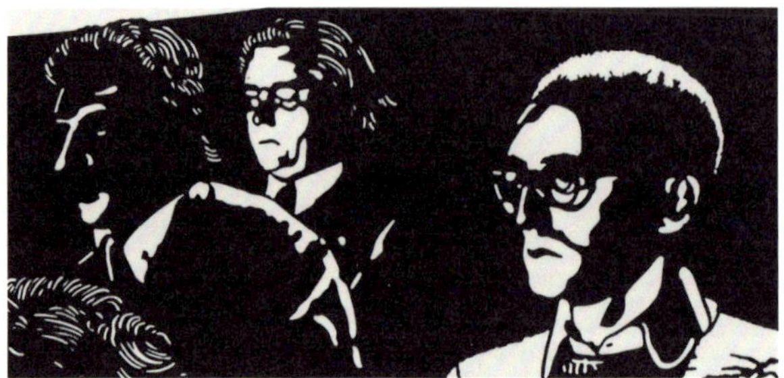

Ill. / Abb. 09 Stefan Thiel, Filmstill 18, 2009 (Detail)

wiedergibt (wofür eigentlich Farbe zuständig wäre). Meist ist aber die bildgrammatische Funktion von Thiels Schnittlinien noch komplexer. Besonders in den *Filmstills* stoßen wir auf Linien, die streckenweise den Umriss von Gegenständen und in anderen Abschnitten bloß den Übergang zwischen beleuchteten und verschatteten Partien ihrer Oberflächen, also »farbliche« Differenzierungen, bezeichnen – aber durchgehend mit der gleichen »schneidenden« Deutlichkeit und Präzision. Beispiele dafür finden sich etwa in den Gesichtern der Personen, die sich auf *Filmstill 18 (die verlorene ehre der katharina blum)* (2009) in einem Vorführraum versammelt haben (Abb. 09). Die Übertragung in den Papierschnitt ist bei Thiel nicht Rückführung eines Bildes auf seine zeichnerische Essenz, was idealerweise die nach Gemälden hergestellte Druckgrafik, die ähnliche Entscheidungsprozesse involvierte, in früheren Zeiten gewesen ist.

Und in den wenigsten Fällen nur zeigt uns Thiel eine klar definierte Profillinie. Er verzichtet sehr konsequent darauf, das so naheliegende Potenzial der Schattenprojektion auszuspielen und uns eine charakteristische – geschweige denn ausdrucksstarke – Gesichtssilhouette vorzuführen. Generell haben seine Gesichter die Tendenz, zu anonymen Masken zu verflachen, oder sie nähern sich der Grenze dessen, was wir als physiognomische Gestalt noch lesen können: Wenn Thiel Gesichter ausschneidet,[9] gibt er uns selten den Schatten eines ganzen Kopfes, sondern vorzugsweise solche, die ein Antlitz in schwer lesbare Flächenkompartimente zerteilen. Und wenn Thiel darauf verfällt, uns nichts als eine schwarze Figur auf hellem Grund zu zeigen, dann können wir damit rechnen, dass wir es nicht mit einer klar lesbaren Silhouette zu tun haben werden. Seine pornografischen Bilder verbergen deshalb mehr als sie zeigen – Zensurbalken und Bild fallen gleichsam zusammen (Abb. 10). Aber dieses Verbergen ist selbst wieder ein Zeigen: Die Bildform der Silhouette, die eine der Aufklärung gewesen ist, und die Reduktion auf die Ratio eines intelligiblen Umrisses anzielte, wendet uns bei Thiel quasi ihre »Schattenseite« zu. Dialektik der Aufklärung. Stefan Thiel hat Jahre seines Lebens damit verbracht, Marquis de Sades' *Die 120 Tage von Sodom* in Blindenschrift zu übertragen.[10]

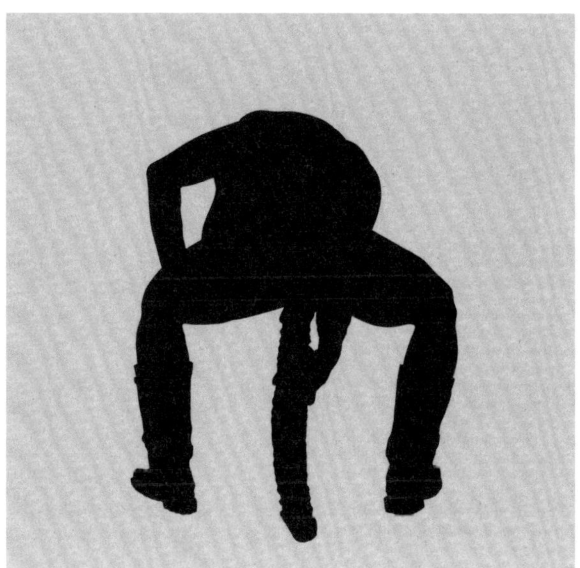

Ill. / Abb. 10 Stefan Thiel, Pornography (Marcel), 2006

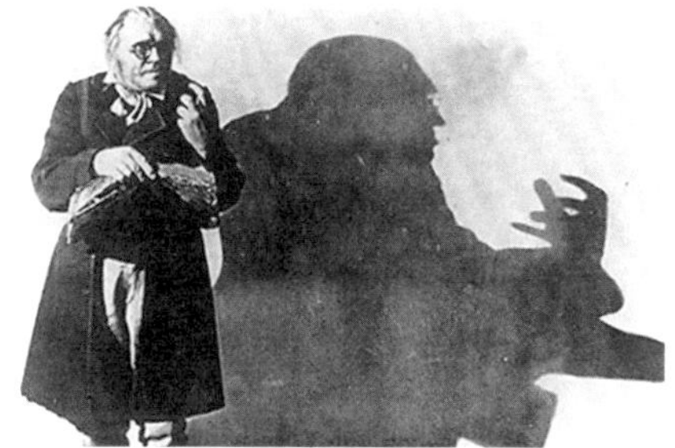

Ill. / Abb. 11 Friedrich Wilhelm Murnau, Nosferatu, 1922

their special cleverness from their lack of clear outlines. Let's consider *Model 01/07* (and also note that there is, in fact, a process of image definition, despite all faithfulness to the source, for what the artist defines as a line to be cut is not always determined by the source itself). Only the neck, face, and fingers are framed by an outline, while the rest of the figure is not really defined in a linear way, but rather made visible indirectly through the recording of reflections on the suit, that I imagine to be sequined (Ill. 08). This leads to a paradoxical reversal of the classical grammar of images: a drawing that records not an outline, but light phenomena alone (the task usually fulfilled by color). Most often, however, the grammar of images at work in Thiel's cut lines is even more complex. Especially in the *Film Stills* we encounter lines that in some instances describe the outlines of items, and in others only the transitions from lit or shaded areas of their surfaces, which are "color" differences, but always with the same "cutting" clarity and precision. Examples of this can be found in the faces of the people gathered in a projection room in *Film Still 18 (the lost honor of katharina blum)* (2009) (Ill. 09). Thiel's transferal into the cut-out is not the reduction of a picture to its drawn essence like the historical prints after paintings that involved similar decision processes.

Only in rare cases does Thiel show us a clearly defined profile outline. He consistently resists playing up the obvious potential of the shadow projection in order to show us a characteristic—not to mention expressive—facial silhouette. In general, his faces have a tendency to flatten out into anonymous masks or to draw near the limit of what can be recognized

VI. Dass der Schattenriss in seiner ganzen Ambivalenz und Dialektik (man nimmt Vieldeutigkeit der Binnenform in Kauf, um Eindeutigkeit der Kontur zu erzeugen; taucht hier ins Dunkel, um dort etwas besser sichtbar zu machen und so fort) auch in die Vorgeschichte des Kinos gehört, hat der Weimarer Film stets in Erinnerung behalten. Die Lichtspiele haben sich dort als Schattentheater inszeniert und oft auch reflektiert. So, wenn in Friedrich Wilhelm Murnaus *Nosferatu* der, der keinen Schatten wirft, sich als körperloser Schlagschatten über die Leinwand bewegt. Ein kinematografischer Plot, der das Schicksal derer vor Augen führt, die auf Zelluloid festgehalten werden, nämlich: in ein Schattenreich hinüberzutreten und als Untote ewig wiederkehren zu müssen. Der Schatten ist vorzügliches Kompositionselement der eindrücklichen Bilder des Weimarer Films (Abb. 11). Man dächte, hier wäre der logische Bezugspunkt eines Künstlers, der darauf verfallen ist, Filmbilder in Schattenschnitte zu transformieren. Wenn er auf kinematografische Vorlagen zurückgreift, in denen der Schattenfall als bildstrukturierendes und -generierendes Element eingesetzt wird, liegt Stefan Thiel aber der Film noir offenkundig näher. Nicht der expressive Schlagschatten, den Figuren werfen, interessiert ihn, sondern Schatten, die Körper umspinnen oder in denen sie sich verlieren. Schatten, die von außen ins Bild fallen, und nicht solche, die von Bildelementen projiziert werden. Der Schatten ist auch im Film noir ein wesentliches Kompositions- und Ausdruckselement – doch kein expressionistisches. Er verweist auf eine äußere, ungreifbare Instanz, in deren Netzen sich die Protagonisten verfangen haben, nicht unbedingt auf ihr psychisches Innen.[11]

Eine solche Vorliebe kommt für mich zumindest im *Filmstill 13 (le salaire de la peur)* (2008) aus Henri-Georges Clouzots *Le salaire de la peur* (*Lohn der Angst,* 1953) zum Ausdruck (Abb. 12). Betrachten wir es näher. Der Papierschnitt zeigt nur eine Figur, die in seiner rechten Hälfte platziert ist, vom unteren Rand des Blattes auf Hüfthöhe überschnitten wird, und das Bild der Höhe nach durchmisst. Man erkennt darin einen Mann, der nach vorne aus dem Bild zu blicken scheint, und von einer Wand mit zwei großen Öffnungen

as a face. When Thiel cuts out a face[9] he rarely gives us the shadow of a whole head, but rather a shadow that separates the face into barely recognizable sections. And whenever Thiel ends up showing us nothing but a black figure on a lighter background, we can be certain that we are not dealing with a clearly decipherable silhouette. His pornographic pictures thus conceal more than they reveal—censor bar and image coincide (Ill. 10). But this concealment is itself another way of revealing: the image form of the silhouette, which emerged in the enlightenment and aimed at the reduction of an intelligible outline to a ratio, turns its dark side to us, as it were, in Thiel's work. Dialectics of the Enlightenment: Stefan Thiel spent years of his life rendering Marquis de Sade's *120 Days of Sodom* into Braille.[10]

VI.   The fact that the silhouette with all its ambivalence and dialectics (accepting ambiguity in the inner shape in order to create clarity in the outline, leaving some parts dark in order to render something visible in others, etc.) also belongs to the prehistory of cinema was never far from the minds of the Weimar filmmakers. At the time, the movies presented and often reflected themselves as a shadow theater. An example can be found in Murnau's *Nosferatu,* where the one who has no shadow moves across the screen as a disembodied shadow. This is a cinematographic plot that makes us aware of the fate of all those banned onto celluloid in the first place: they enter into a realm of shadows and have to return as undead forever. The shadow is a marvelous compositional element in the impressive images of Weimar film (Ill. 11). One would expect this to be a logical reference point for an artist with the idea of transforming movie images into cut-outs. However, when he goes back to cinematic originals that use the shadow as a device to structure and generate the image, Stefan Thiel appears to prefer film noir. He is not interested in the figures' shadows, but in shadowy areas where bodies entwine or are lost. He prefers shadows that come into the picture from the outside to those projected by elements within the picture. The shadow is an essential compositional and expressive element in film noir—but not an Expressionist one. It refers to an outer, intangible authority in whose nets the protagonists have been caught, rather than to their own psychological selves.[11]

For me, at least, such a preference is expressed in *Film Still 13 (le salaire de la peur)* (2008) from Henri-Georges Clouzot's *Le salaire de la peur* (Wages of Fear) (1953) (Ill. 12). Let's look at it more closely. The cut-out shows only one figure, placed in the right half of the picture, cut off at the hip, and covering its entire height. You can discern a man who seems to

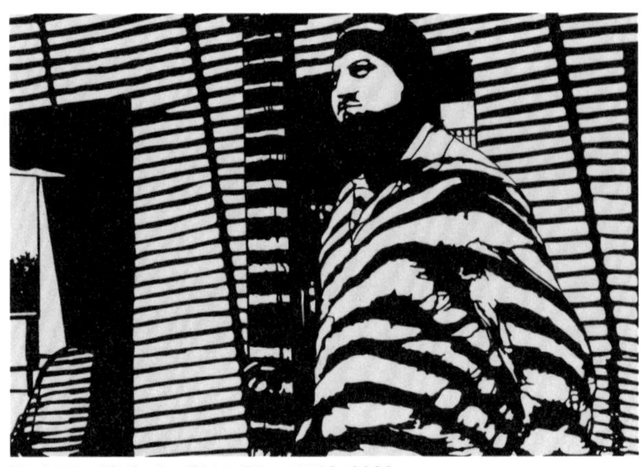

Ill. / Abb. 12 Stefan Thiel, Filmstill 13, 2008

hinterfangen wird. Handelt es sich um einen Sträfling, wie ihn das Klischee haben will, in gestreifter Anstaltskleidung? Oder ist auch die Wandfläche hinter ihm nicht, wie man vielleicht annehmen könnte, windschief aus groben Brettern zusammengezimmert, sondern bloß Projektionsfläche von Schatten? Dann müsste man annehmen, dass irgendeine rasterförmige Struktur im Off (man weiß es nicht, eine Jalousie vielleicht?) sie über alle Gegenstände im Bild wirft. Der Vergleich mit dem entsprechenden Kader aus Clouzots Film wird diese Annahme bestätigen – und die Sequenz, der das Bild entnommen wurde, klären, dass es sich um die Latten eines als Sonnenschutz dienenden Vordachs handelt, die hier unter der Glut einer südamerikanischen Mittagssonne dieses Streifenmuster auf die Veranda einer Cantina zeichnen (Abb. 13). Es ist aber Prinzip von Thiels schnitttechnischen Bildtransformationen, solche Mehrdeutigkeiten und Unbestimmtheiten mit sich zu bringen. Was auf seinen Arbeiten »real« und was nur »Bild« ist (Schatten oder Spiegelung etwa), ist von der gleichen schwarzen piktoralen Substanz. Das zirkuläre Paar, das bei *Eichen XII* die Zweige und ihre Reflexion im Wasser bilden, scheint diese Logik auf den Punkt zu bringen. Hat man nun aber im Falle dieses Filmstills das, was greifbarer Körper, und das, was nur Schatten ist, voneinander getrennt; hat man also die »weißen« Partien als Körper unterschieden, ist man mit dem Paradox konfrontiert, dass gerade sie es sind, die de facto gar keine Substanz besitzen, hat Thiels Skalpell doch an diesen Stellen dem Papierbogen Substanz entnommen. Ein Umstand, den man gegenüber einem thielschen Original niemals vollständig ausblenden kann – was hieße, seine Schnitte als bloße Bilder zu sehen, als schwarze und weiße (beziehungsweise hellgraue) Flächen, die nebeneinander auf *einer* Ebene liegen. Tatsächlich lassen seine Arbeiten ihre zwiespältige Struktur, dass zwei Papierflächen übereinandergelegt (und nicht geklebt!) wurden, deutlich erkennen. Denn der schwarze Bogen liegt nicht überall plan auf der Unterlage auf, sondern wellt sich an manchen

be looking forward from the image, backed by two large open-
ings in a wall. Is he a prisoner, wearing clichéd striped prison
clothing? Or is the wall behind him not, as one might have
assumed, a crooked construction of boards but rather a projection screen of shadows? Then one would assume that some
grid-shaped structure outside the picture (who knows—per-
haps a blind?) is throwing these shadows across everything in
the image. A comparison with the corresponding frame from
Clouzot's movie confirms this assumption. The sequence from
which it was taken makes clear that the slats of a sun-pro-
tection canopy throw this striped pattern onto a cantina's
verandah under the hot South American noontime sun (Ill. 13).
However, it is a principle of Thiel's cut-out technique and image
transformation to generate such ambiguities and uncertainties.
In his works what is "real" and what is merely "image" (such
as shadow or reflection) is made of the same black pictorial
substance. The circular pair formed by the branches and their
reflection in the water in *Oaks XII* seems to exemplify this
logic. After separating what is tangible body from what is
only a shadow and thus identifying the "white" parts as bodies,
we find ourselves confronted with the paradox that those
parts have no *de facto* substance, because Thiel's scalpel has
removed the substance from them in his sheet of black paper.
This is a condition that one can never completely avoid when
confronted with a Thiel original. That would mean taking his
cut-outs as mere pictures, as black and white (or rather: light
gray) areas resting side by side on one level, when actually his
works possess a two-fold structure, with two levels of paper
positioned (not glued!) on top of one another. This is apparent
since the black paper is not flush against the backing but buckles
here and there, throwing its own shadow onto the surface behind it. The body of the man in *Film Still 13* is literally just a
hole in the picture plane, a mere gap in the grid-like image
structure—or, one could say, indivisibly entwined with the net
that embraces it visually.

Yet the conditions that Thiel's cut-outs offer for the
figure do correspond with those in effect on the diegetic level
of the movie for its characters. We observe them caught in a
vicious cycle from which they are unsuccessfully attempting to
free themselves. *Le salaire de la peur* shows men trying their
utmost to escape the South American village where they cannot find work. For that, money is necessary, but of course they
don't have any—precisely because they are out of work. The
image of the shadow that falls on them in the opening sequence
on the village cantina's verandah is a fitting metaphor for
this state of imprisonment. The implied violence of an image
that shows us bodies cut up by sharp shadow lines—similar
to the first scene of Hitchcock's later *Psycho*—foreshadows

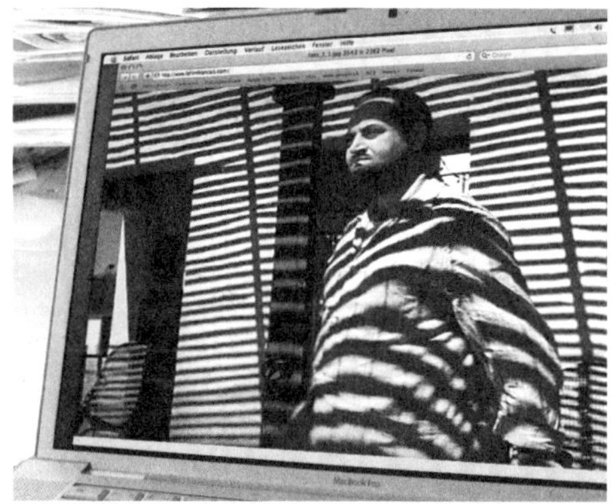

Ill. / Abb. 13 Henri-Georges Clouzot, Le salaire de la peur, 1953

Stellen, wobei er seinerseits einen Schatten auf die dahinter-
liegende Oberfläche wirft. Der Körper des Mannes auf *Filmstill 13* ist buchstäblich ein Loch in der Bildfläche oder bloßer
Zwischenraum in der gitterähnlichen Bildstruktur. Oder, man
könnte auch sagen, er ist untrennbar mit dem Netz, das ihn
optisch umschließt, verflochten.

Die Konditionen, die Thiels Papierschnitt der Figur be-
reitet, korrespondieren aber durchaus mit jenen, die auf diege-
tischer Ebene des Films für seine Charaktere gelten. Wir sehen
sie verstrickt in ein Verhängnis, aus dem sie sich vergeblich zu
befreien versuchen. *Le salaire de la peur* zeigt uns Männer,
die alles daran setzen, aus einem südamerikanischen Dorf, in
dem sie keine Arbeit finden können, zu entkommen. Dazu
ist Geld vonnöten, über das sie nicht verfügen, eben weil sie
beschäftigungslos sind. Für diesen Zustand der Gefangenheit
ist das Bild des Schattens, der in der Eingangssequenz auf der
Veranda der Cantina des Dorfes auf sie fällt, eine eindringliche
Metapher. Die implizite Gewalttätigkeit dieses Bildes, das
uns von scharfen Schattenlinien zerteilte Körper zeigt, weist –
ähnlich wie später in der Anfangsszene von Alfred Hitchcocks
Psycho – auf das ihnen drohende Schicksal voraus, nämlich in
Stücke gerissen zu werden (einige von ihnen werden sich auf das
Wagnis einlassen, eine Lastwagenladung hochexplosives und
dabei erschütterungsempfindliches Nitroglyzerin fünfhundert
Kilometer weit über holprige Straßen zu transportieren).

VII. Das Motto dieses Textes zitiert eine Szene kurz vor dem
Ende des Films. Mario und Jo, die hier sprechen, haben das
Ziel mit ihrem Lastwagen fast erreicht. Jo ist jedoch tödlich
verwundet (und auch Mario wird auf der Rückfahrt vom
Unfalltod ereilt werden). Der Lattenzaun, von dem die Rede
ist, befand sich in einer Straße in Paris, die beiden aus ihrem
früheren Leben in Europa vertraut ist. An der Schwelle des
Todes insistiert Jo auf der Frage, was sich hinter ihm befunden
hat. Die Antwort, dass es dahinter nichts gegeben habe, lässt

the characters' looming fate: that they will be torn to pieces (some of them will take the risk of transporting a truckload of highly explosive but also shock-sensitive nitroglycerin down five hundred miles of dilapidated roads).

VII. The epigraph for this text is a quotation from a scene shortly before the end of the movie. The speakers, Mario and Jo, have almost reached the destination with their truck. Jo, however, is mortally wounded (and Mario, too, will die in an accident on his way back). The picket fence they are talking about was located on a street in Paris, known to them both from their former lives in Europe. At death's door, Jo insists on the question of what was located behind it. The answer that there was nothing behind it leaves no doubt that we are supposed to see the movie plot as an allegory of the *conditio humana* in the existentialist sense: life without the perspective of transcendence has become a prison. The dialogue inevitably recalls the visual metaphor of the opening sequence in which the shadows of wooden slats cast on the characters created an image of their imprisonment.

I don't think it is going too far to claim that the semantic field of reference unfolded by the movie as a whole is deepened in Thiel's *Film Still.* Maybe it is not even going too far to assume that the artist was interested in *Le salaire de la peur* as a movie whose metaphors are closely related to the ideas that accompany his own examination of the cinema. Thiel refers to Plato's *Allegory of the Cave,* Guy Debord's *La société du spectacle* and, in Jean-Louis Baudry, to a film theorist who compared the cinema to Plato's cave.[12] The cinema becomes a shadow image, where the audience is chained in captivity, making it impossible for them to discern the real nature of things and of their situation—being chained (after Debord) as *conditio humana* in the age of media capitalism. Does that mean Stefan Thiel, too, is searching for a way out of the cave? Does he want to follow that art from the era of Debord and Baudry that saw a dichotomy between image and reality, art that rejected the image and opposed it with real space and real bodies? Does Thiel use his cut-outs based on movies (or other images from mass media) to reveal the reality hidden behind the shadows that enchain us?

I think rather that his art tells us, with Henri-Georges Clouzot, that there is nothing behind it. Or, to put it more precisely, that there is no simple dichotomy between image and reality. His art articulates a critique of the image, one that goes beyond pure gesture, that wants to oppose the two. Thiel's works are neither simple images (which is what they become when they are printed in black and white in the pages of a

keinen Zweifel darüber aufkommen, dass wir die Filmhandlung auch als eine Allegorie der conditio humana – im existenzialistischen Verständnis – auffassen sollen: Das Leben, das ohne die Perspektive der Transzendenz zu einem Gefängnis geworden ist. Unvermeidlich ruft der Dialog die visuelle Metaphorik der Eingangssequenz in Erinnerung, wo der Schatten von Holzlatten auf den Protagonisten ein Bild ihrer Gefangenheit schuf.

Ich denke, man geht nicht zu weit, wenn man behauptet, dass sich das semantische Bezugsfeld, das der Film als Ganzes entfaltet, in Thiels *Filmstill* verdichtet. Und womöglich auch nicht, wenn man annimmt, dass den Künstler *Le salaire de la peur* als ein Film interessiert hat, dessen Bildsprache in engster Beziehung zu den Gedanken steht, die seine Auseinandersetzung mit dem Kino begleiten. Thiel bezieht sich auf Platons Höhlengleichnis, Guy Debords *Gesellschaft des Spektakels* und mit Jean-Louis Baudry auf einen Filmtheoretiker, der das Kino mit Platons Höhle verglichen hat.[12] Das Kino als Schattenbild, seine Zuschauer in einer Gefangenschaft, die es ihnen unmöglich macht, die wahre Natur der Dinge und ihrer Lage zu erkennen – Gefesseltsein (mit Debord) als conditio humana im Zeitalter des Medienkapitalismus. Soll das heißen, auch Stefan Thiel geht es darum, einen Höhlenausgang zu finden? Möchte er anschließen an die Kunst der Epoche Debords und Baudrys, die zwischen Bild und Realität einen dichotomischen Unterschied machte? Eine Kunst, die das Bild verwarf, und dagegen den realen Raum und die wirklichen Körper setzte? Möchte uns Thiel mit seinen Schnitten nach Kino- und anderen Bildern aus den Massenmedien die Realität hinter den Schatten, die uns fesseln, enthüllen?

Ich glaube, seine Kunst sagt mit Henri-Georges Clouzot eher, dass es nichts dahinter gibt. Oder genauer: keine einfache Dichotomie zwischen Bild und Wirklichkeit. Seine Kunst formuliert eine Bildkritik, die über eine Geste hinausweist, die das eine gegen das andere setzen möchte. Thiels Arbeiten sind weder einfache Bilder (zu denen sie werden, wenn man sie schwarz auf weiß auf die Seiten eines Katalogs druckt), noch besetzen sie auf simple Weise den greifbaren Raum realer Objekte. Seine Schnitte spalten nicht den realen Raum vom piktoralen ab, sondern schaffen eine paradoxe Verflechtung von beiden. Sie sind tätlicher Angriff auf die Bildebene und schaffen im gleichen Zug ein formales Element in ihr; öffnen sie auf den realen Raum hin und konstituieren ein bildsprachliches Bezugssystem. Schatten zu schneiden, so könnte man sagen, heißt bei Thiel, einen Riss in der Ebene der Repräsentation hervorzubringen, es heißt, das Reale das Bild gleichsam von innen her heimsuchen zu lassen.

catalog), nor do they simply take up the tangible space of real objects. His cuts do not split real space from pictorial space but paradoxically entwine the two. They are an assault on the picture plane while, at the same time, creating a formal element within it. They open the picture plane into real space and constitute a pictorial reference system. One could state that, for Thiel, cutting out shadows means generating a tear on the representational level—letting reality haunt the image from within.

1   See Edmund Piper, "Interview with Stefan Thiel," in *Stefan Thiel: Cut-Outs,* exh. cat. Galerie griedervonputtkamer, Berlin; Galerie nächst St. Stefan, Vienna; Mai 36 Galerie, Zurich, Vienna (2002), p. 21.

2   *Locus classicus* of the cutout's Modernist theory can be found in Clement Greenberg, "Review of the Exhibition *Collage,*" in *The Collected Essays and Criticism,* vol. 2: *Arrogant Purpose, 1945–1949,* ed. John O'Brian (Chicago and London, 1986), pp. 259–63.

3   See also Juliane Vogel, "Schnitt und Linie: Etappen einer Liaison," in *Öffnungen: Zur Theorie und Geschichte der Zeichnung,* eds. Friedrich T. Bach and Wolfram Pichler (Munich, 2009), pp. 141–59.

4   See an essential point of Derrida's analysis of drawing: Jacques Derrida, *Memoires of the Blind: The Self-Portrait and Other Ruins* (Chicago, 1993).

5   See also Friedrich Teja Bach, "Zeichnen als Berühren: Formen der Blindheit bei Matisse, Morris und Serra," in *Randgänge der Zeichnung,* eds. Werner Busch, Oliver Jehle, and Carolin Meister (Munich, 2007), pp. 187ff.

6   Matisse explains: *"J'ai été amené à faire du papier découpé pour associer la couleur et le dessin, d'un même mouvement."* Henri Matisse, *Écrits et propos sur l'art* (Paris, 1972), p. 242.

7   See Victor I. Stoichita, *A Short History of the Shadow* (London, 1997), pp. 155ff.

8   See Philippe Dubois, "Le coup de la coupe: La question de l'espace et du temps," in *L'Acte Photographique* (Paris and Brussels, 1983), pp. 151ff.

9   See Ralph Ubl, "Cutting out Faces," in *Stefan Thiel: Silhouetten,* trans. (flyer in exhibition catalog) Katrin A. Velder, eds. Danièle Perrier and Klaus Gallwitz (Künstlerhaus Schloss Balmoral, Bad Ems, 2004).

10   See also Stefan Neuner, "Stefan Thiel. D.A.F. de Sade: Die 120 Tage von Sodom," in *31: Das Magazin des Instituts für Theorie* 12/13 (2008), pp. 31–32.

11   See also Michael Leja, *Reframing Abstract Expressionism: Subjectivity and Painting in the 1940s* (New Haven and London, 1993), pp. 319ff.

12   Guy Debord, *The Society of the Spectacle,* trans. Fredy Perlman and Jon Supak (Detroit, 1970). Additionally: Jean-Louis Baudry, "Ideological Effects of the Basic Cinematographic Apparatus," trans. Alan Williams, *Film Quarterly* vol. 27, no. 2 (1974/75) and Jean-Louis Baudry, "The Apparatus: Metapsychological Approaches to the Impression of Reality in the Cinema," [reprinted from trans. Bertrand Augst and Jean Andrews, *Camera Obscura* 1 (Fall 1976)] both in *Narrative, Apparatus, Ideology: A Film Theory Reader,* ed. Philip Rosen (New York, 1987), pp. 286–98 and 299–318.

1   Vgl. Edmund Piper, »Interview mit Stefan Thiel«, in: *Stefan Thiel. Cut-Outs,* Ausst.-Kat. Galerie griedervonputtkamer, Berlin; Galerie nächst St. Stephan, Wien; Mai 36 Galerie, Zürich, Wien 2002, S. 21.

2   »Locus classicus« der modernistischen Theorie des Papierschnitts ist Clement Greenbergs »Review of the Exhibition *Collage*« [1948], in: ders., *The Collected Essays and Criticism,* 4 Bde., hrsg. von John O'Brian, Bd. 2: *Arrogant Purpose, 1945–1949,* Chicago u. a. 1986, S. 259–263.

3   Vgl. dazu: Juliane Vogel, »Schnitt und Linie. Etappen einer Liaison«, in: Friedrich Teja Bach und Wolfram Pichler (Hrsg.), *Öffnungen. Zur Theorie und Geschichte der Zeichnung,* München 2009, S. 141–159.

4   So eine zentrale Pointe der derridaschen Auseinandersetzung mit der Zeichnung: Jacques Derrida, *Aufzeichnungen eines Blinden. Das Selbstporträt und andere Ruinen,* München 1997, bes. S. 57 ff.

5   Vgl. Friedrich Teja Bach, »Zeichnen als Berühren. Formen der Blindheit bei Matisse, Morris und Serra«, in: Werner Busch (Hrsg.), *Randgänge der Zeichnung,* München 2007, S. 187 ff.

6   Matisse erklärt: »J'ai été amené à faire du papier découpé pour associer la couleur et le dessin, d'un même mouvement« (Henri Matisse, *Écrits et propos sur l'art,* Paris 1972, S. 242).

7   Vgl. Victor I. Stoichita, *A Short History of the Shadow,* London 1997, S. 155 ff.

8   Zur Fotografie als »Schnitt« vgl.: Philippe Dubois, *Der fotografische Akt. Versuch über ein theoretisches Dispositiv,* hrsg. von Herta Wolf, Amsterdam und Dresden 1998, Kap. 4: »Der Schnitt. Zur Frage von Raum und Zeit«, S. 155–213.

9   Vgl. dazu auch: Ralph Ubl, »Gesichter ausschneiden«, in: *Stefan Thiel. Silhouetten,* hrsg. von Danièle Perrier und Klaus Gallwitz, Ausst.-Kat. Künstlerhaus Schloß Balmoral, Bad Ems 2004, S. 3–7.

10   Vgl. Stefan Neuner, »Stefan Thiel, D.-A.-F. de Sade. Die 120 Tage von Sodom«, in: *31. Das Magazin des Instituts für Theorie der Gestaltung und Kunst,* 12/13, 2008: »Taktilität. Sinneserfahrung als Grenzerfahrung«, S. 31 f.

11   Vgl. dazu: Michael Leja, *Reframing Abstract Expressionism. Subjectivity and Painting in the 1940s,* New Haven u. a. 1993, S. 319 ff.

12   Vgl. Guy Debord, *Die Gesellschaft des Spektakels* [1967], Düsseldorf 1969, des Weiteren Jean-Louis Baudry, »Ideological Effects of the Basic Cinematographic Apparatus«, in: Phillip Rosen (Hrsg.), *Narrative, Apparatus, Ideology. A Film Theory Reader,* New York 1986, S. 286–298 bzw. 299–318, und Jean-Louis Baudry, »Das Dispositiv. Metapsychologische Betrachtungen des Realitätseindrucks [1975], in: *Kursbuch Medienkultur. Die maßgeblichen Theorien von Brecht bis Baudrillard,* hrsg. von Claus Pias u. a., Stuttgart 1999.

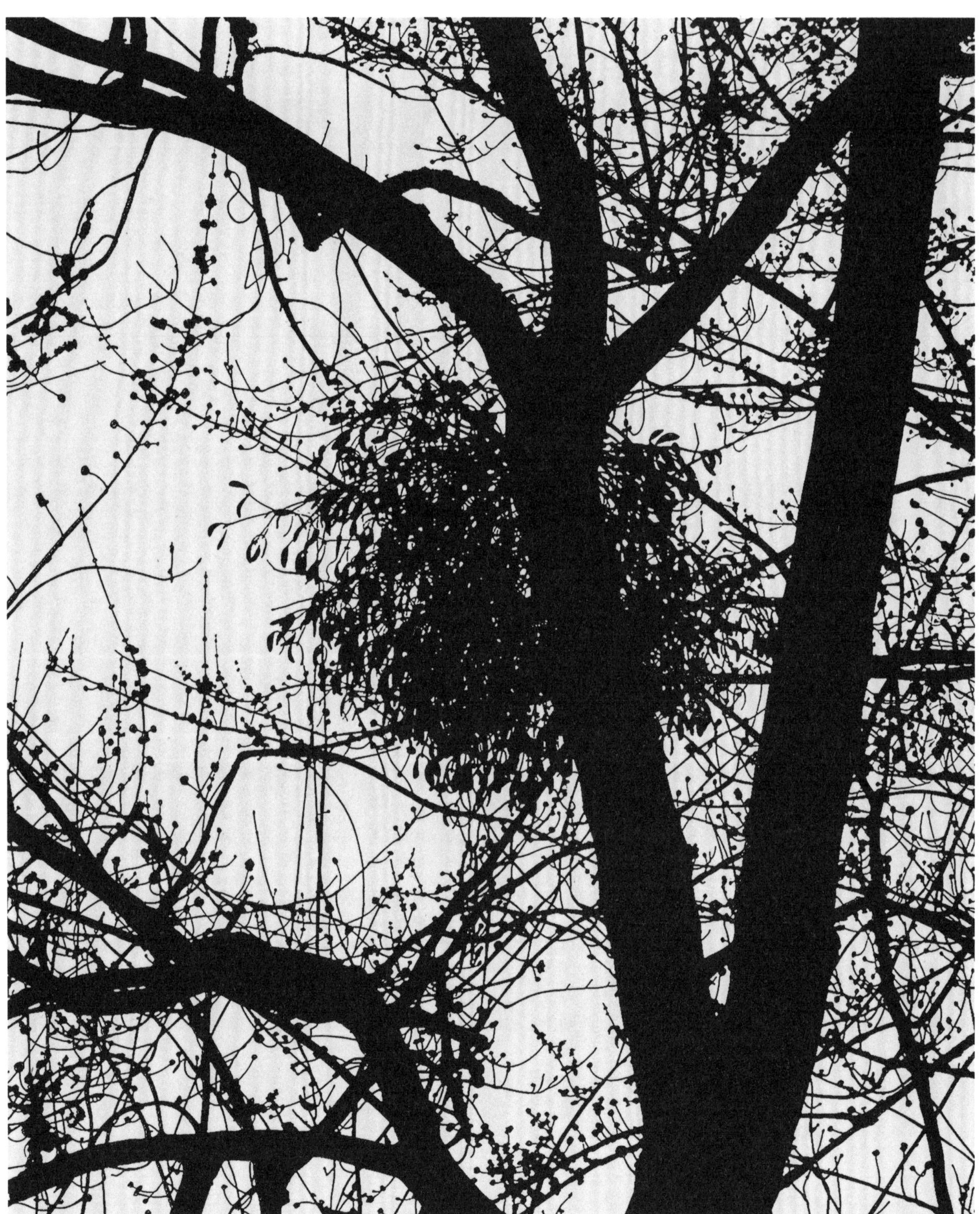

Mistel 3
2003

Cut-out
161.7 × 135 cm
Private collection

A Kind of Dark Matter
Stefan Thiel in Conversation with Oliver Zybok
Eine Art dunkle Materie
Stefan Thiel im Gespräch mit Oliver Zybok

Oliver Zybok: Following its heyday in the eighteenth and nineteenth centuries, the silhouette or paper cut-out was almost completely forgotten for many years. Through Henri Matisse and his *papiers découpés* it gained renewed attention after WWII. Since then there have been a number of artists who have worked in this technique. The torn papers by Felix Droese and the cut-outs by Kara Walker can serve as examples. Yet paper cutting is a rather rare medium in contemporary art. What was or is your interest in using this technique? How did you end up making paper cut-outs?

Stefan Thiel: My interest in the paper cut-out was intuitive. I had previously worked with Braille for seven years. With the completion of *The 120 Days of Sodom* (1998) I needed a new beginning in my work, having noticed that Braille in all its finality did not allow a transition to anything else. I felt trapped in an artistic dead end. My involvement with Braille was simply over, and did not offer a bridge to anything new. In addition, after years of abstinence from the classical production of images, I had a strong urge to make pictures. The similarities between paper cut-out and Braille as binary systems ("0/1" and "black/white" respectively) offered an intersection in terms of content. Furthermore with the paper cut-out I had an opportunity to avoid the idea of a personal touch, which has always seemed strange to me. I had spent so much time with the Braille typewriter that I could not really imagine working with anything but machines.

OZ: Don't all your works convey your personal touch because of the way you choose to realize them?

ST: You're right. Even the choice made with the camera is a personal decision, so maybe the term "style" is more fitting than "personal touch." Sketches made from slides and cuts made with the scalpel are also rather technical processes.

OZ: You always stress the sculptural character of the silhouette. What exactly do you mean by that?

Oliver Zybok: Nach seiner europäischen Blütezeit im 18. und 19. Jahrhundert geriet der Scheren- beziehungsweise Papierschnitt für viele Jahre fast in Vergessenheit. Durch Henri Matisse mit seinen »papiers découpés« hat er nach dem Zweiten Weltkrieg eine neue Aufmerksamkeit erhalten. Seither gibt es immer wieder Künstler, die in dieser Technik arbeiten. Die Papierrisse von Felix Droese oder die »Cut-outs« von Kara Walker seien hier als einige der wenigen Beispiele erwähnt. Trotzdem ist der Papierschnitt ein in der Gegenwartskunst eher selten genutztes Medium. Was war beziehungsweise ist Dein Interesse, Dich dieser Technik zu bedienen? Wie bist Du zum Papierschnitt gekommen?

Stefan Thiel: Das Interesse am Papierschnitt war ein intuitives. Ich hatte zuvor sieben Jahre mit Blindenschrift gearbeitet. Mit der Beendigung der *120 Tage von Sodom* (1998) habe ich einen Neuanfang in meiner Arbeit benötigt, da ich festgestellt hatte, dass die Blindenschrift in ihrer Finalität keinen Übergang zu etwas anderem zulässt. Ich befand mich in einer künstlerischen Sackgasse. Die Beschäftigung mit Braille war einfach beendet und sie bot mir keine Brücke zu etwas Neuem. Ebenso hatte ich nach den Jahren der Abstinenz von der klassischen Bildproduktion ein starkes Verlangen, Bilder zu machen. Die Verwandtschaft von Papierschnitt und Braille als binäre Systeme (»0/1« beziehungsweise »schwarz/weiß«) ergab eine inhaltliche Überschneidung. Außerdem hatte ich im Papierschnitt die Möglichkeit, die Idee einer persönlichen Handschrift zu vermeiden, die mir immer fremd war. Ich hatte so viel Zeit mit der Blindenschreibmaschine verbracht, dass ich mir etwas anderes als maschinelles Arbeiten kaum vorstellen konnte.

OZ: Tragen Deine Arbeiten nicht durch die Art Deiner Umsetzung alle per se eine persönliche Handschrift?

ST: Du hast Recht. Schon die Auswahl mit der Kamera ist eine persönliche Entscheidung und vielleicht ist auch der Begriff des Gestus passender, als der einer persönlichen

ST: Just as the slitting open of the canvas surface by Lucio Fontana reveals a production process and opens up a poetic level of the image, to me the cut into black paper represents a manipulation of original material. You really always start with a white surface that is loaded with information. Black paper is dyed with coal and ashes. The darker the hue of the paper, the higher the ratio of coal—which leads to problems with the acid content. To me, black paper has "soaked up" a maximum amount of information, comparable with a sheet of white paper that has been treated with charcoal, thereby clarifying the content. To me the area within the silhouette represents a black hole that "soaks up" our projections, intensifies them toward its center, and is loaded up by them—and I split this material apart.

OZ: In dealing with Braille or paper cut-outs, you show an interest in textures. Could you please give a quick explanation of this?

ST: In my high school biology class, we had a semester on learning styles, during which we conducted a small test to find out which of our senses led to the most efficient learning success. My tactile memory was the most developed. It was harder for me to remember things I had read. This is the type of childhood experience that keeps coming back. In the text *The 120 Days of Sodom* I was able to combine the two. One of the most fascinating surfaces for me is human skin. What I feel most drawn to in sex, for instance, is the other's skin, whose characteristics I like to examine overtly, but also secretly—but I never develop a qualitative hierarchy. In that sense I think the line as a kind of cut edge in the cut-outs becomes a tactile experience for me, and the plane becomes tangible space.

OZ: You have worked with many different motifs up until now, including depictions of nature, urban situations, the world of fashion, and film. In addition you have worked with specific geometric structures, such as fishnet stockings or chain-link fences. How do you choose your subjects?

ST: When I decided to cut paper, I opened myself to the surrounding world of images without any filter, allowing anything to get through. I transformed anything that offered itself into a paper cut-out as a somewhat artistic option. However, there were three limitations: the subject could not appear decorative nor consist of silhouettes of people or plants. I wanted to avoid all proximity to the realm of arts and crafts, to examine the medium beyond tradition and figure out all possible variations. But with time a number of characteristics came to the forefront, and they intersected repeatedly in the works. The decorative,

Handschrift. Auch das Vorzeichnen nach einem Dia und das darauf folgende Schneiden mit dem Skalpell sind eher technische Vorgänge.

OZ: Du betonst stets den plastischen Charakter des Papierschnitts. Was genau meinst Du damit?

ST: So wie bei Lucio Fontana durch das Aufschlitzen der Leinwandoberfläche ein Produktionsprozess sichtbar und damit eine bildpoetische Ebene eröffnet wird, stellt für mich der Schnitt in schwarzes Papier eine Bearbeitung ursprünglicher Materie dar. Eigentlich geht man immer von einer weißen Fläche aus, die dann mit Informationen versehen wird. Schwarzes Papier wird ja mit Kohle und Asche gefärbt. Je dunkler der Ton des Papiers, desto höher der Anteil der Kohle, was Probleme beim Säuregehalt mit sich bringt. Das schwarze Papier ist für mich durch den hohen Kohleanteil maximal mit Informationen »vollgesogen«, vergleichbar mit einem Blatt weißem Papier, das man mit einem Kohlestift bearbeitet hat, und somit eine inhaltliche Klärung vermittelt. Die Fläche innerhalb der Silhouette stellt für mich eine Art schwarzes Loch dar, das unsere Projektionen »aufsaugt«, sie in seinem Zentrum verdichtet und sich damit auflädt – diese Materie zerteile ich.

OZ: Deine Auseinandersetzung mit der Brailleschrift oder dem Papierschnitt verdeutlichen ein Interesse für Oberflächenstrukturen. Könntest Du dieses kurz erläutern?

ST: Es gab in meiner Schule im Fach Biologie ein Semester über das Lernverhalten. Während dieser Zeit wurde ein kleiner Test durchgeführt, durch den herausgefunden werden sollte, welche unserer Wahrnehmungen zum effizientesten Lernerfolg führt. Mein taktiles Erinnerungsvermögen war am besten ausgebildet. Alles was ich gelesen hatte, prägte sich mir weniger gut ein. Das sind so Ereignisse aus der Kindheit, die einem immer wieder in Erinnerung kommen. In dem Text der *120 Tage von Sodom* konnte ich beides zusammenführen. Eine der faszinierendsten Oberflächen für mich ist die menschliche Haut. Was mich zum Beispiel beim Sex am meisten reizt, ist die Haut des Gegenübers, die ich gerne auf ihre Eigenschaften bewusst, aber auch heimlich untersuche, für die ich aber nie eine qualitative Hierarchie entwickle. Ich glaube, dass in diesem Sinne bei den »Cut-outs« für mich die Linie als eine Art geschnittene Kante zu einer taktilen Erfahrung wird und die Fläche zu einem greifbaren Raum.

OZ: Du hast bisher zahlreiche unterschiedliche Themenkomplexe bearbeitet, Dich mit Naturdarstellungen, urbanen Begebenheiten, der Modewelt und Filmen beschäftigt, aber

photographic, performative, and graphic all became foci in terms of content. The aspect of the photographic is especially significant when the subject is a snapshot of movement. In the models I took from fashion magazines, the realms of the performative, photographic, and decorative intersect in the patterns of the fabrics. In the case of the landscapes—which mostly show reflections of branches in water—the photographic, decorative, and graphic are at the center; since the subject offers much more artistic freedom, I am not as inevitably bound by the original. The photographic aspect consists of the modified reflection on the water's surface caused by the rippling of the waves, and in terms of the decorative elements I quote a method of the classical silhouette in which the paper was folded down the center, creating a symmetrical mirror image. The branches can usually be seen in the upper half of the sheet with their reflection as a reflection in the lower half as a shape modified through the rippling of the water—or mirror—surface. My paper cut-outs are always about the connection between the four areas of the decorative, photographic, performative, and graphic. The technique of the paper cut-out is a hybrid art form for me, where these levels are merged.

The fences and stockings should be viewed in the same context as the camouflage nets and streamers. There is a certain moment during production when I realize that not every subject makes sense, which shows that it is important to me to consider the medium of the paper cut-out while I work. This is how some self-referential images come about, because in the cutting of paper, after all, I cut open the surface of the image, which means that space is particularly important. Spatial concepts can, of course, be rendered graphically with a perspective drawing; but when the image surface not only represents a grid or net but in fact is a tactile net, as in the case of the paper cut-out, two spaces are created: one in front and one behind. And then the camouflage nets "speak" about a hiding place that can be either my side (that of the viewer), or the side behind the picture. The viewer is either camouflaged or discovers a hiding place. With the fishnet stockings, the idea of the decorative also unfolds by way of the holes through which the constructed space of the legs—or rather, of their physiognomy—partially disintegrates. This does not happen the same way as with the camouflage nets, where fabric that has been cut is mounted to a net, thereby destroying the structure, but through purposely ripped holes that cause space and non-space to oscillate. In addition, the simulated three-dimensionality of the legs created by the pattern is confronted with the reality of the technique. The images of the streamers, finally, are a leap ahead into disintegration. When the grid that is visible in the picture is caused only by the air I blow into the streamer, the doubling is perfected in two ways. There are the spatial before and behind,

auch mit einzelnen geometrischen Strukturen, unter anderem mit denen einer Netzstrumpfhose oder eines Maschendrahtzauns. Wie wählst Du Deine Motive aus?

ST: Als ich beschloss, Papier zu schneiden, habe ich mich der umgebenden Bildwelt erst einmal ohne Raster geöffnet und alles zugelassen. Ich habe alles in einen Papierschnitt verwandelt, das sich mir ansatzweise als künstlerische Option dafür anbot. Es gab trotzdem drei Einschränkungen: Das Motiv durfte nicht vordergründig dekorativ sein und keine Silhouetten von Personen oder Pflanzen darstellen. Ich wollte eine Nähe zum kunsthandwerklichen Bereich vermeiden und das Medium jenseits der Tradition untersuchen, seine Variationsmöglichkeiten ausloten. Mit der Zeit bildeten sich aber verschiedene »Eigenschaften« heraus, die sich in den Arbeiten in Form von Schnittmengen wiederholten. Das Dekorative, das Fotografische, das Performative und das Zeichnerische waren die inhaltlichen Schwerpunkte. Der Aspekt des Fotografischen kommt besonders dann zum tragen, wenn das Motiv einen Ausschnitt aus einer Bewegung darstellt. So überschneiden sich bei den Modellen, die ich aus Modejournalen entnommen habe, die Bereiche des Performativen, Fotografischen und Dekorativen in den Mustern der Stoffe. Bei den Landschaften, die meist Wasserspiegelungen von Ästen zeigen, stehen das Fotografischen, Dekorative wie auch das Zeichnerische im Mittelpunkt, da das Motiv sehr viel mehr gestalterische Freiheiten bietet und ich nicht zwangsläufig an die Vorlage gebunden bin. Der fotografische Aspekt besteht in der durch die Wellenbewegung modifizierten Reflexion auf der Wasseroberfläche, hinsichtlich der dekorativen Elemente zitiere ich eine Methode des klassischen Scherenschnitts, bei der das Blatt in der Mitte gefaltet wird und eine spiegelsymmetrische Form entsteht. So sind die Äste meist in der oberen Hälfte des Blattes zu sehen, deren Spiegelung als Spiegelung in der unteren Hälfte, in einer modifizierten Form durch Wellenbewegungen der Wasser-, also Spiegeloberfläche. Es geht bei meinen Papierschnitten immer um Verschränkungen der vier Bereiche des Dekorativen, Fotografischen, Performativen und Zeichnerischen. Die Technik des Papierschnitts ist für mich eine hybride Kunstform, in der diese Ebenen ineinander übergehen.

Die Zäune und die Strumpfhosen sind mit den Tarnnetzen und den Papierschlangen in einem Kontext zu betrachten. Es gibt einen bestimmten Punkt in der Produktion, an dem ich feststelle, dass nicht jedes beliebige Motiv einen Sinn ergibt, das heißt, es ist für mich wichtig, dass ich in der Arbeit auch das Medium des Papierschnitts reflektiere. So entstehen einige selbstreferenzielle Bilder, denn beim Papierschnitt schneide ich die Bildoberfläche ja auf, was bedeutet, dass dem Raum eine besondere Bedeutung zukommt. Man kann Räumlichkeit

but there is also the space inside the streamer spiral—which disintegrates according to gravity. This is not only about the technique of the cut-out, but also about the material, because in the images of the streamers I represent one kind of paper with another.

OZ: Your series of *Film Stills* created between 2007 and 2010 seems to differ somewhat from your other works. Would you agree?

ST: There are a number of threads in my work that have developed over time, and that I follow intuitively, depending on my mood. I take them up again and continue working on them when I feel like it. The *Film Stills* constitute one of these threads. I kept my distance from found imagery for a long time, in order not to be distracted from building up my own world of images. Yet at some point I was able to work with found material again. In connection with the *Film Stills* I grappled with Plato's *Allegory of the Cave,* and in considering the history of the shadow I got to the shadow play, and from the Javanese shadow play I reached the movies. The tension between film and paper cut-out is greater than that between the silhouette and photography. The distance to the "frozen" moment of movement is much more intense in the still. In 1975 the French film theoretician Jean-Louis Baudry wrote an essay about the relationship of the cinema and its apparatus to Plato's cave. In this context it seemed natural to me to build a cinematic stage and to juxtapose film, shadow play, and silhouette. It is also interesting to note that the *Film Stills* are different from silhouette-cutter and filmmaker Lotte Reiniger's work. In her works the figure itself is not shown, but only its shadow from the film material. In the *Film Stills* the film image manifests itself, meaning that just like in Adelbert von Chamisso's fairy tale *Peter Schlemihls wundersame Geschichte* (1814) it can be rolled up and taken along. The darkness of the immaterial film image becomes a materialized shadow, a kind of dark matter.

OZ: How do you choose the images for your *Film Stills?*

ST: In choosing the *Film Stills* I have always found aspects of the subject most significant. The contrast of light and dark has a certain drama in itself, so I pick subjects that don't have much action. I like movie theaters, negotiations, and moments that tend towards the motionless in and of themselves. This is because action scenes tend to tip over into something comical, which distorts the interpretation. Stylistically, I prefer movies from the 1960s and 1970s, which I am emotionally closest to since I grew up almost exclusively with movies and TV.

natürlich auch zeichnerisch über eine Perspektivdarstellung wiedergeben, aber wenn die Bildoberfläche nicht nur ein Gitternetz darstellt, sondern, wie beim Papierschnitt, haptisch auch eines ist, dann entstehen zwei Räume, der davor und der dahinter. Und dann »sprechen« die Tarnnetze über ein Versteck, das meine Seite (beziehungsweise die des Betrachters) des Bildes oder die dahinter sein kann. Der Betrachter tarnt sich entweder oder entdeckt ein Versteck. Bei den Netzstrumpfhosen entfaltet sich zudem das Moment des Dekorativen durch die Löcher, durch die sich der konstruierte Raum der Beine beziehungsweise deren Physiognomie wieder teilweise auflösen. Dies geschieht nicht wie beim Tarnnetz, bei dem ein zerschnittener, auf ein Netz aufmontierter Stoff die Struktur zerstört, sondern durch die mutwillig gerissenen Löcher, die Raum und Nicht-Raum miteinander oszillieren lassen. Zusätzlich wird die mithilfe des Musters vorgetäuschte Dreidimensionalität der Beine mit der Realität der Technik konfrontiert. Die Luftschlangenbilder sind dann der Sprung nach vorn in die Auflösung. Wenn das Gitterwerk des Bildes nur noch durch den Luftzug entsteht, den ich beim Pusten in die Luftschlange blase, dann ist die Verdopplung in zweierlei Hinsicht perfekt. Räumlich gibt es ein Davor und ein Dahinter, es gibt aber auch den Raum in der Luftschlangenspirale, der sich in der Schwerkraft auflöst. Es geht hier aber nicht nur um die Technik des Schneidens, sondern auch um das Material, denn in den Luftschlangenbildern stelle ich das Papier mit Papier dar.

OZ: Deine zwischen 2007 und 2010 entstandene Serie der *Filmstills* scheint etwas von den anderen Arbeiten abzuweichen. Würdest Du dem zustimmen?

ST: Es gibt verschiedene Arbeitsstränge, die sich im Laufe der Zeit entwickelt haben, und denen ich intuitiv, nach Lust und Laune folge, die ich wieder aufnehme, an denen ich weiterarbeite. Einer dieser Stränge sind die *Filmstills*. Ich habe lange Zeit zu vorgefundenem Bildmaterial Distanz gehalten, um nicht zu sehr vom Aufbau einer eigenen Bildwelt abgelenkt zu werden. Ab einem bestimmten Zeitpunkt konnte ich wieder mit fremdem Material arbeiten. Im Zusammenhang mit den *Filmstills* setzte ich mich mit Platons Höhlengleichnis auseinander und im Hinblick auf die Geschichte des Schattens gelangte ich zum Schattenspiel und vom javanischen Schattenspiel zum Kino. Das Spannungsverhältnis zwischen Film und Papierschnitt ist größer als das zwischen Schattenriss und Fotografie. Im Still kommt die Distanz zum »eingeforenen« Moment der Bewegung viel intensiver zum Tragen. Der französische Filmtheoretiker Jean-Louis Baudry hat 1975 über das Verhältnis des Kinos zu Platons Höhle und zum Dispositiv einen Aufsatz geschrieben. In diesem Kontext war es für mich naheliegend, die

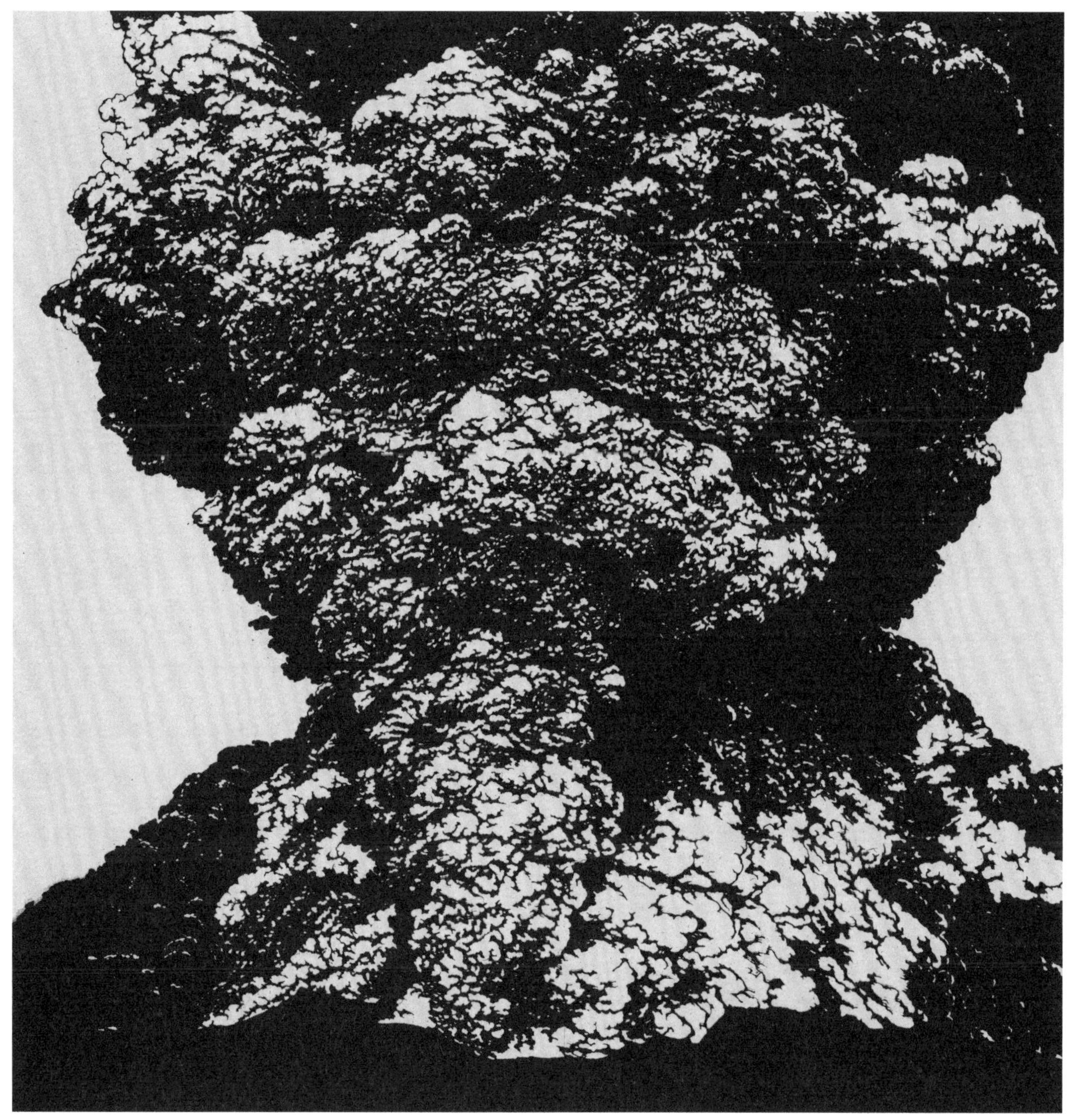

Vulkan 1
2002

Cut-out
150 × 145 cm
Amara Collection, Paris

OZ: Do you use technical tools to realize your images?

ST: No. I project the images to the verso of the paper with a slide projector, and then I cut them out by hand.

OZ: In the exhibitions in Neubrandenburg and Remscheid you also showed a number of photographic works. What is the relationship of these works to the paper cut-outs?

ST: I use photography as a precursor to my paper cut-outs, although it was invented later. I like this kind of regressive step. The paper cut-out is always a step back into a world of images where we are not welcome any longer. They exist in a kind of taboo zone of child's play—everyone probably at least cut out paper stars in elementary school. To me, it is also a way of keeping my distance from highly technically developed pictures. You go to the movies and are prepared to give in to emotions that you may not be able to develop in real life, but it is also true that at the movies you definitely know what you are dealing with. In a press release in 2006 I had the idea of leading viewers back into Plato's cave and tying them to the shadows on the wall again. I like this situation a lot myself. After all, I spend half of my work life in a darkened studio, looking at slides and copying them onto black paper. It's all about cognitive processes, and I think that an ambivalence of meaning can bring much more clarity about what we see than anything obvious, which has always seemed suspect to me. So I look for multiple meanings and for the invisible in the images, be it transparent jellyfish flying through the air, the wind billowing in a curtain, or the ramps in Peenemünde where the V2 rockets were parked. Film images and photographs are very interesting projection surfaces for me, and I give them even more room in my work. I disengage them from their original meaning and lead them to a more generalized context.

OZ: What are you planning next?

ST: I am working on film again with stills from Leni Riefenstahl's *Triumph of the Will* (1935) to try to analyze the decorative and performative—as well as their intersection: ornament and crime. I am interested in the decorative aspect when the soldiers march into the image during the parade and what projections this act is supposed to trigger in the viewer. In addition, I am continuing work on my *black face book,* a kind of bestiary that examines forms of self-depiction. I am also planning to put paper aside as a material and go straight to the wall as a draftsman using projections.

Bühne des Kinos aufzubauen und den Film in ein Spannungsverhältnis zum Schattenspiel oder auch zum Schattenriss zu setzen. Interessant ist bei den *Filmstills* auch, dass sie sich von den Arbeiten der Scherenschneiderin und Filmemacherin Lotte Reiniger unterscheiden. In ihren Arbeiten wird nicht die Figur gezeigt, sondern nur deren Schattenwurf aus dem Filmmaterial. Bei den *Filmstills* manifestiert sich das Filmbild, das heißt, es kann wie bei Adelbert von Chamissos Märchenerzählung *Peter Schlemihls wundersame Geschichte* (1814) aufgerollt und mitgenommen werden. Das Dunkel des immateriellen Filmbilds wird ein materieller Schatten, eine Art dunkle Materie.

OZ: Wie wählst Du die Momentaufnahmen der *Filmstills* aus?

ST: Für die Auswahl der *Filmstills* waren für mich bisher immer Aspekte des Motivs entscheidend. Der Hell-Dunkel-Kontrast hat in sich schon eine gewisse Dramatik, sodass ich mich bei der Auswahl an aktionsarme Motive halte. Ich mag den Kinosaal, Verhandlungen sowie die in sich schon zum Unbeweglichen tendierenden Momente. Das liegt daran, dass Actionszenen für mich zu sehr ins Comicartige kippen und die Lesart verzerren. Ich bevorzuge stilistisch die Filme der 1960er- und 1970er-Jahre, die mir emotional am nächsten sind, weil ich in meiner Kindheit fast ausschließlich mit Kino und Fernsehen aufgewachsen bin.

OZ: Benutzt Du technische Hilfsmittel zur Umsetzung Deiner Arbeiten?

ST: Nein. Ich projiziere die Bilder mit einem Diaprojektor auf die Rückseite des Papiers und schneide sie danach mit der Hand.

OZ: In den Ausstellungen in Neubrandenburg und Remscheid hast Du auch einige fotografische Werke gezeigt. In welchem Kontext stehen diese Arbeiten zu den Scherenschnitten?

ST: Ich benutze die Fotografie als Vorstufe zu meinen Papierschnitten, obwohl sie erst danach erfunden wurde. Ich mag diese Art des regressiven Schritts. Der Papierschnitt ist immer der Schritt zurück in eine Bildwelt, in der wir nichts mehr verloren haben, so eine Art Tabuzone des kindlichen Spiels, denn jeder hat in der Grundschule zumindest Sterne ausgeschnitten. Für mich ist er aber auch eine Form des Distanznehmens zum technisch hoch entwickelten Bild. Man geht ins Kino und ist bereit, seinen Emotionen Raum zu geben, die man vielleicht in der Realität gar nicht entwickeln kann. Es liegt aber auch daran, dass man im Kino definitiv weiß, woran man ist. In einem Pressetext 2006 hatte ich die Idee, dass ich die

Betrachter gerne wieder in Platons Höhle zurückführen und wieder an die Schatten an der Wand binden möchte – ich selbst genieße diesen Zustand sehr. Ich sitze ja schließlich die Hälfte meiner Arbeitszeit im dunklen Atelier, betrachte Dias und zeichne sie auf schwarzem Papier nach. Es geht also um kognitive Prozesse und ich glaube, dass die Ambivalenz der Bedeutung viel mehr Klarheit über das, was wir sehen, mit sich bringen kann, als alles Eindeutige, das mir immer suspekt war. So suche ich in den Bildern nach der Mehrdeutigkeit und dem Unsichtbaren, seien es nun durchsichtige Quallen, die durch die Luft fliegen, der Luftzug in einer Gardine oder die Peenemünder Rampen auf denen die »V2«-Raketen geparkt wurden. Filmbilder und Fotografien stellen für mich hoch interessante Projektionsflächen dar, denen ich mit meiner Arbeit noch mehr Raum gebe. Ich löse sie also aus dem ursprünglichen inhaltlichen Kontext und überführe sie in einen allgemeineren.

OZ: Was sind Deine nächsten Pläne?

ST: Ich widme mich jetzt wieder dem Film und versuche anhand von Stills aus Leni Riefenstahls *Triumph des Willens* (1935) das Dekorative und Performative und seine Schnittmenge zu untersuchen – Ornament und Verbrechen. Mich interessiert der dekorative Aspekt, wenn die Soldaten in der Parade in das Filmbild marschieren und welche Projektionen dieser Akt beim Betrachter hervorrufen soll. Außerdem arbeite ich weiter an meinem *black face book,* eine Art Bestiarium, das Formen der Selbstdarstellung untersucht. Ferner plane ich, das Material Papier beiseitezulegen und über Projektion zeichnerisch auf die Wand zu gehen.

Cut-Outs and C-Prints
Cut-Outs und C-Prints

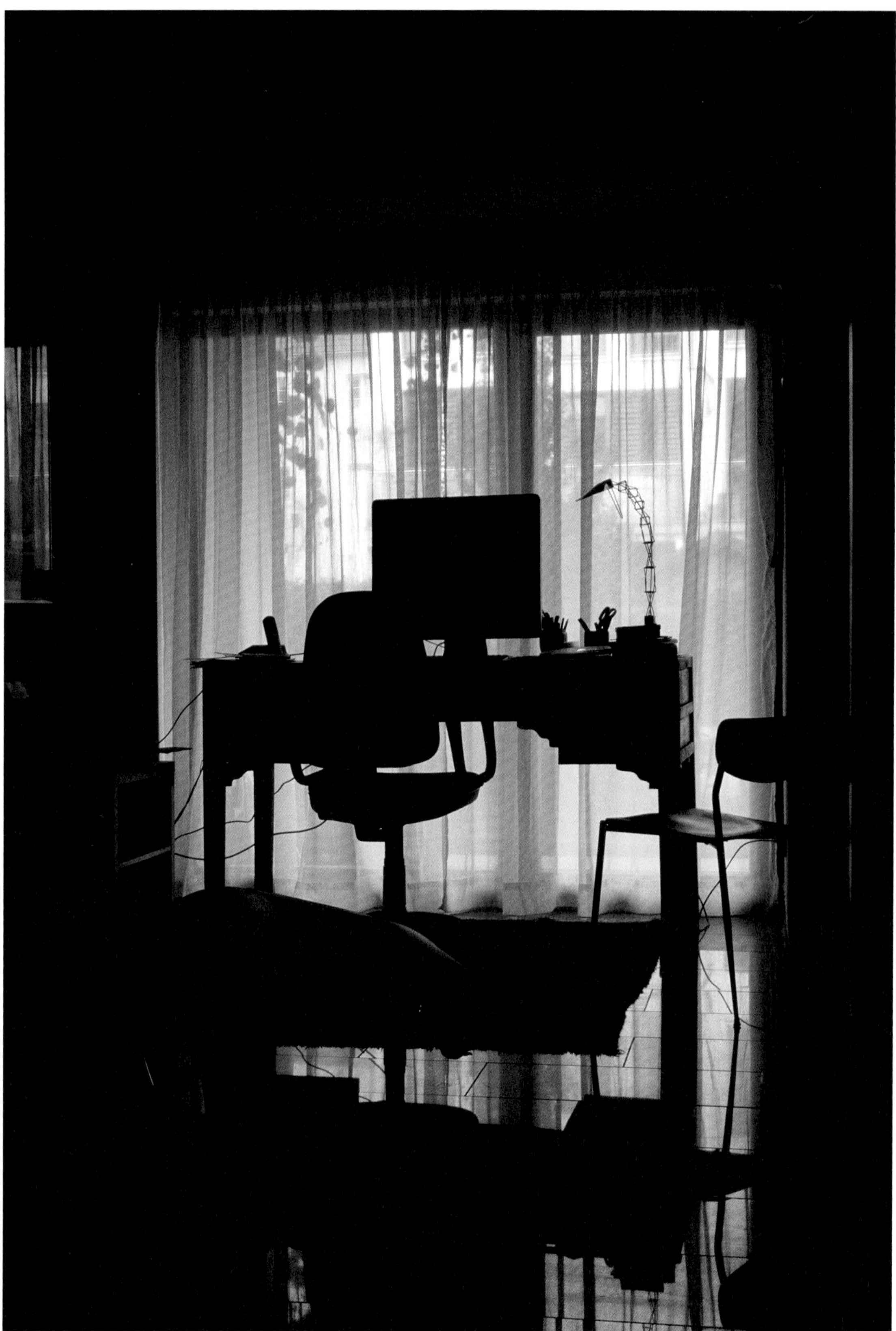

Büro
2008

C-Print
43 × 30 cm
Ed. 3 + 1
Courtesy Mai 36 Galerie, Zurich

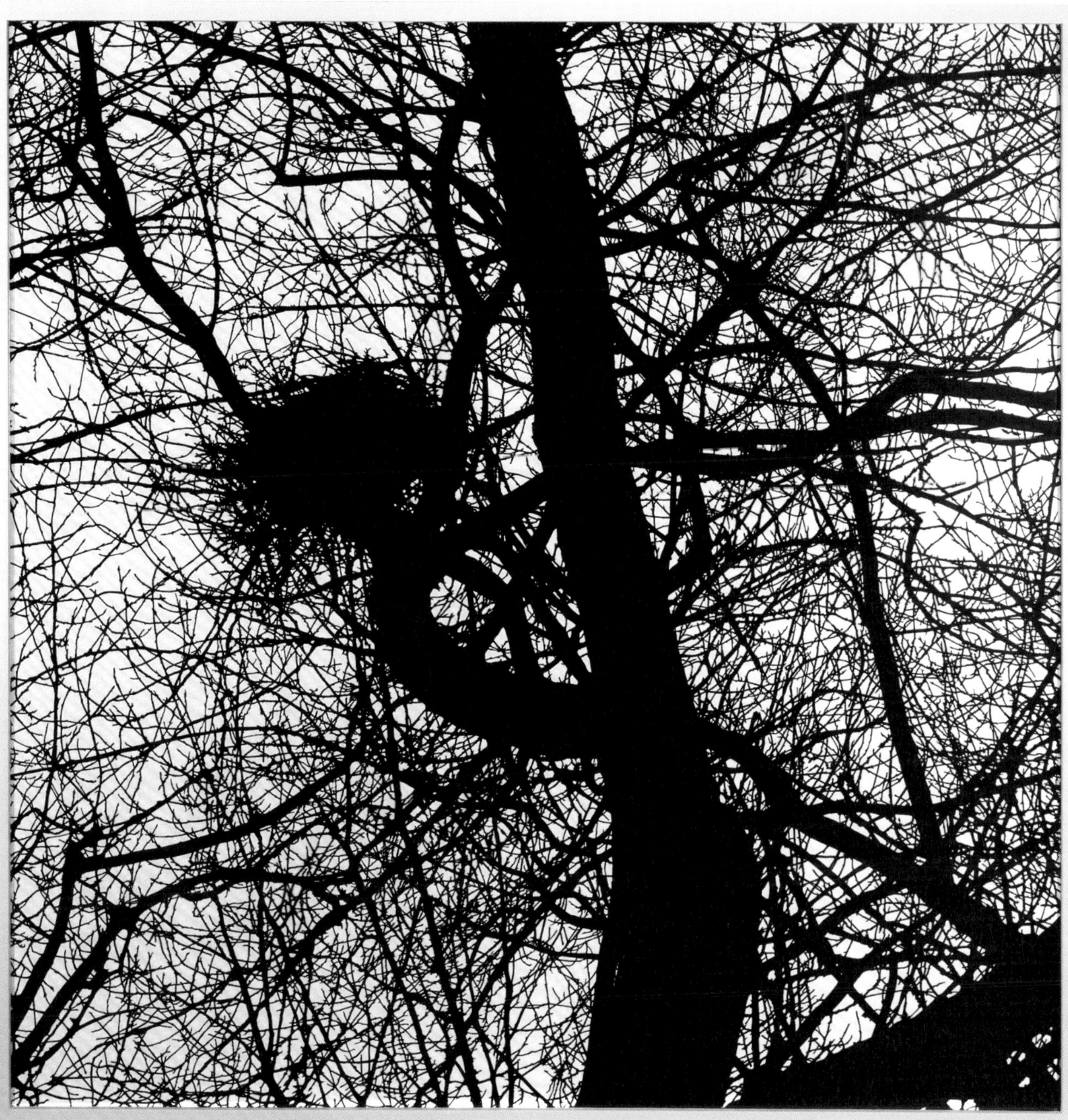

Nest II
2003

Cut-out
192.6 × 193 cm
Private collection

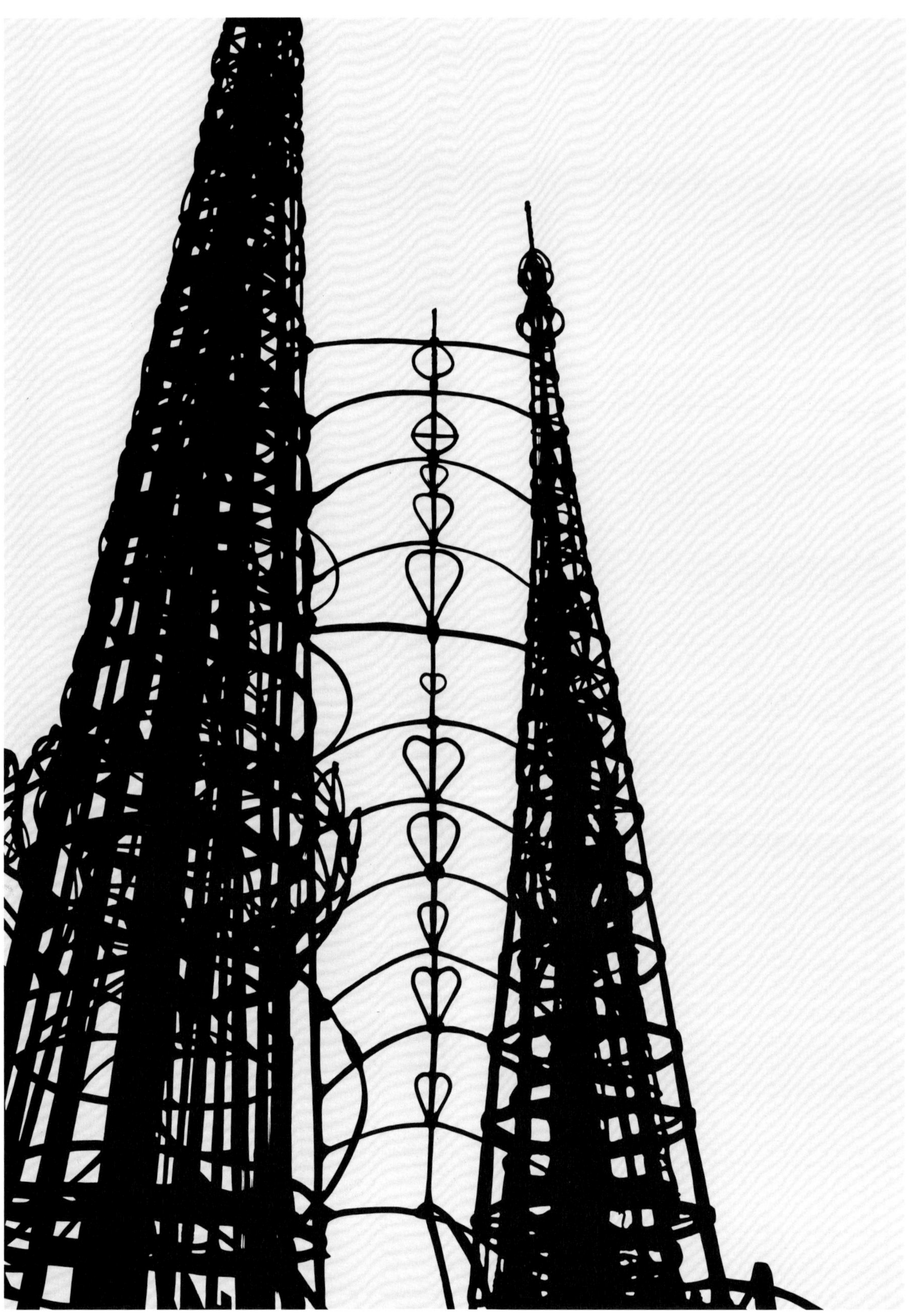

Rodia 1
2006

Cut-out
97.5 × 70.5 cm
Private collection

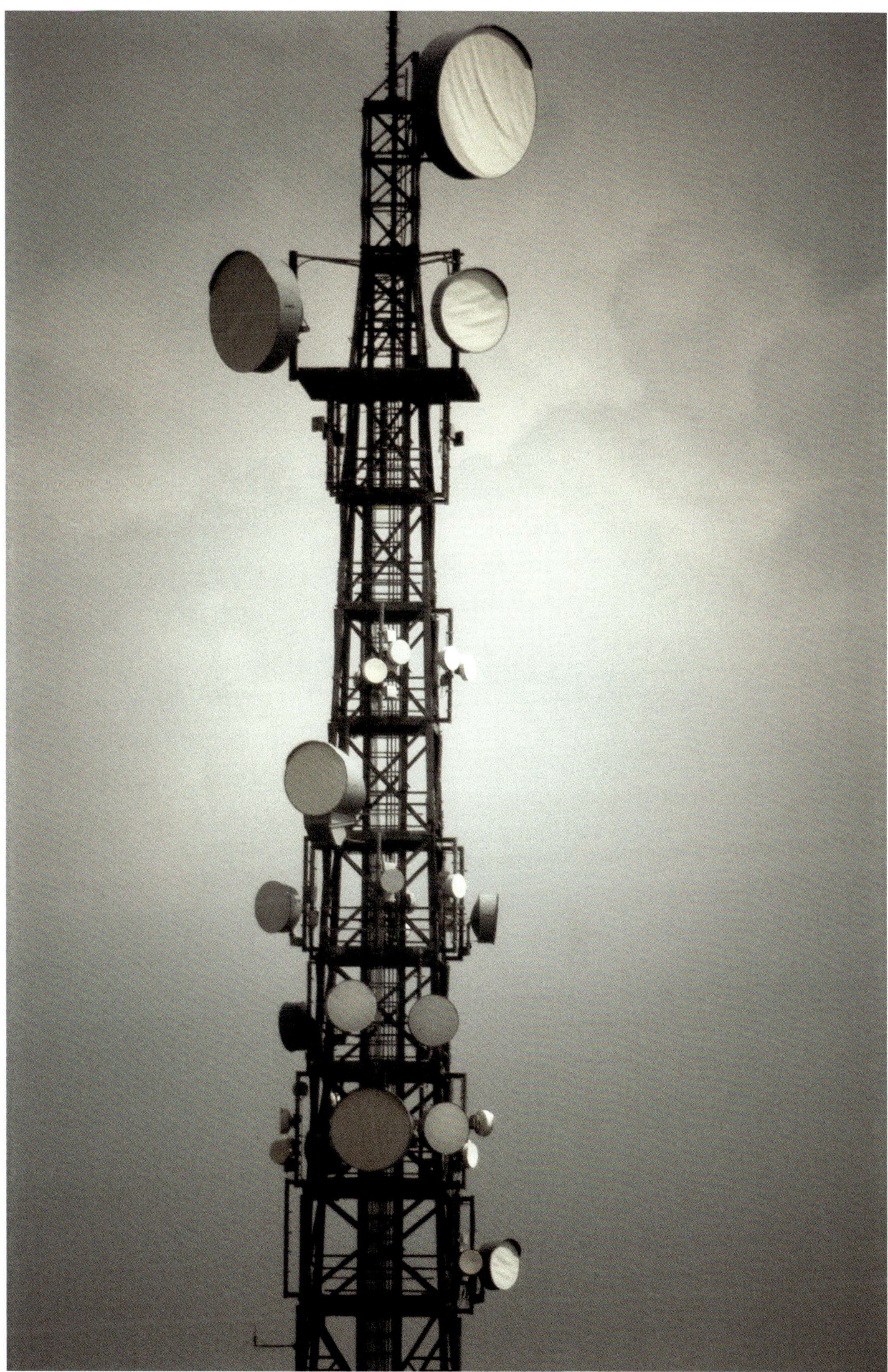

Sendemast
2008

C-Print
75 × 50 cm
Ed. 3 + 1
Courtesy Mai 36 Galerie, Zurich

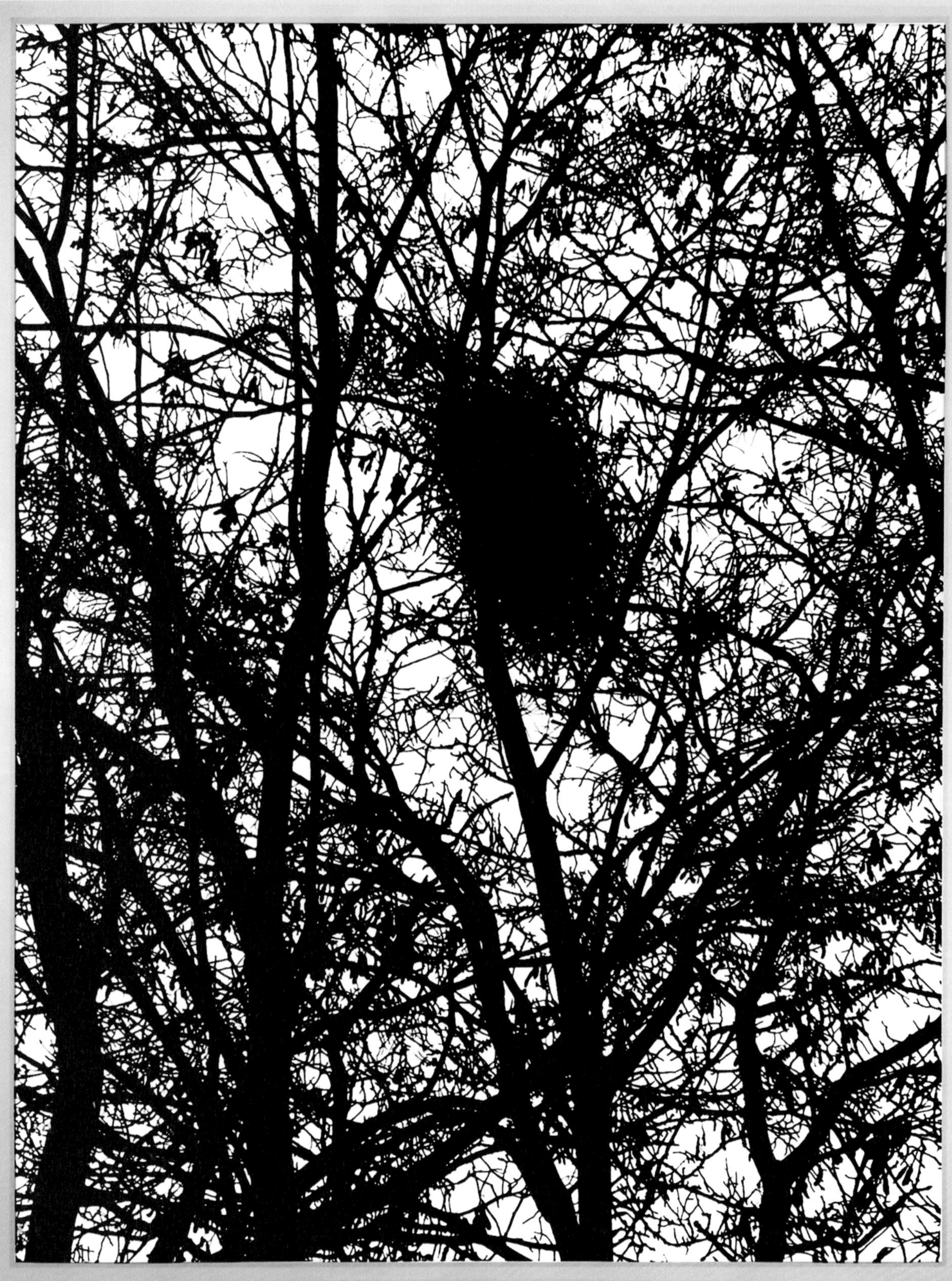

Nest 1
2003

Cut-out
191.3 × 150.5 cm
Private collection

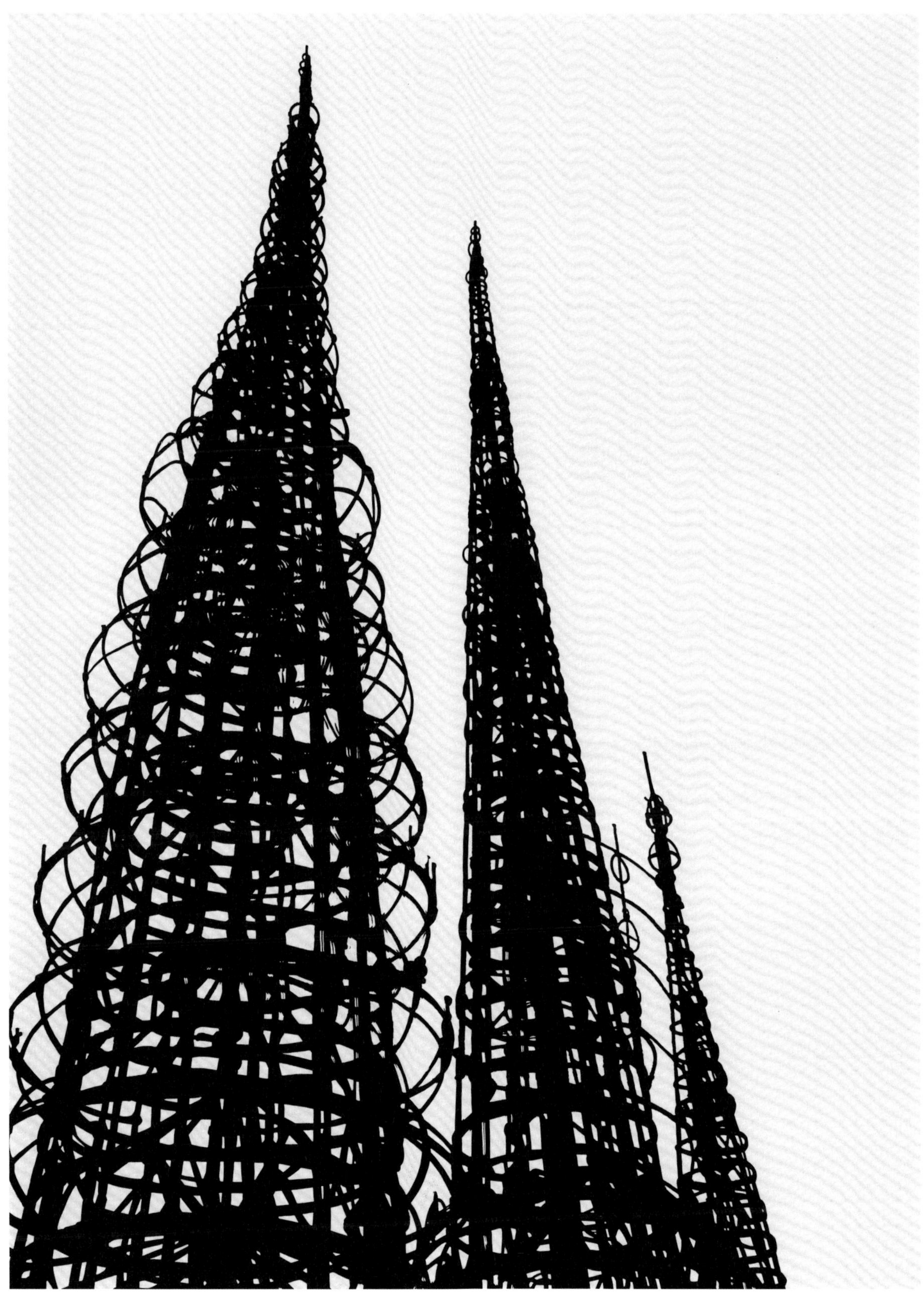

Rodia 2
2006

Cut-out
113.5 × 84.5 cm
Courtesy Mai 36 Galerie, Zurich

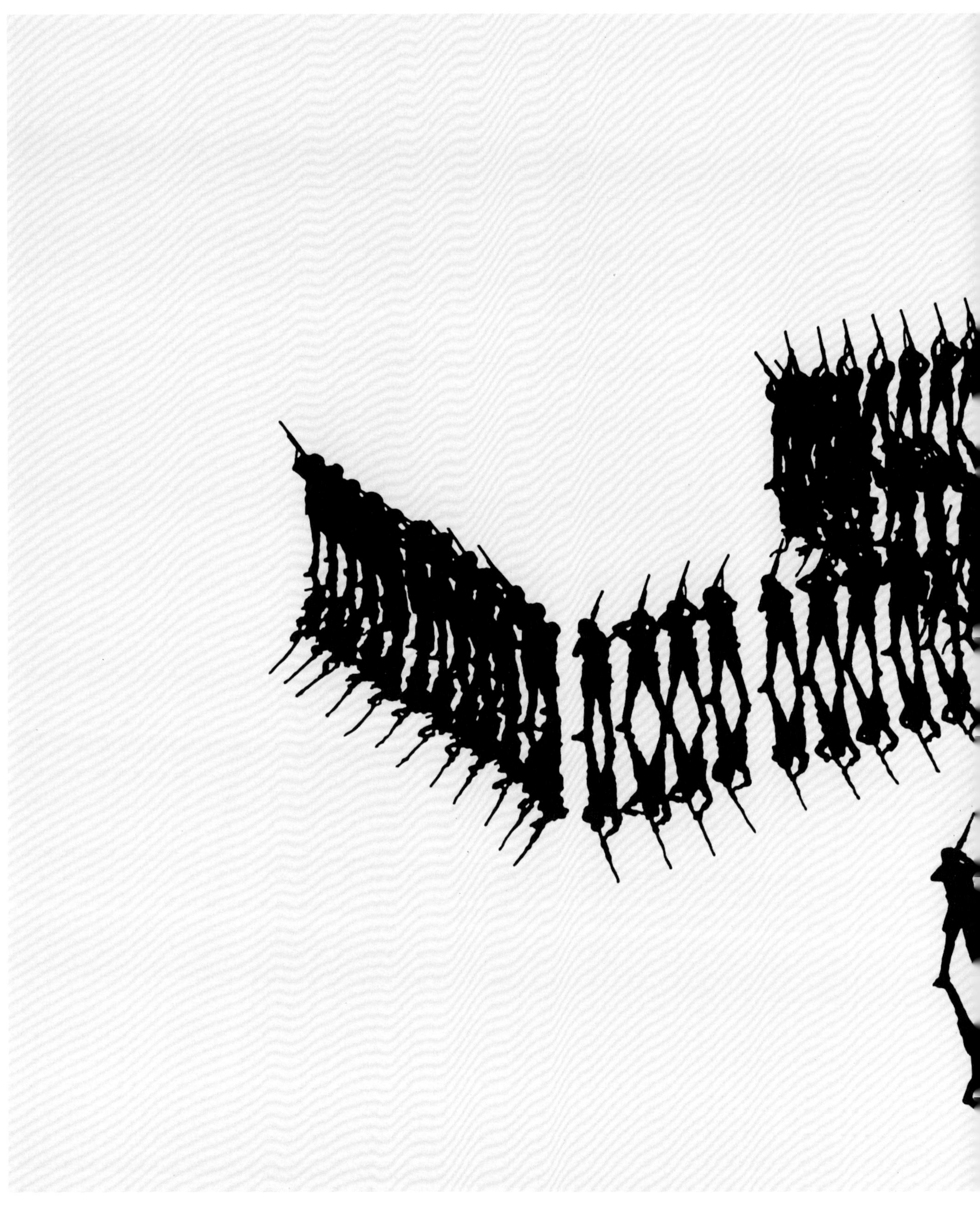

Schlechtes Zeichen
2006

Cut-out
68 × 122.3 cm
Wurlitzer Collection, Berlin

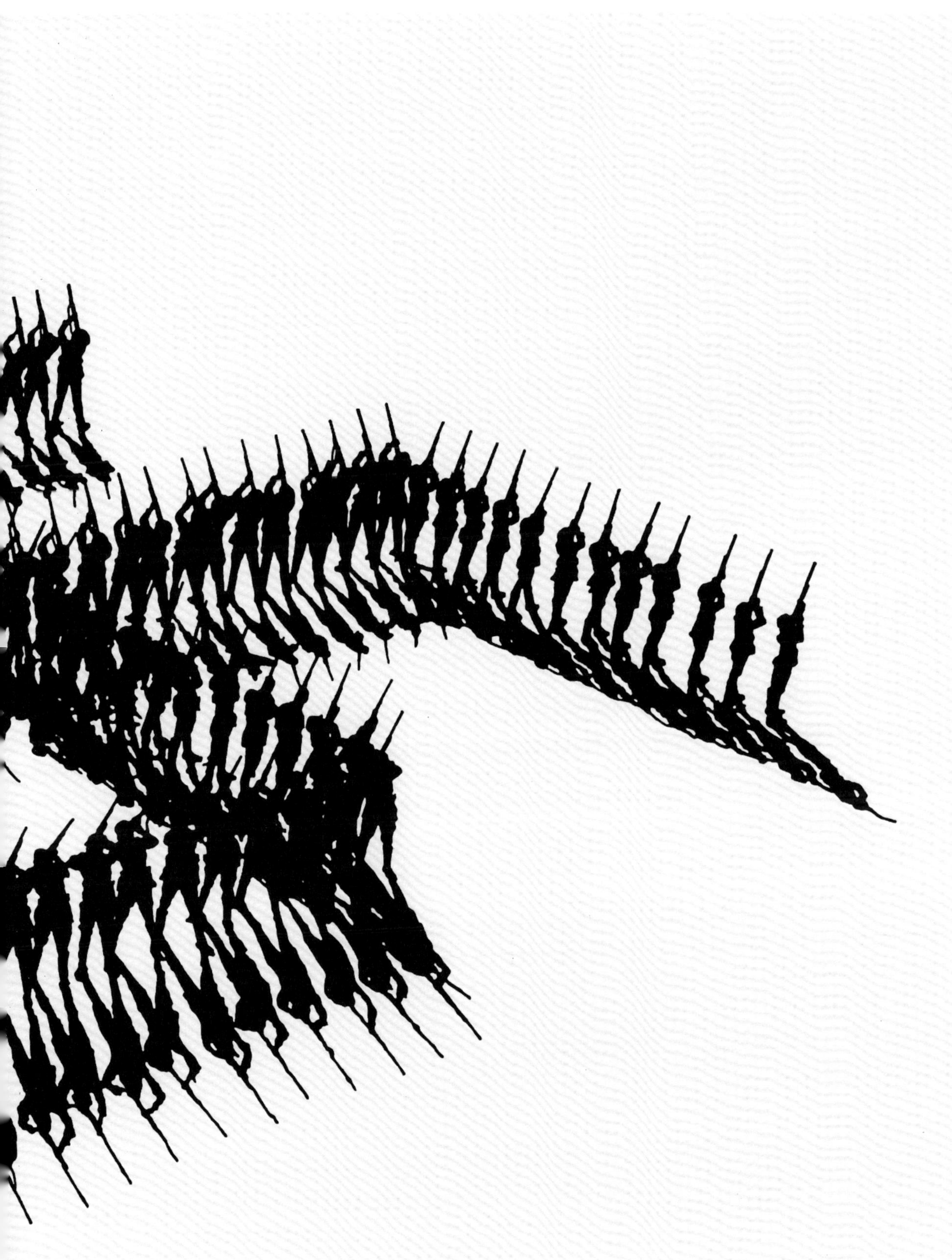

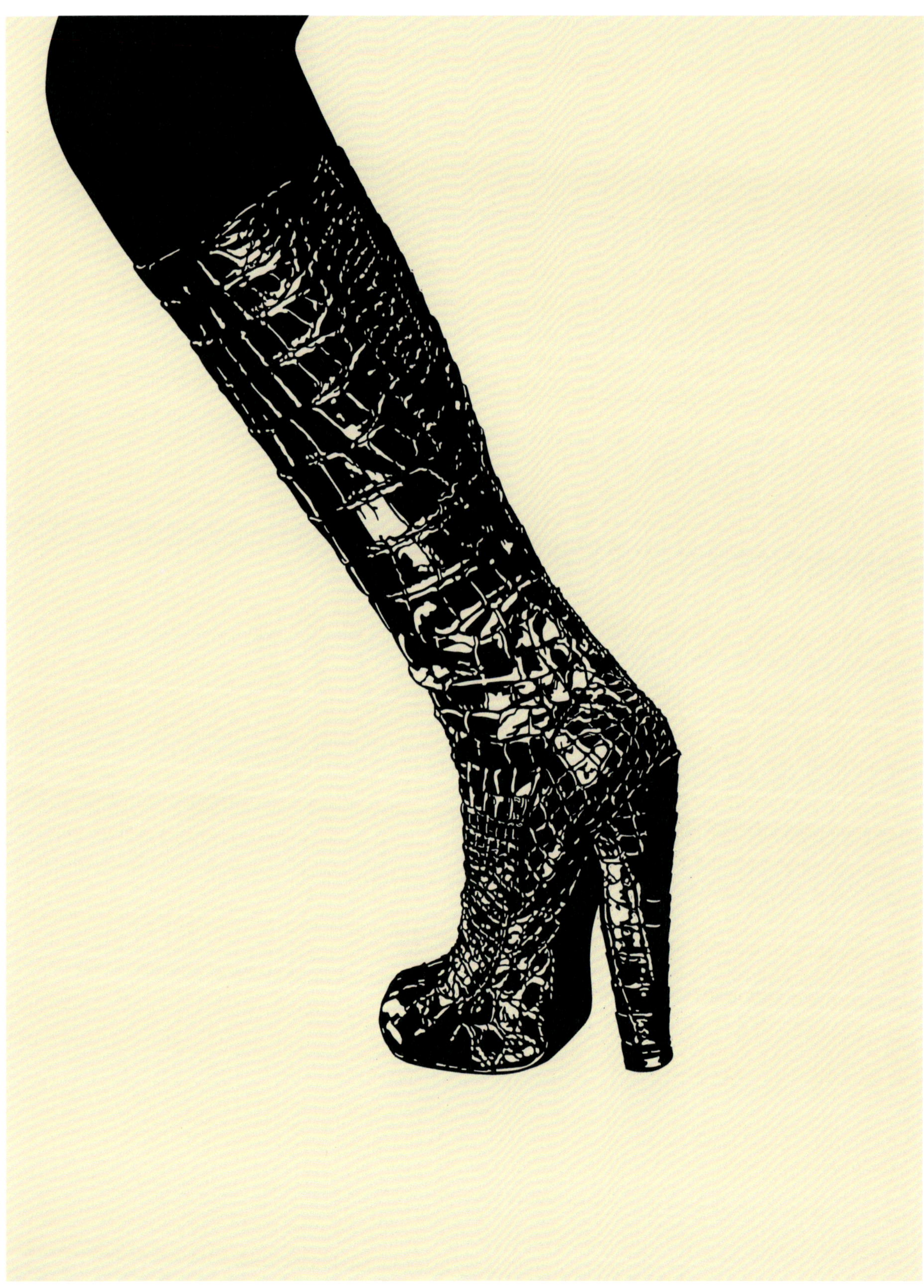

Stiefel
2011

Cut-out
80 × 60 cm
Private collection

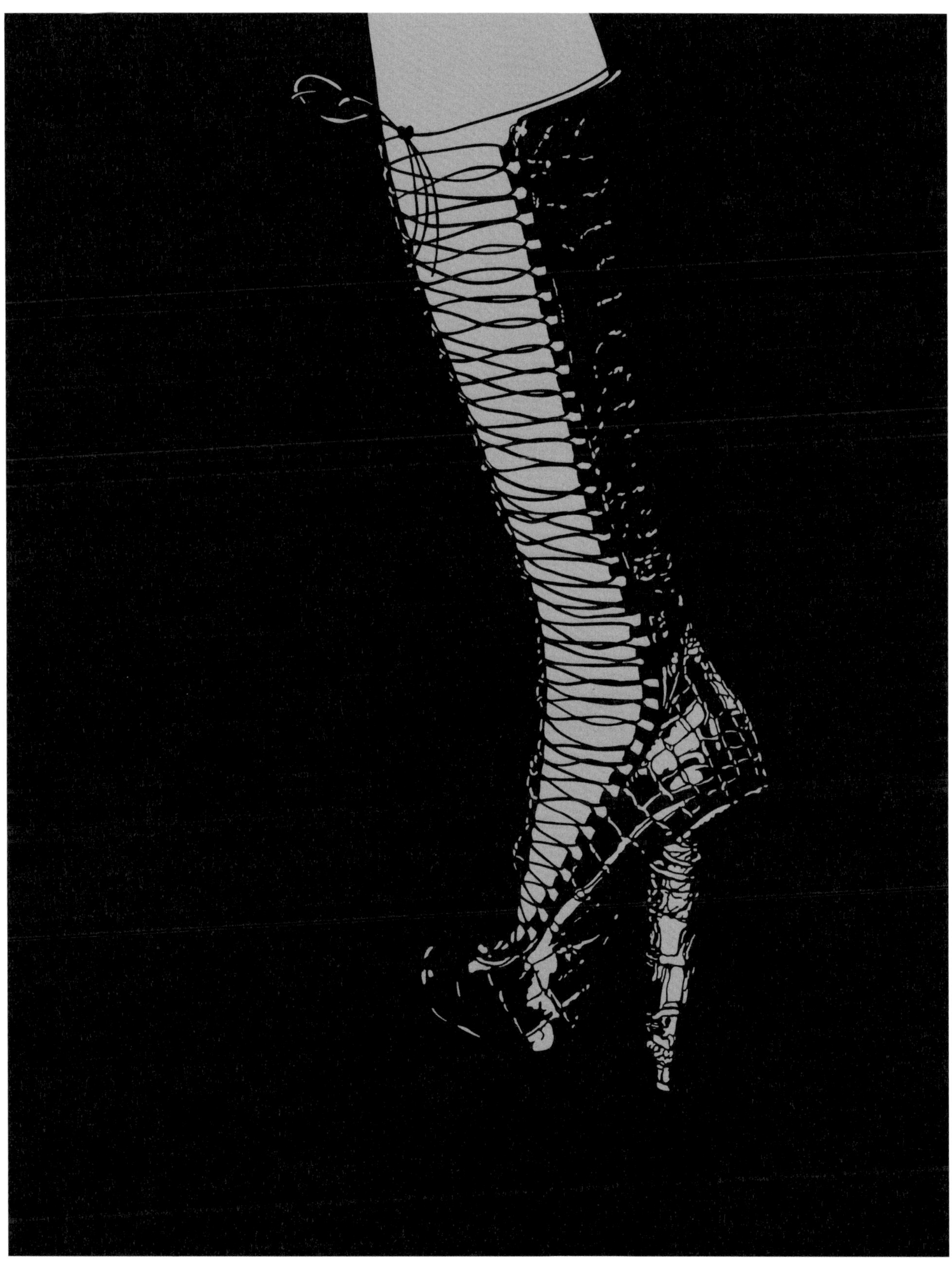

Stiefel
2011

Cut-out
80 × 63 cm
Private collection

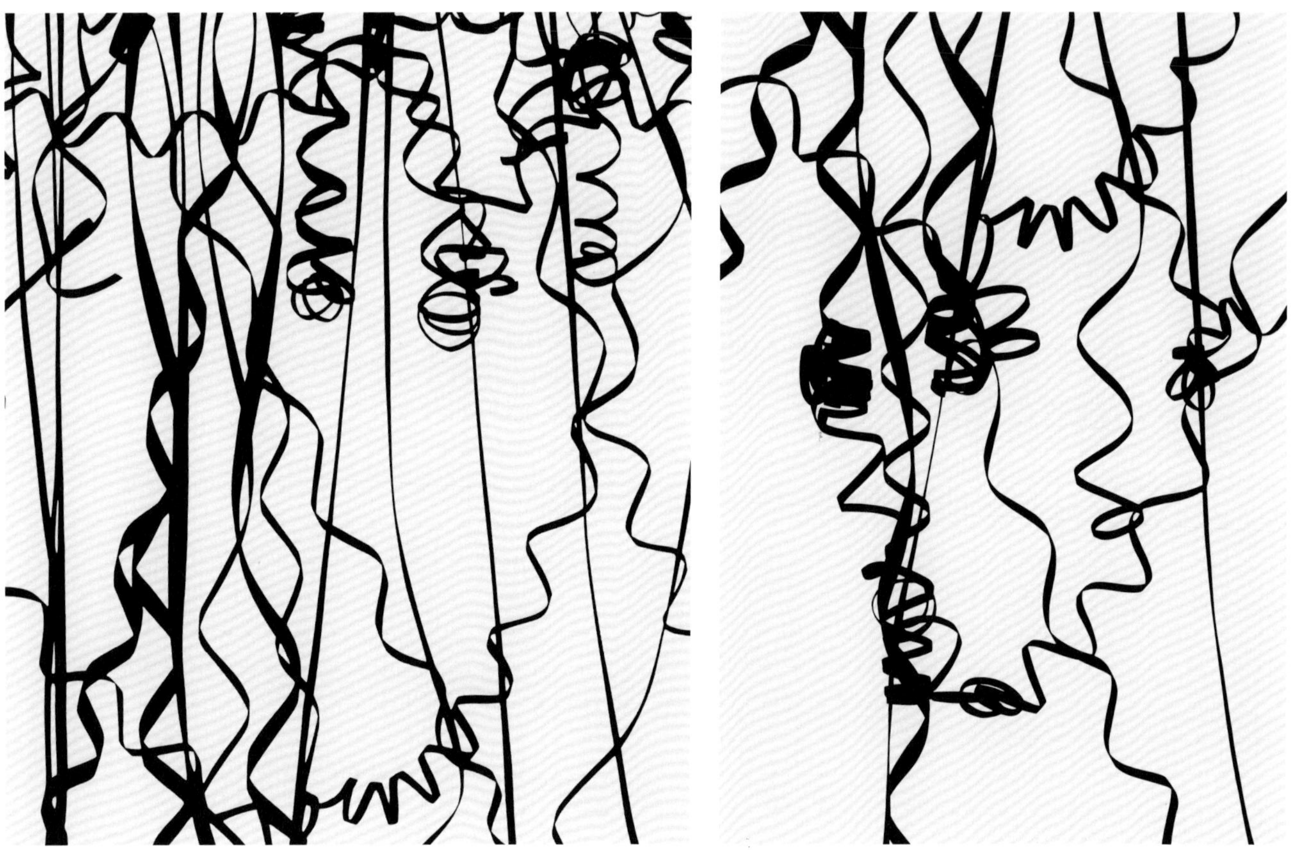

Luftschlangen 3
2006

Cut-out
65 × 45 cm
Private collection

Luftschlangen 1
2007

Cut-out
75 × 65 cm
Private collection, Berlin

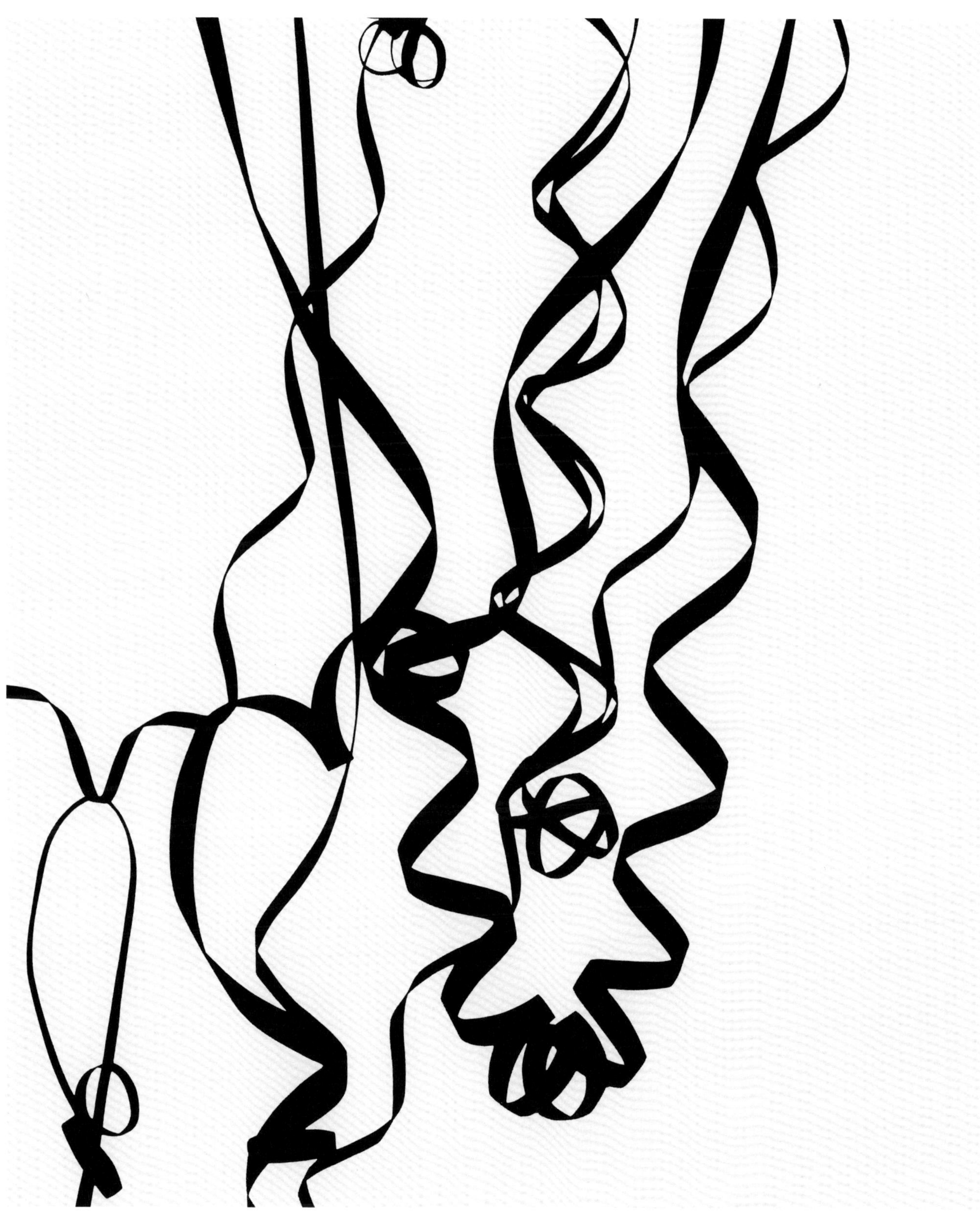

Luftschlangen 2
2007

Cut-out
75 × 64.5 cm
Courtesy Mai 36 Galerie, Zurich

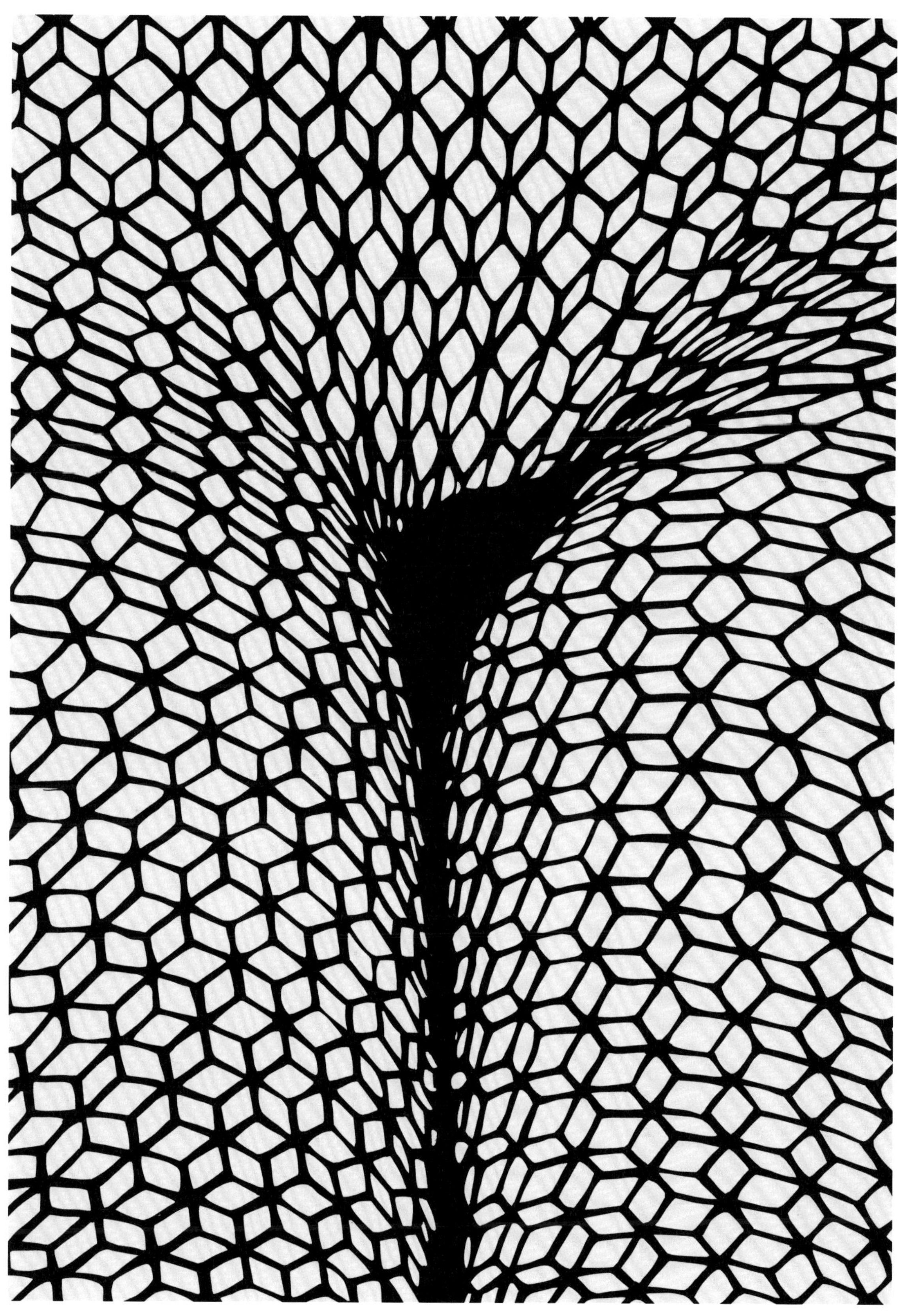

Studie
2006

Cut-out
32.5 × 23 cm
Private collection

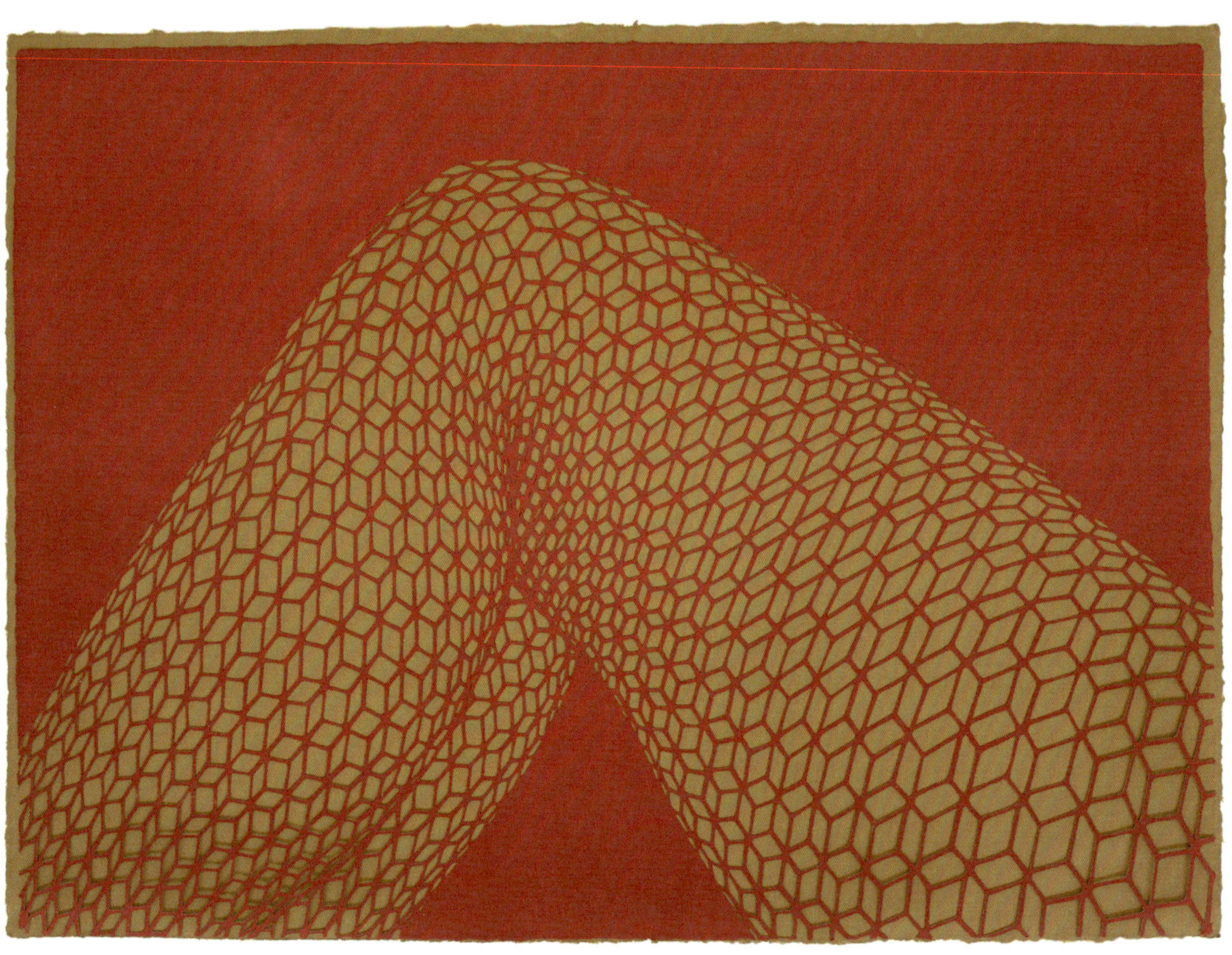

Roma 2 – Blatt 10
2006

Cut-out
approx. 49 × 67 cm
Courtesy Mai 36 Galerie, Zurich

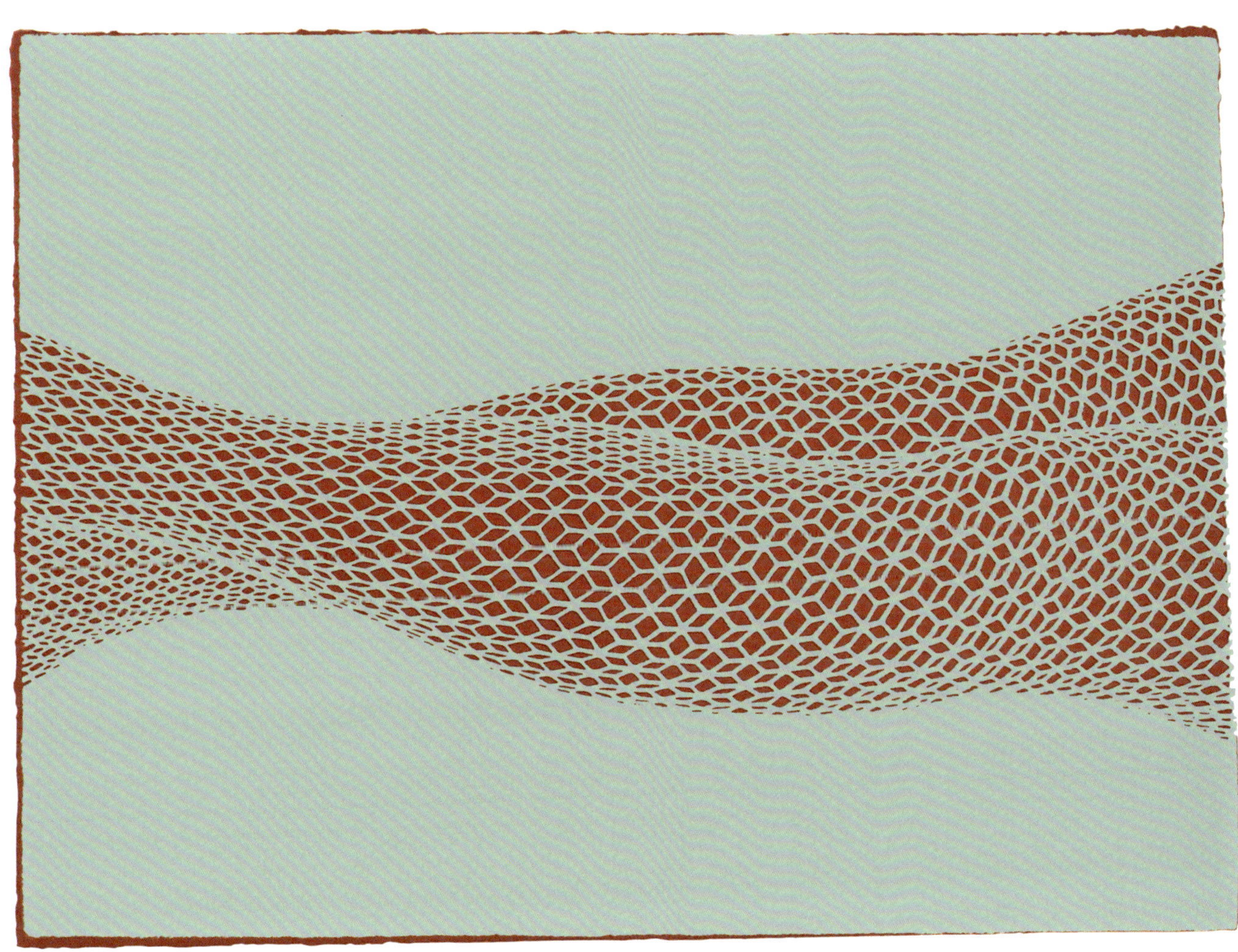

Roma 2 – Blatt 9
2006

Cut-out
approx. 49 × 67 cm
Private collection

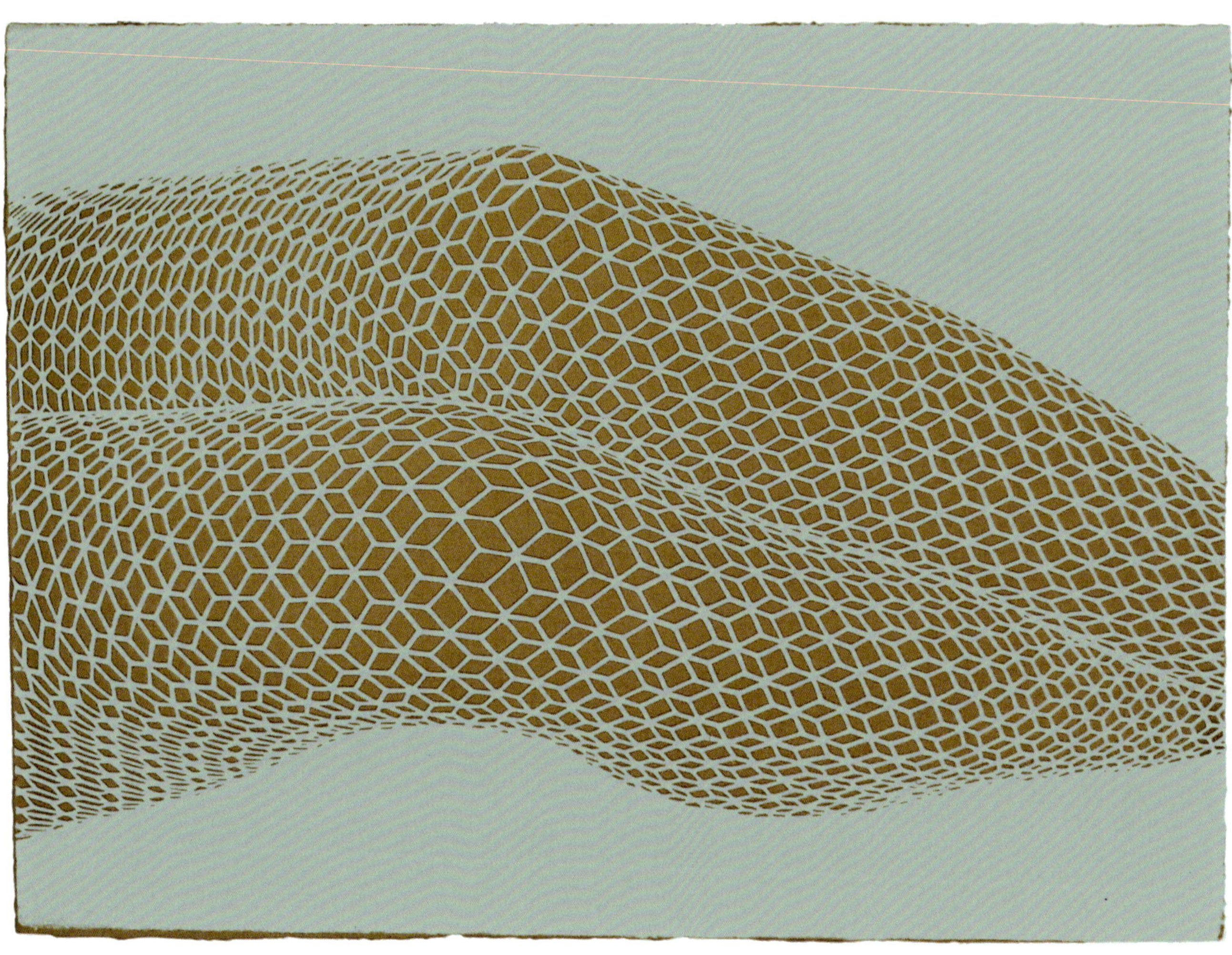

Roma 2 – Blatt 7
2006

Cut-out
approx. 49 × 67 cm
Courtesy Mai 36 Galerie, Zurich

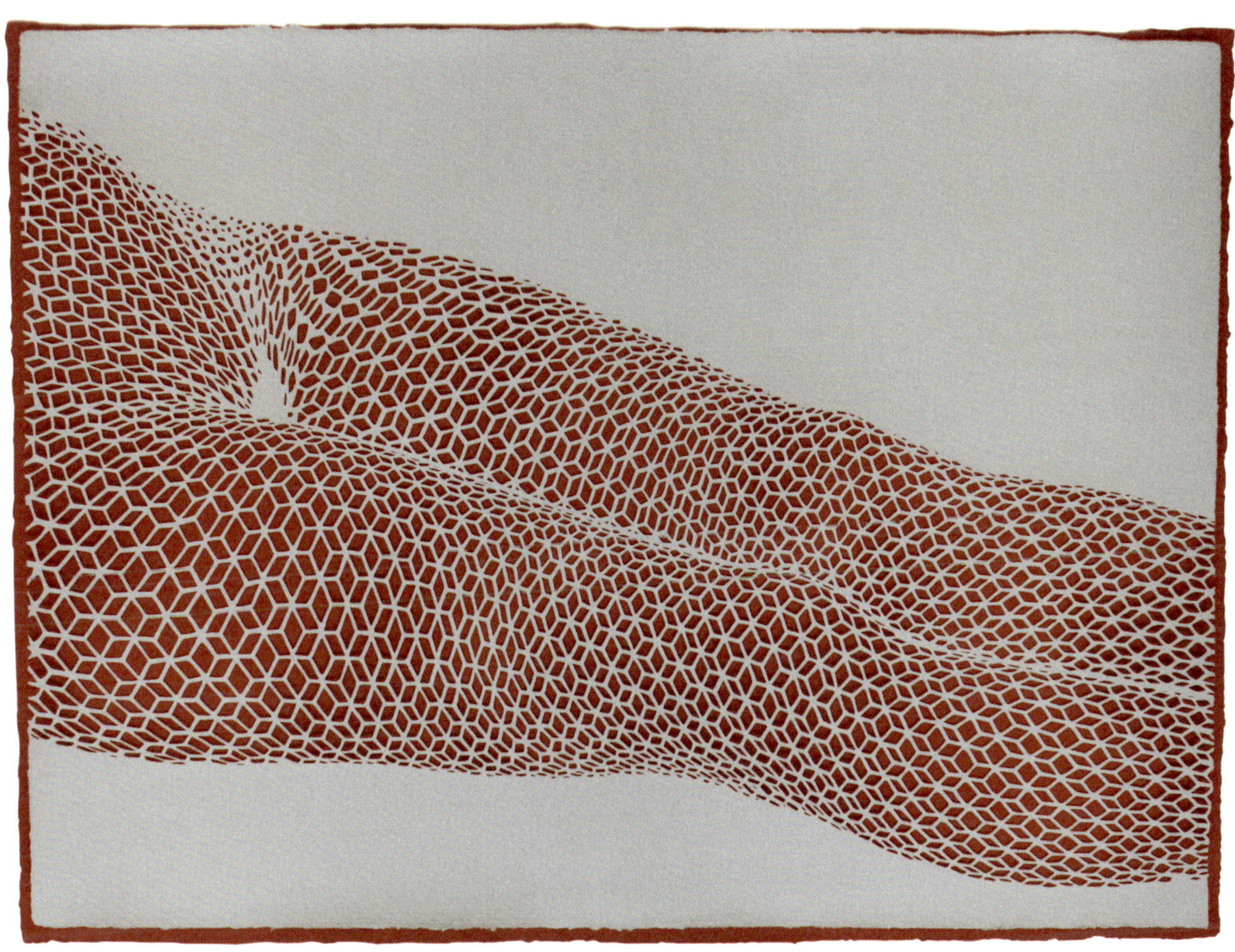

Roma 2 – Blatt 6
2006

Cut-out
approx. 49 × 67 cm
Courtesy Mai 36 Galerie, Zurich

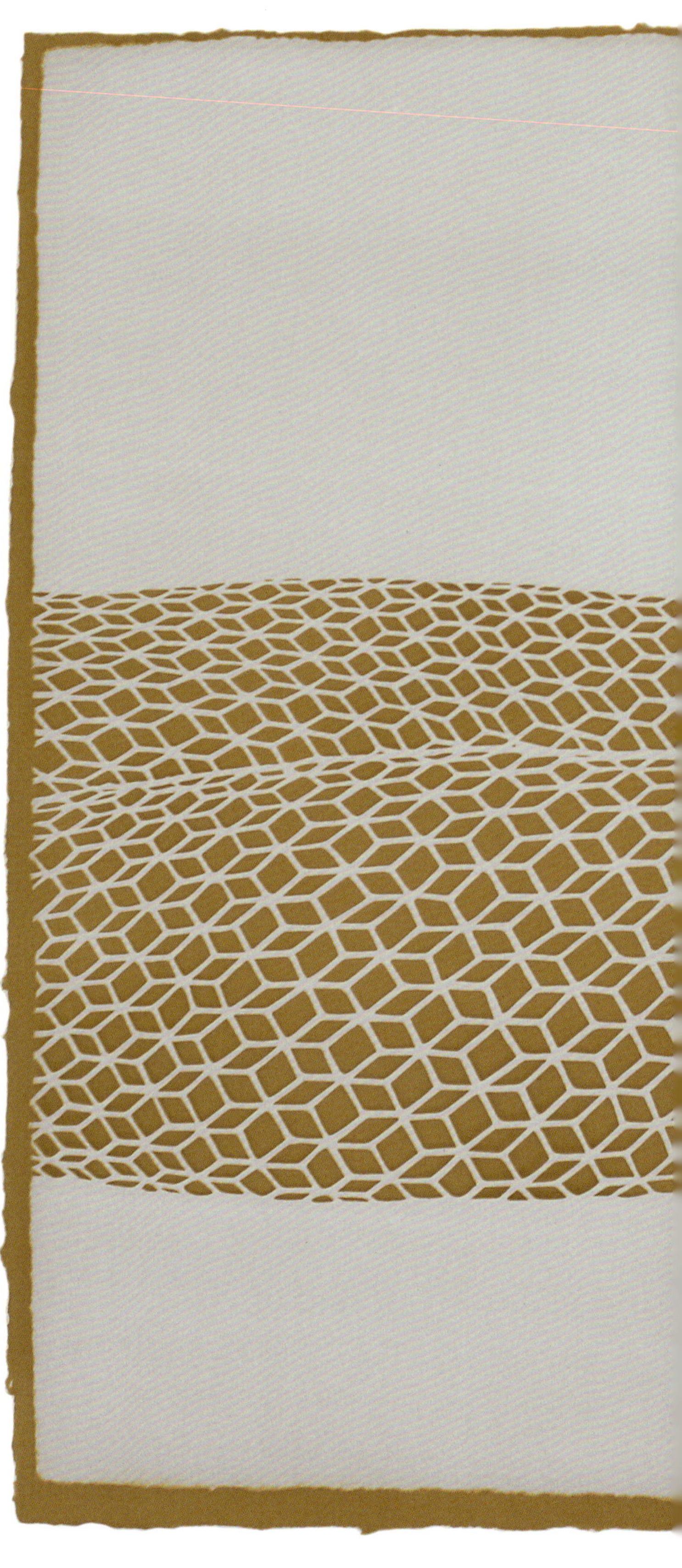

Roma 2 – Blatt 8
2006

Cut-out
approx. 49 × 67 cm
Courtesy Mai 36 Galerie, Zurich

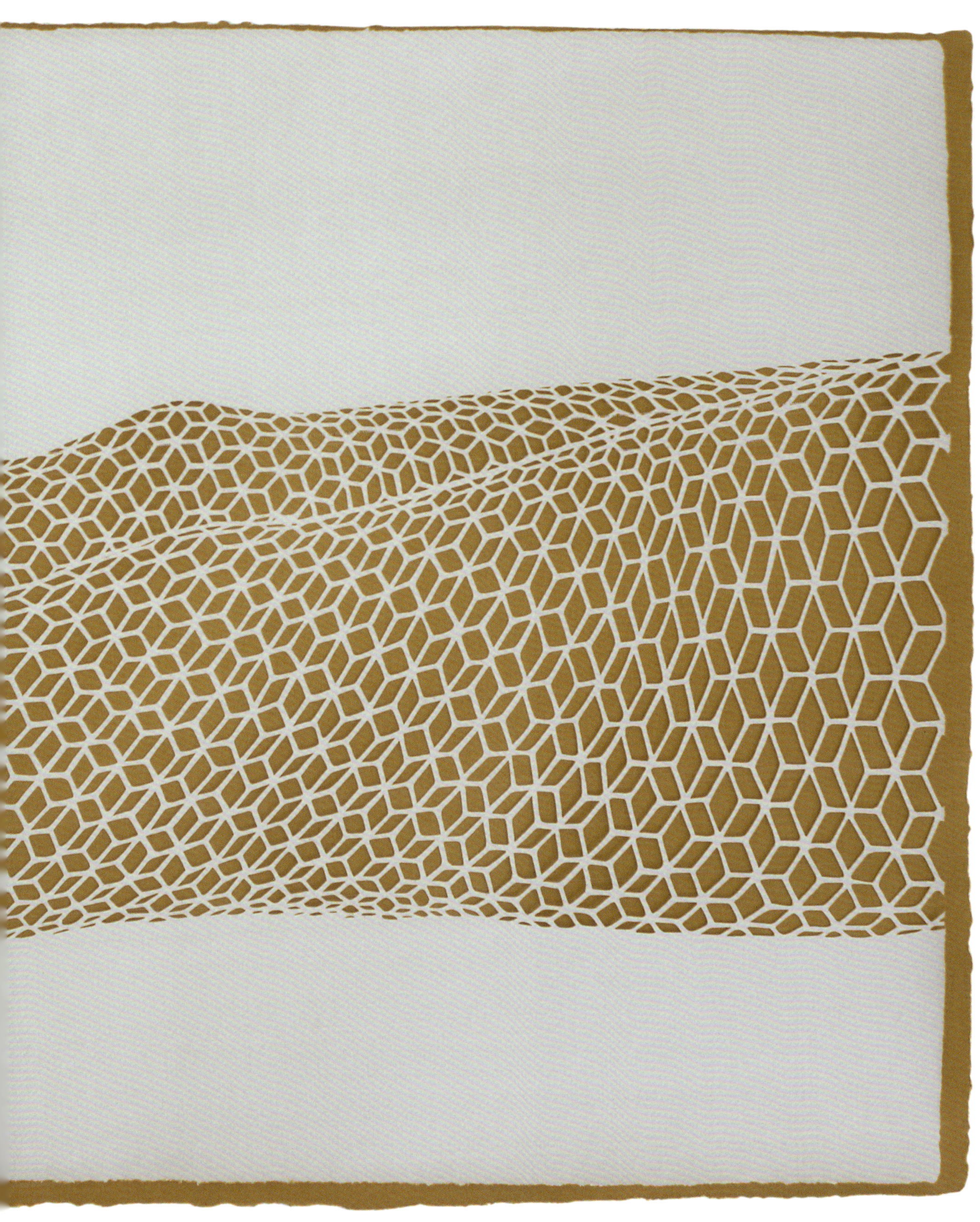

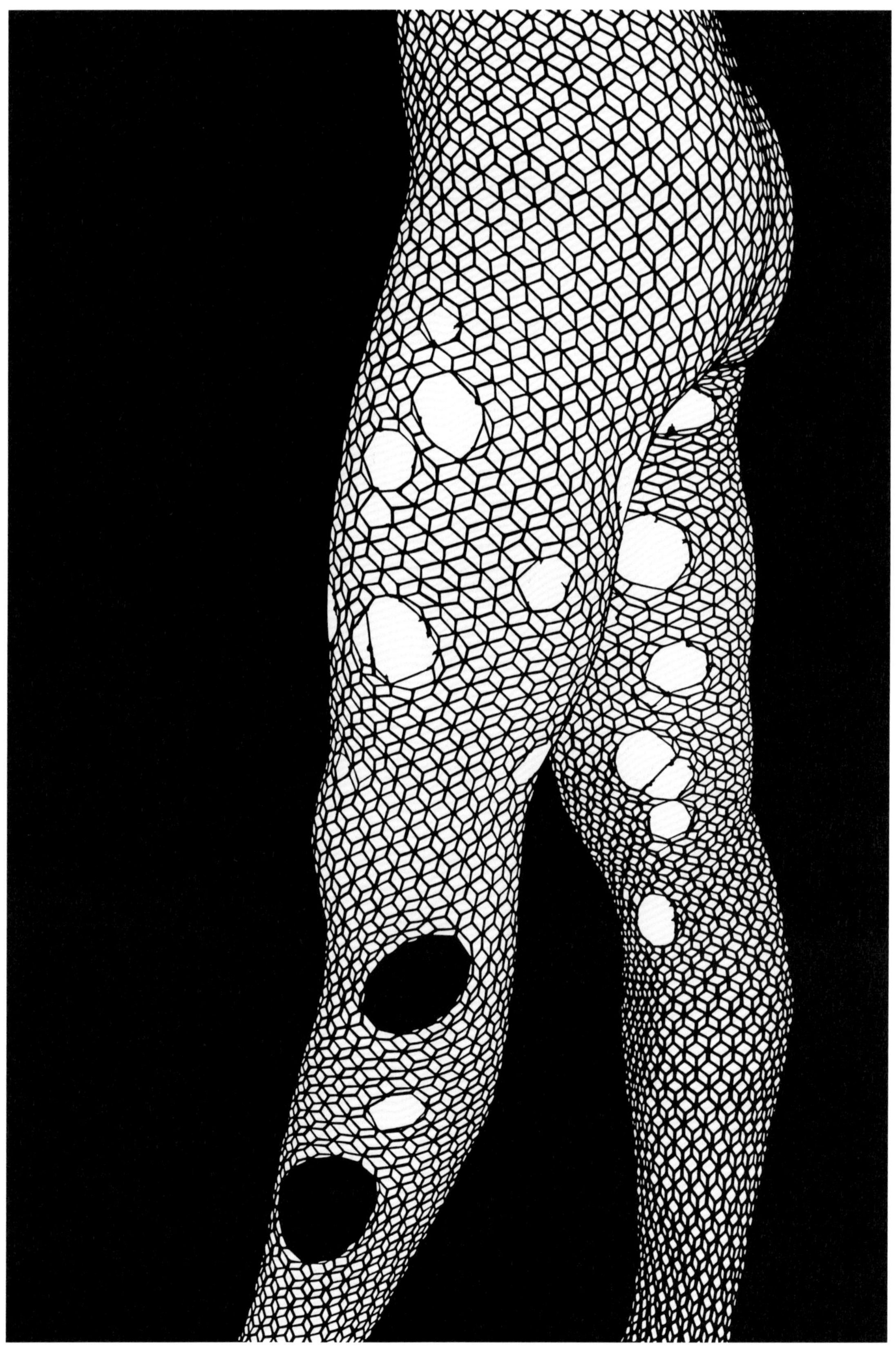

Ali
2010

Cut-out
142 × 97 cm
Private collection

Ali (Detail)
2009

Cut-out
44 × 38 cm
Mersch Collection, Sydney

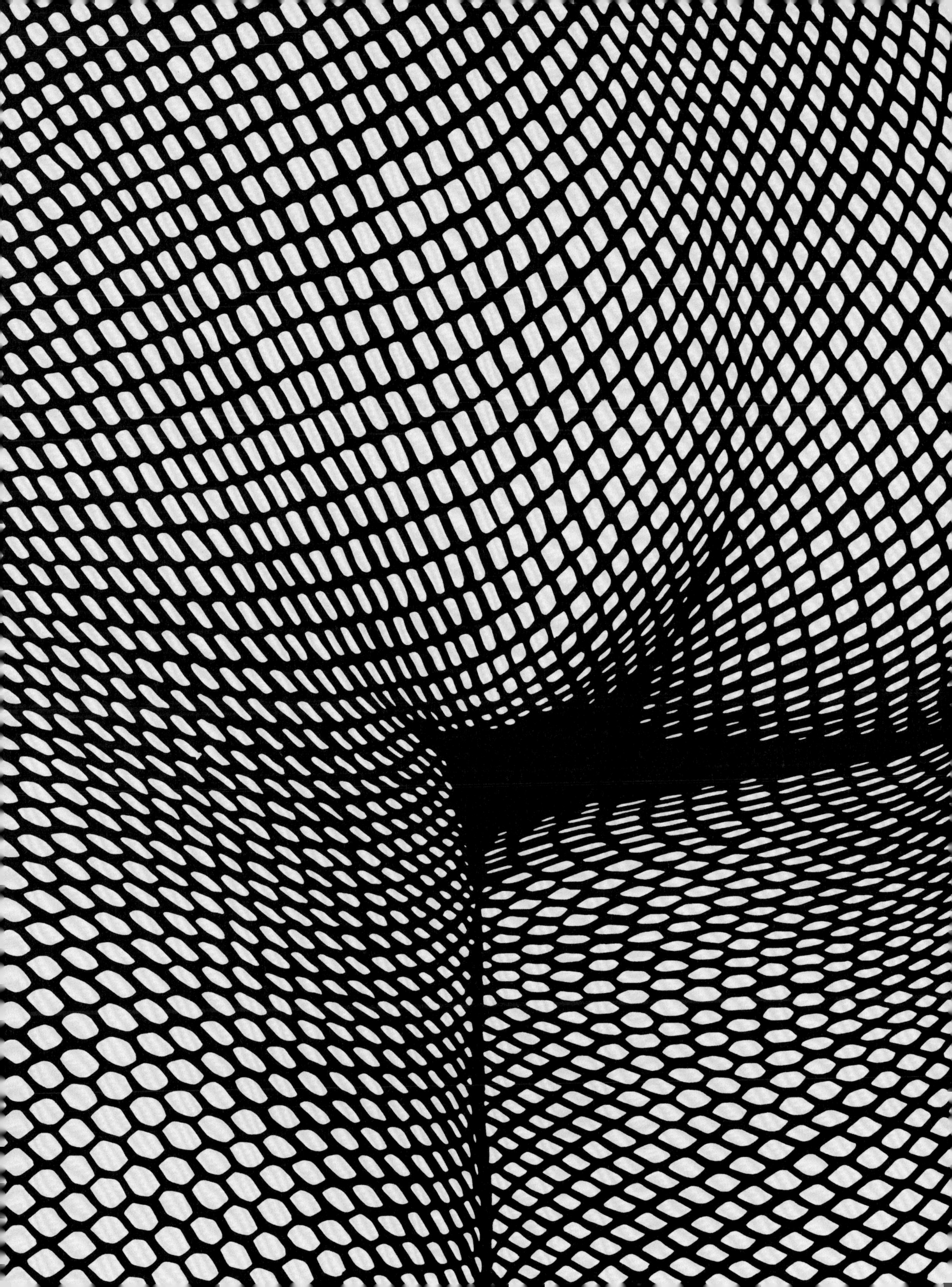

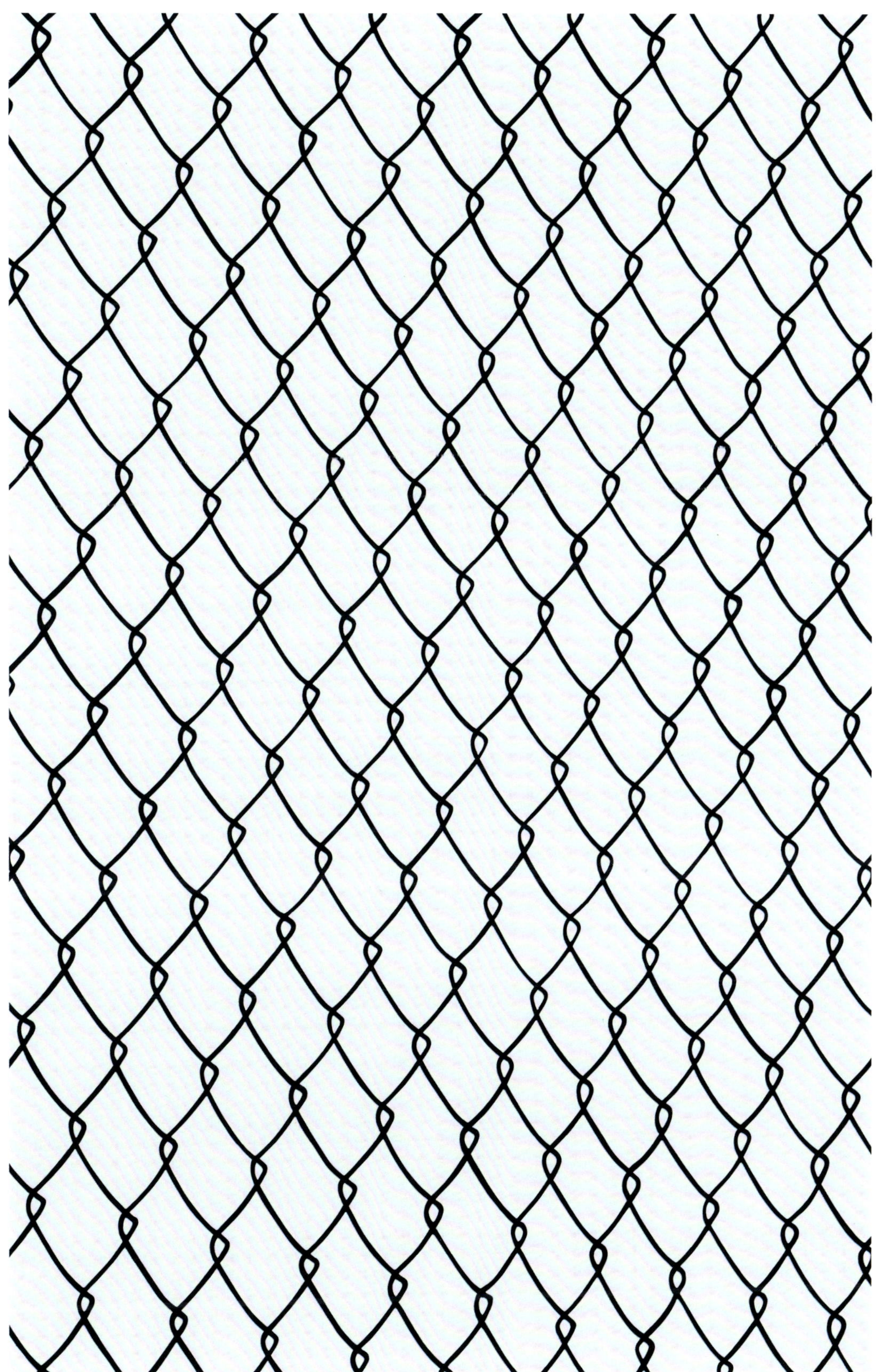

Zaun
2006

Cut-out
113 × 74 cm
Courtesy Mai 36 Galerie, Zurich

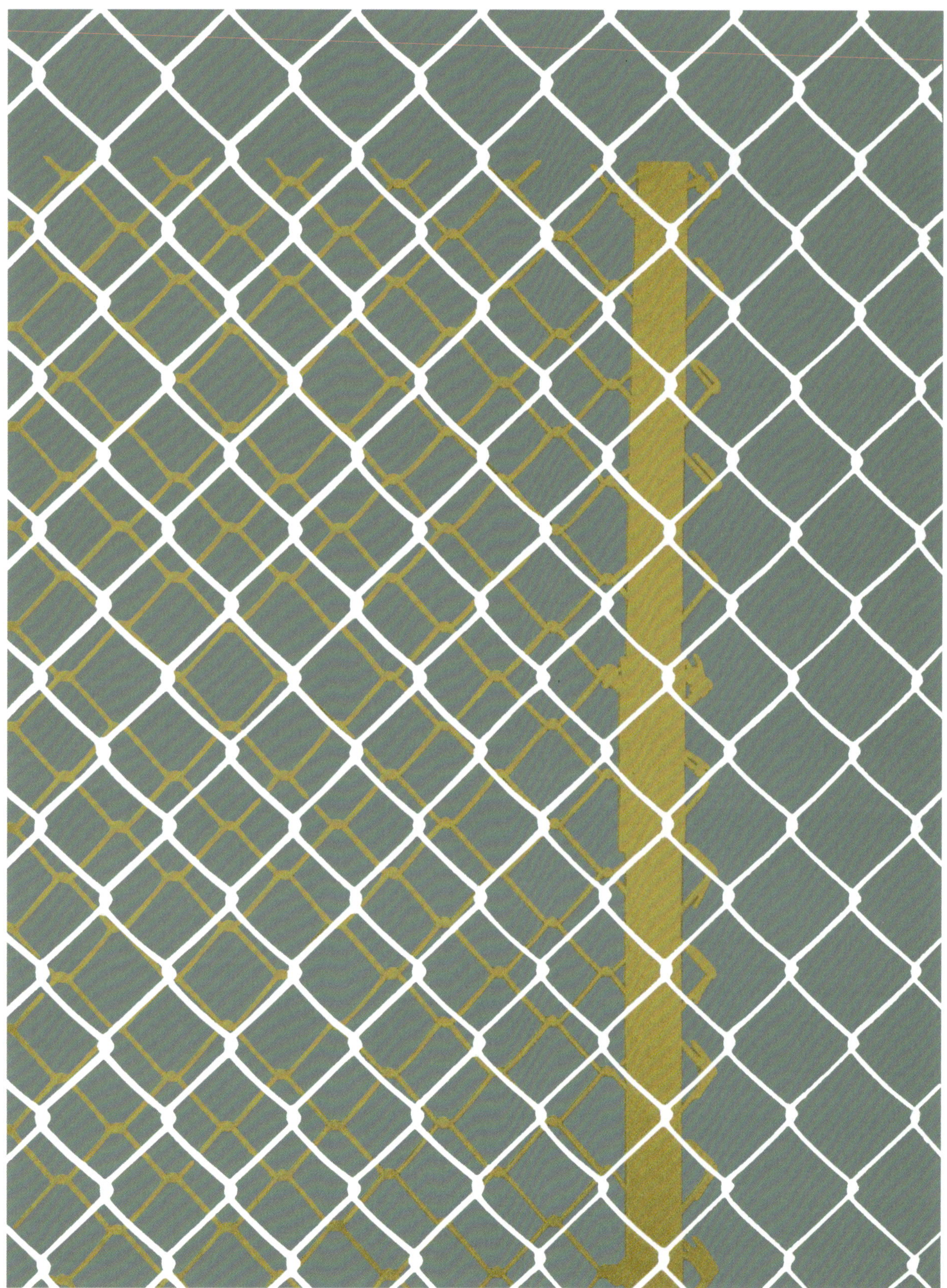

Studie
2010

Cut-out, Collage
80 × 60 cm
Courtesy Mai 36 Galerie, Zurich

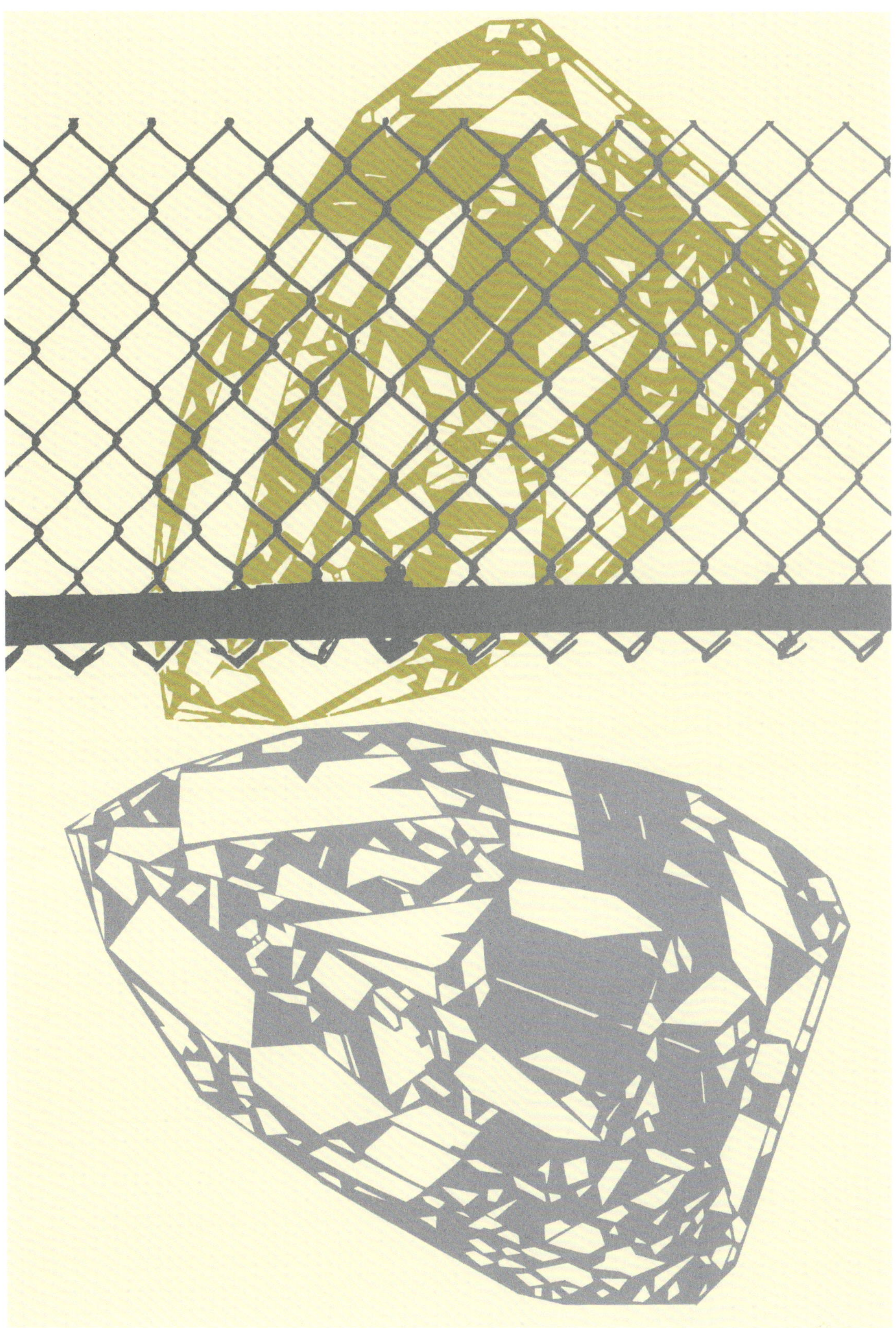

Sanna 3
2010

Cut-out, Collage
100 × 70 cm
Courtesy Mai 36 Galerie, Zurich

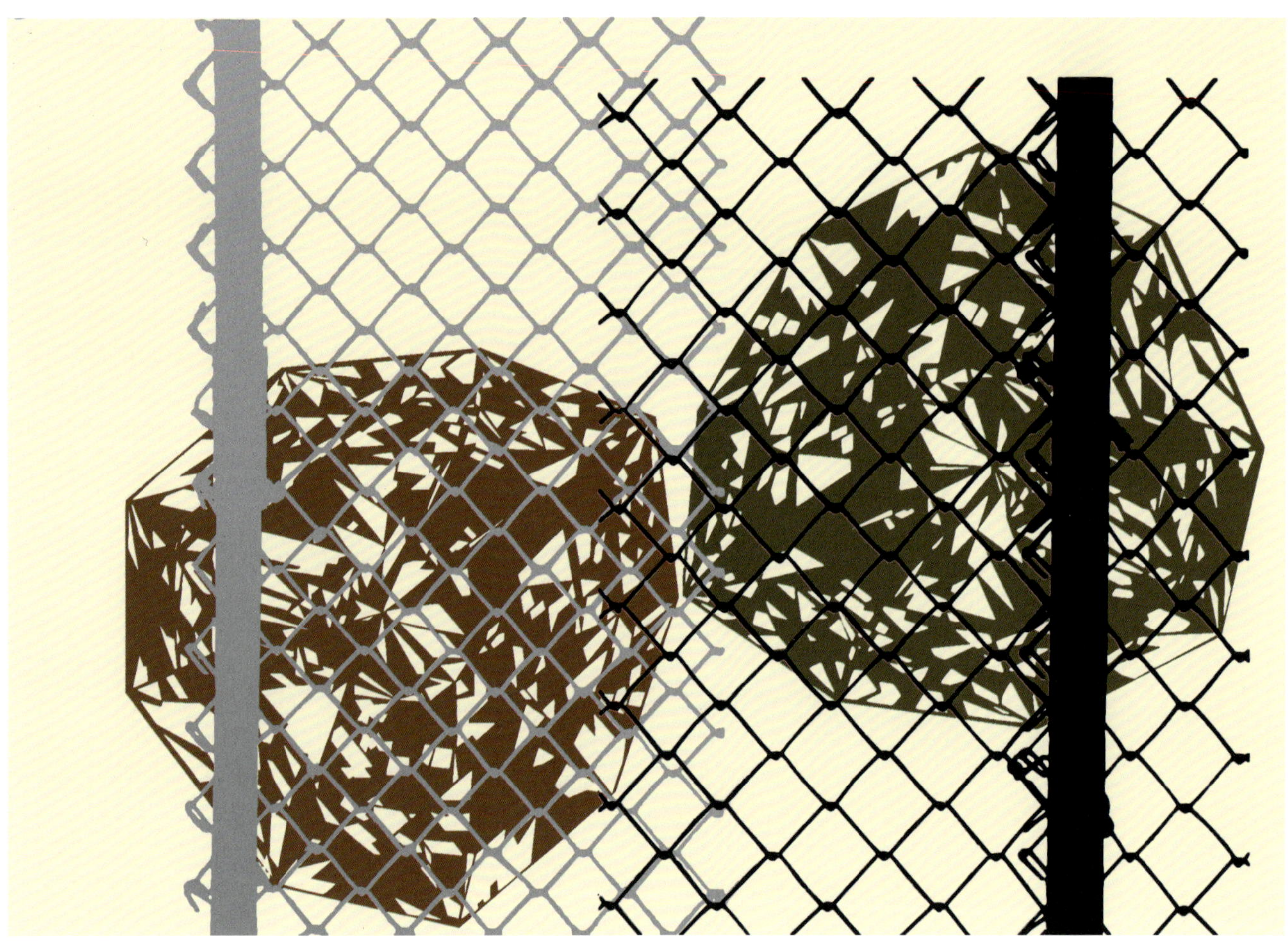

Sanna 5
2010

Cut-out, Collage
70 × 100 cm
Courtesy Mai 36 Galerie, Zurich

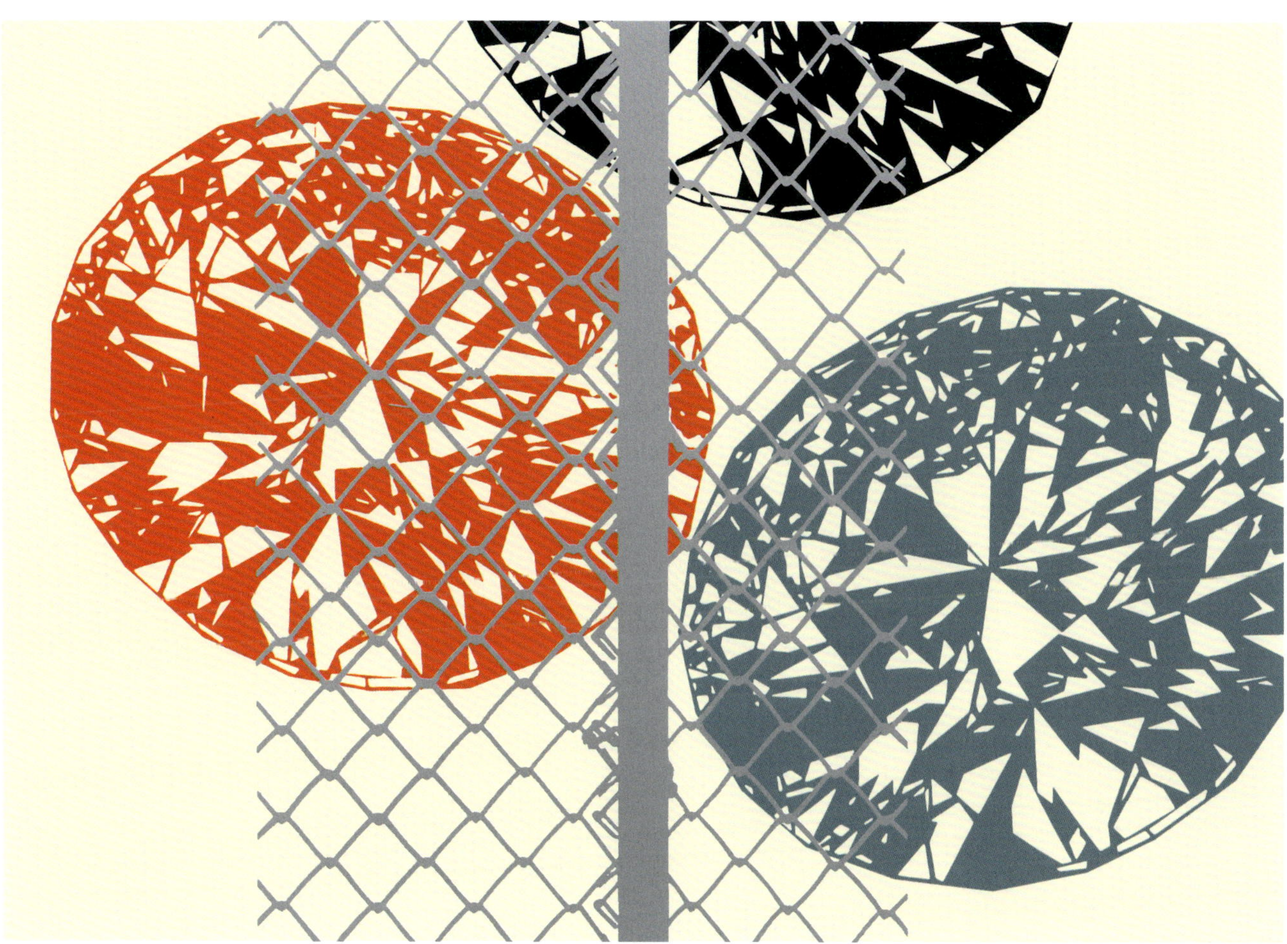

Sanna 4
2010

Cut-out, Collage
70 × 100 cm
Courtesy Mai 36 Galerie, Zurich

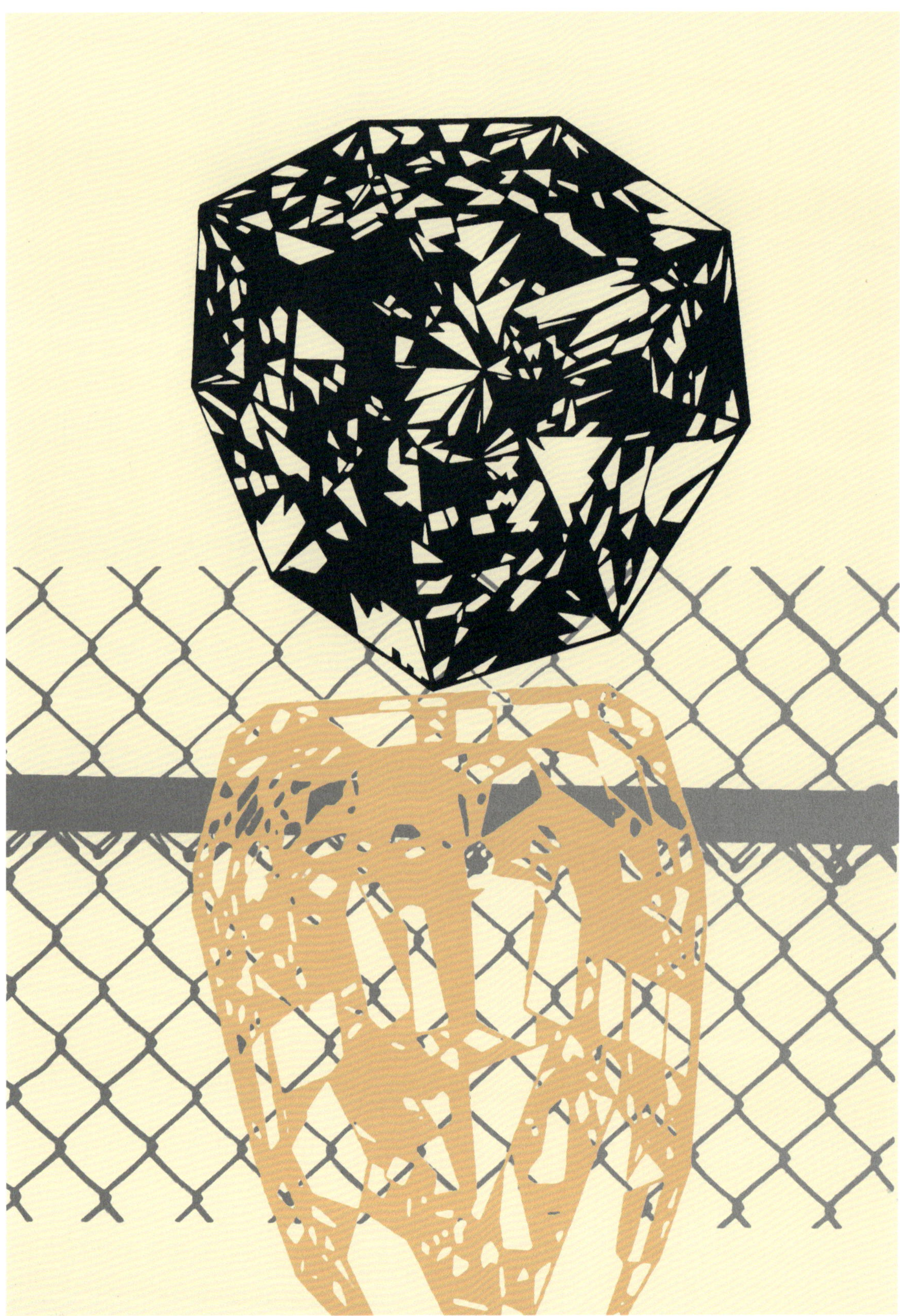

Sanna 7
2010

Cut-out, Collage
100 × 70 cm
Courtesy Mai 36 Galerie, Zurich

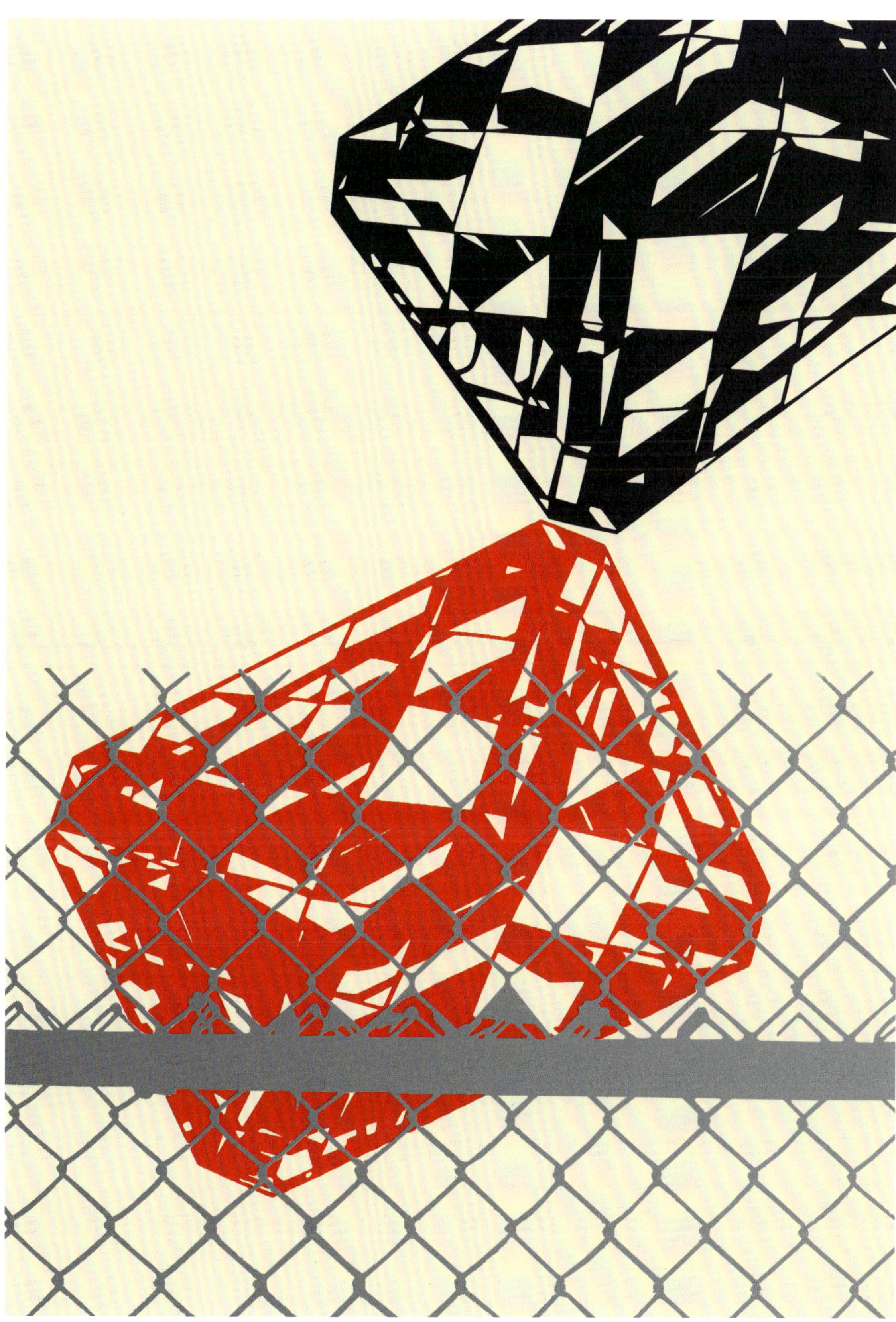

Sanna 6
2010

Cut-out, Collage
100 × 70 cm
Courtesy Mai 36 Galerie, Zurich

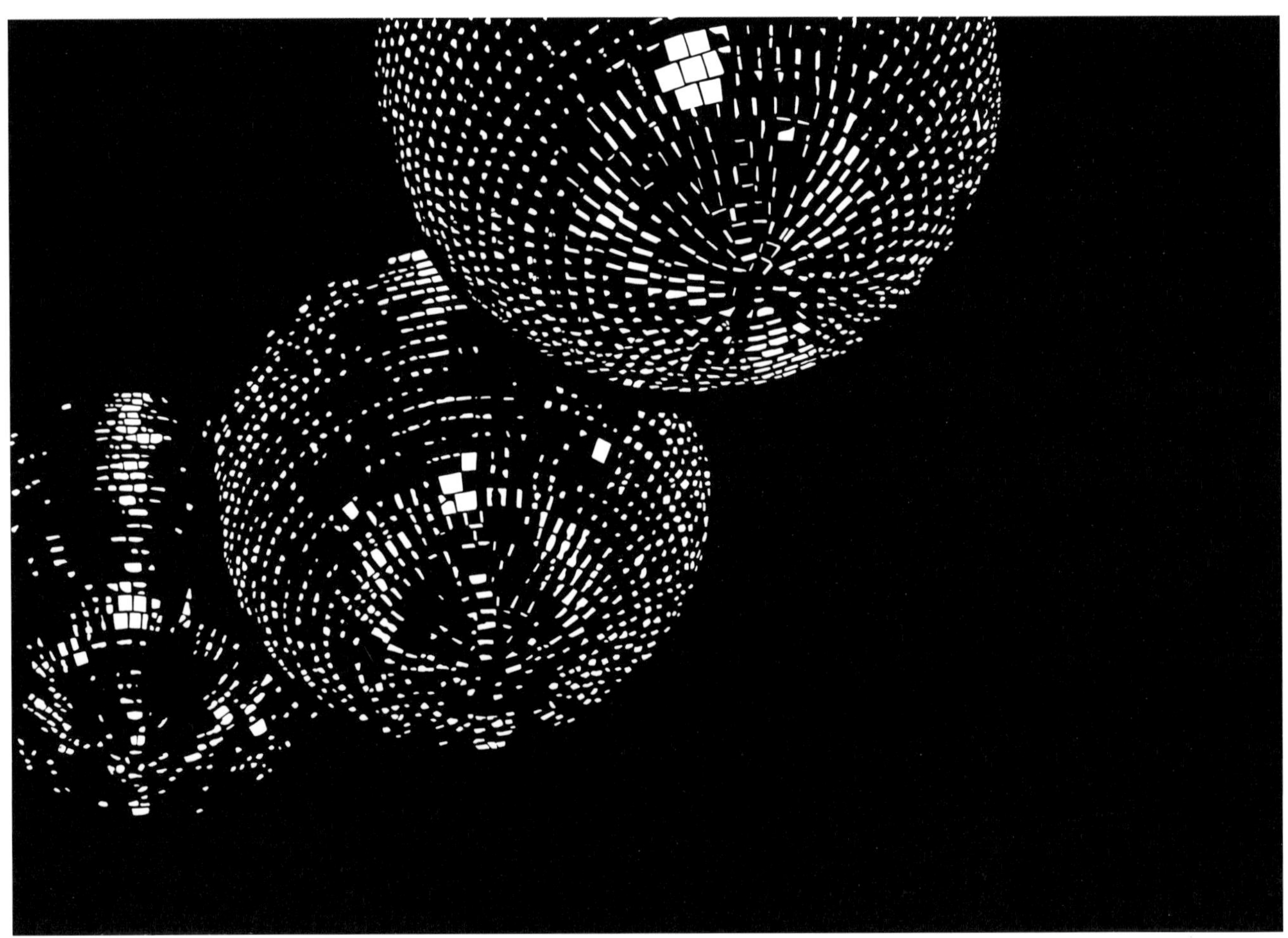

Disko 1
2009

Cut-out
69 × 103 cm
Private collection

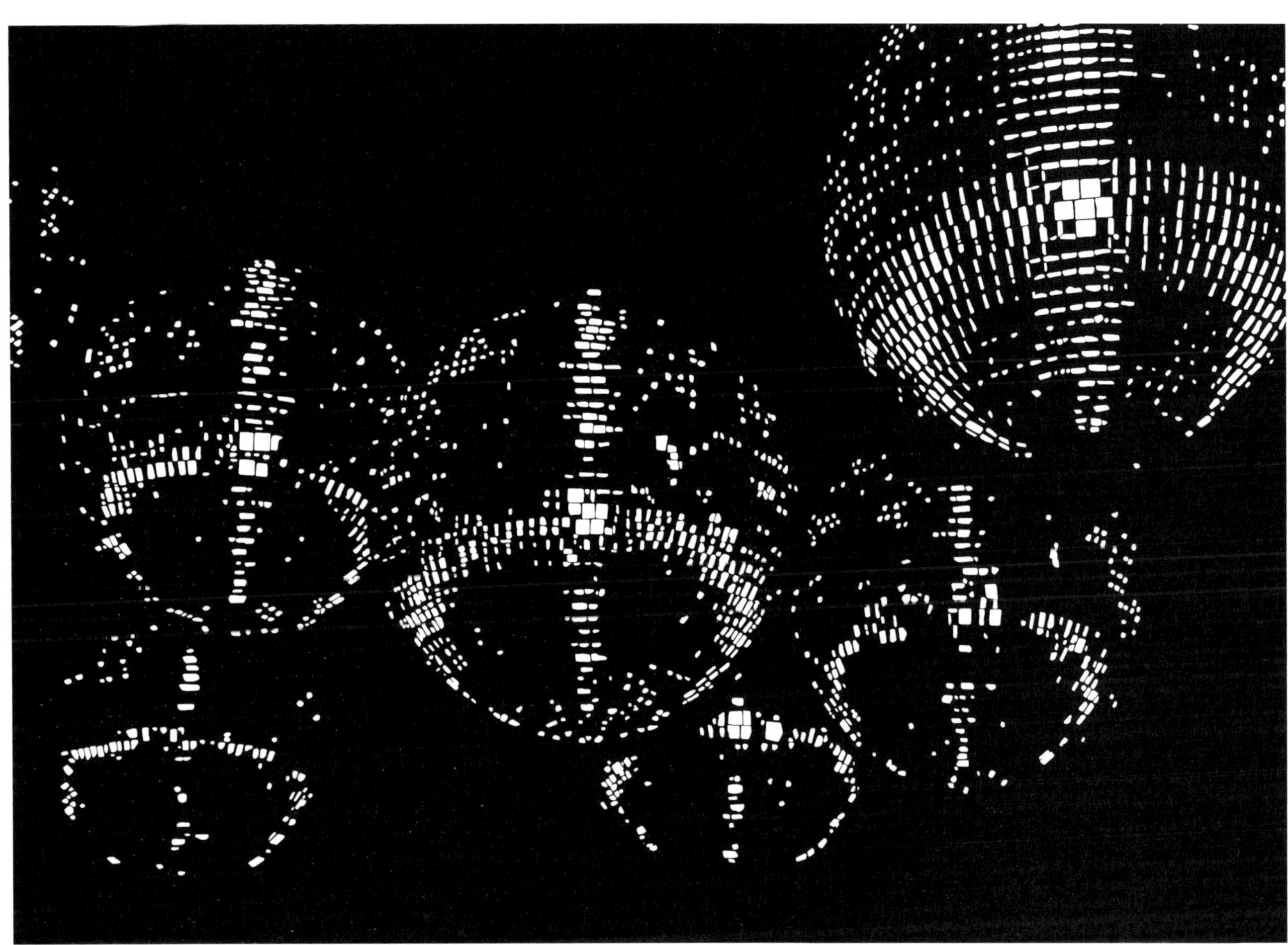

Disko 2
2009

Cut-out
69 × 103 cm
Courtesy Mai 36 Galerie, Zurich

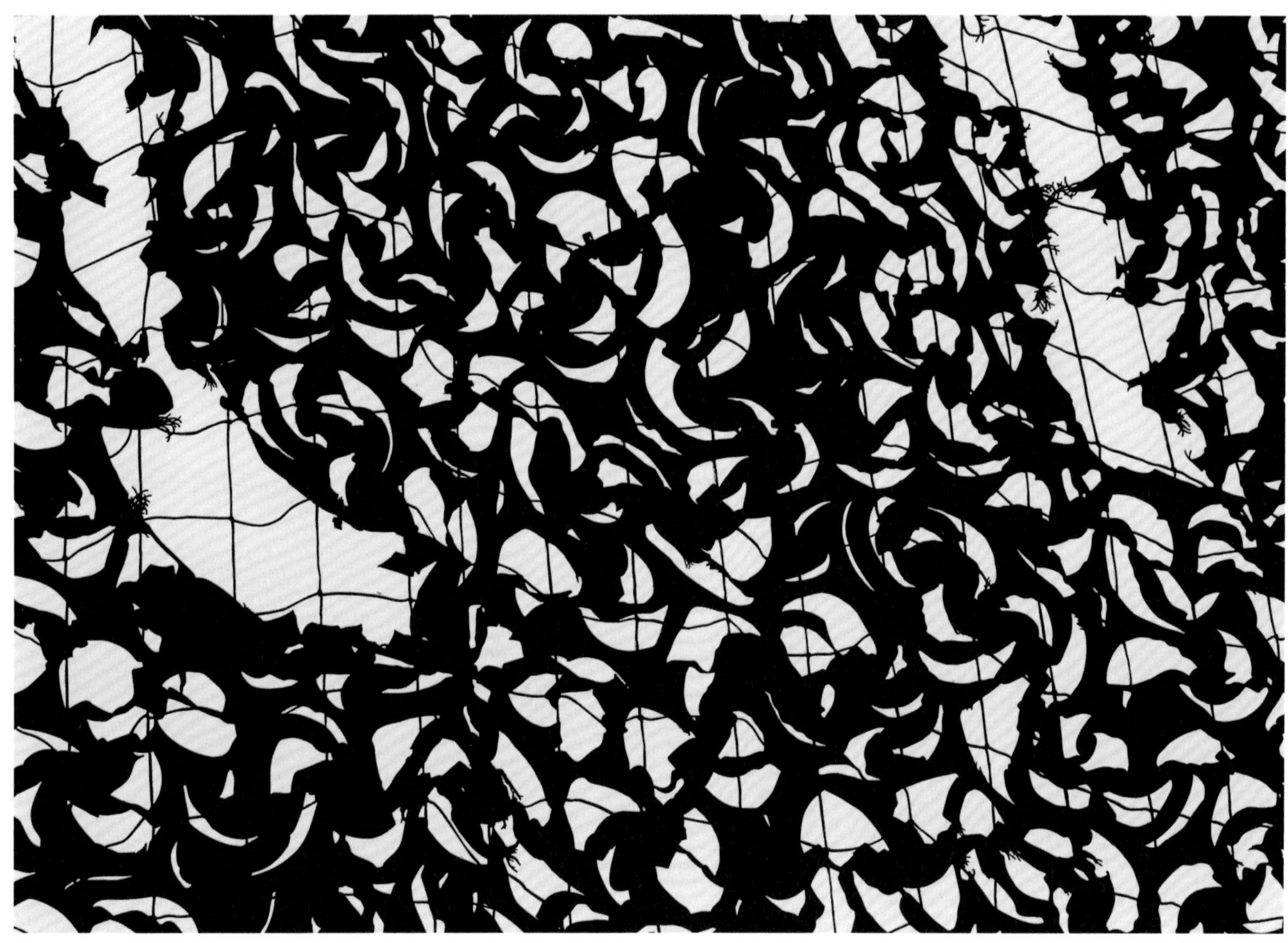

Tarnnetz
2003

Cut-out
70 × 100 cm
Kunstsammlung Neubrandenburg

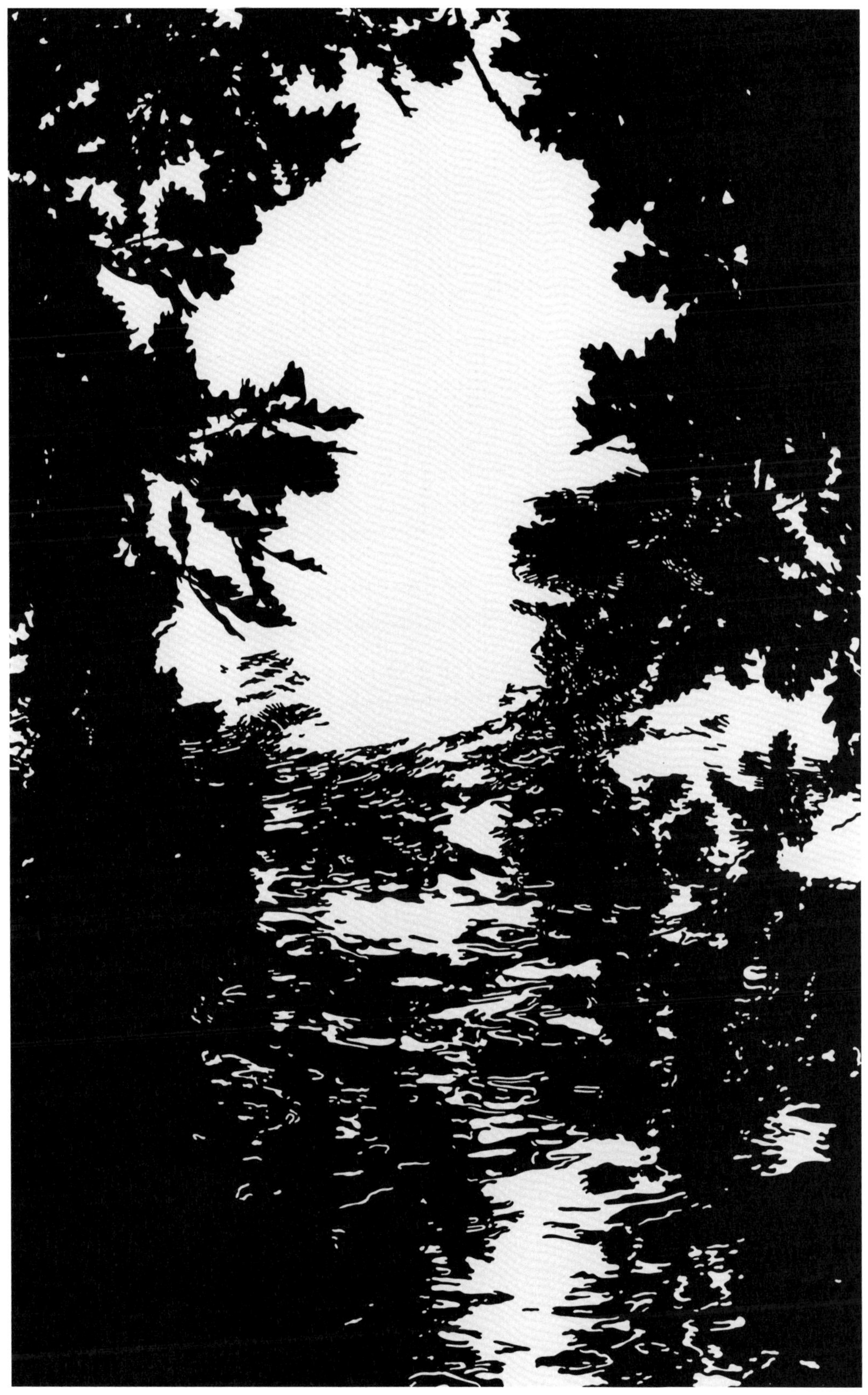

Eichen I
2003

Cut-out
79.1 × 51 cm
Private collection

Landschaft (Wellen)
2007

Cut-out
146 × 206 cm
Private collection

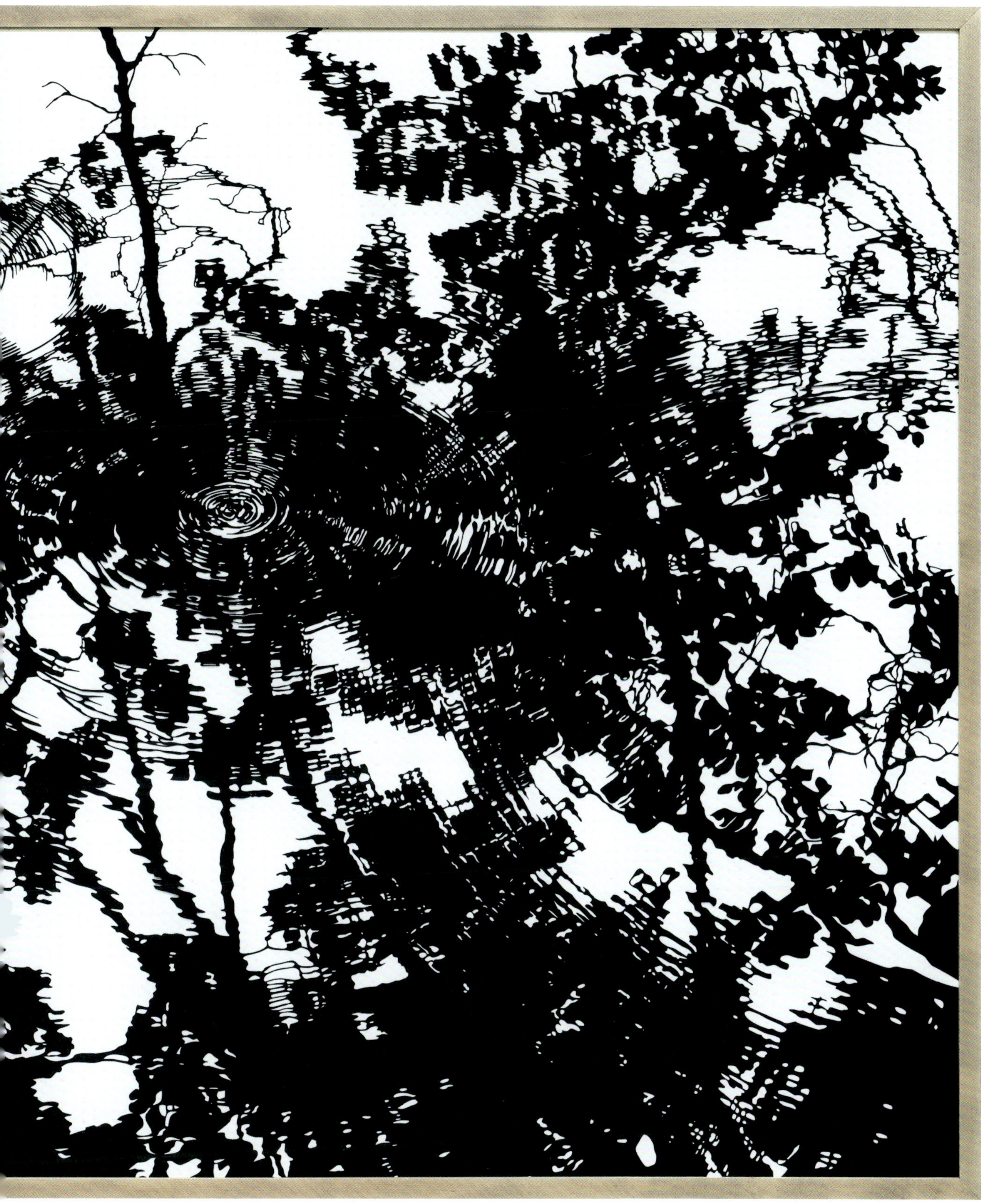

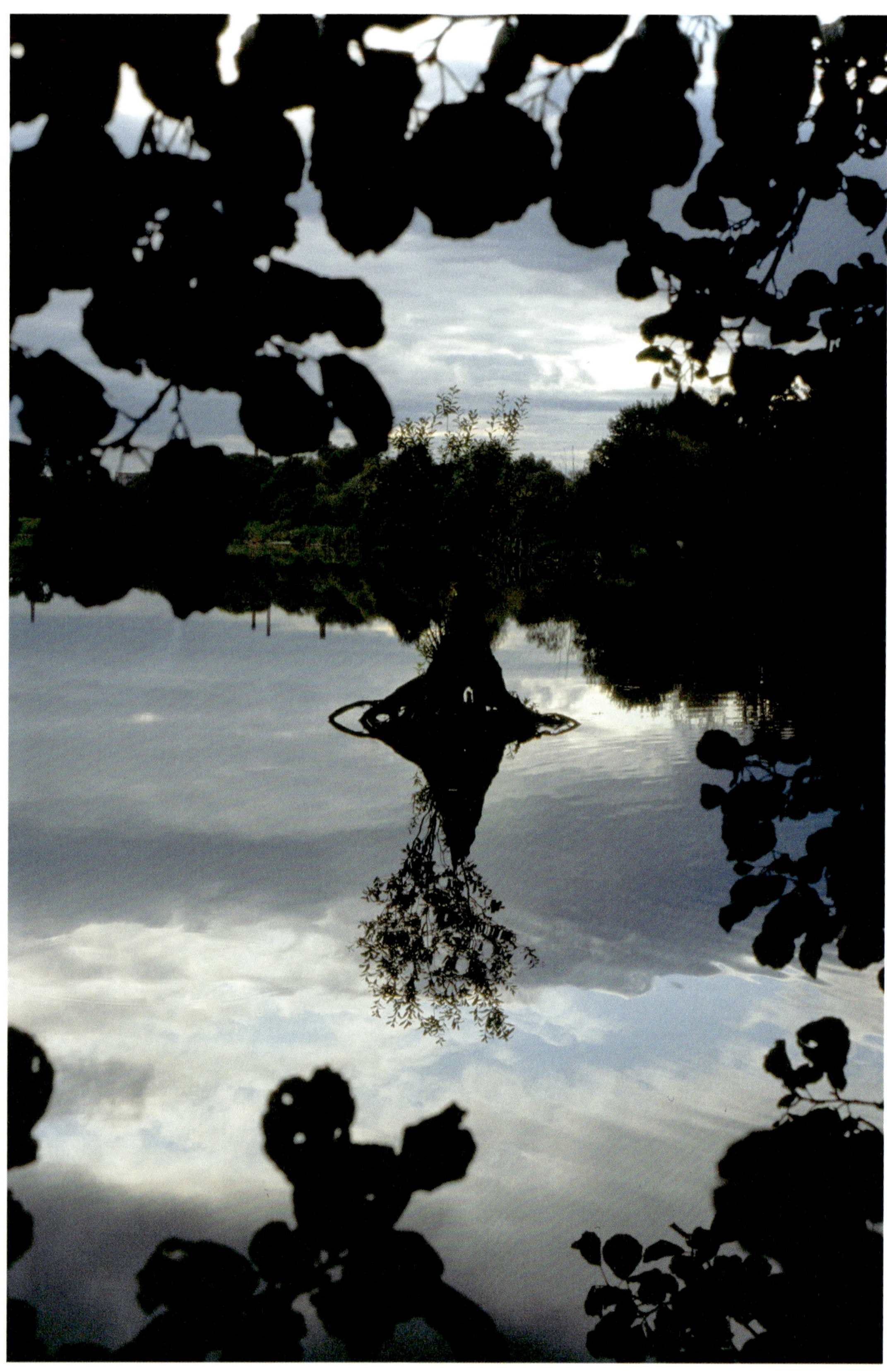

Landschaft
2008

C-Print
37 × 25.5 cm
Courtesy Mai 36 Galerie, Zurich

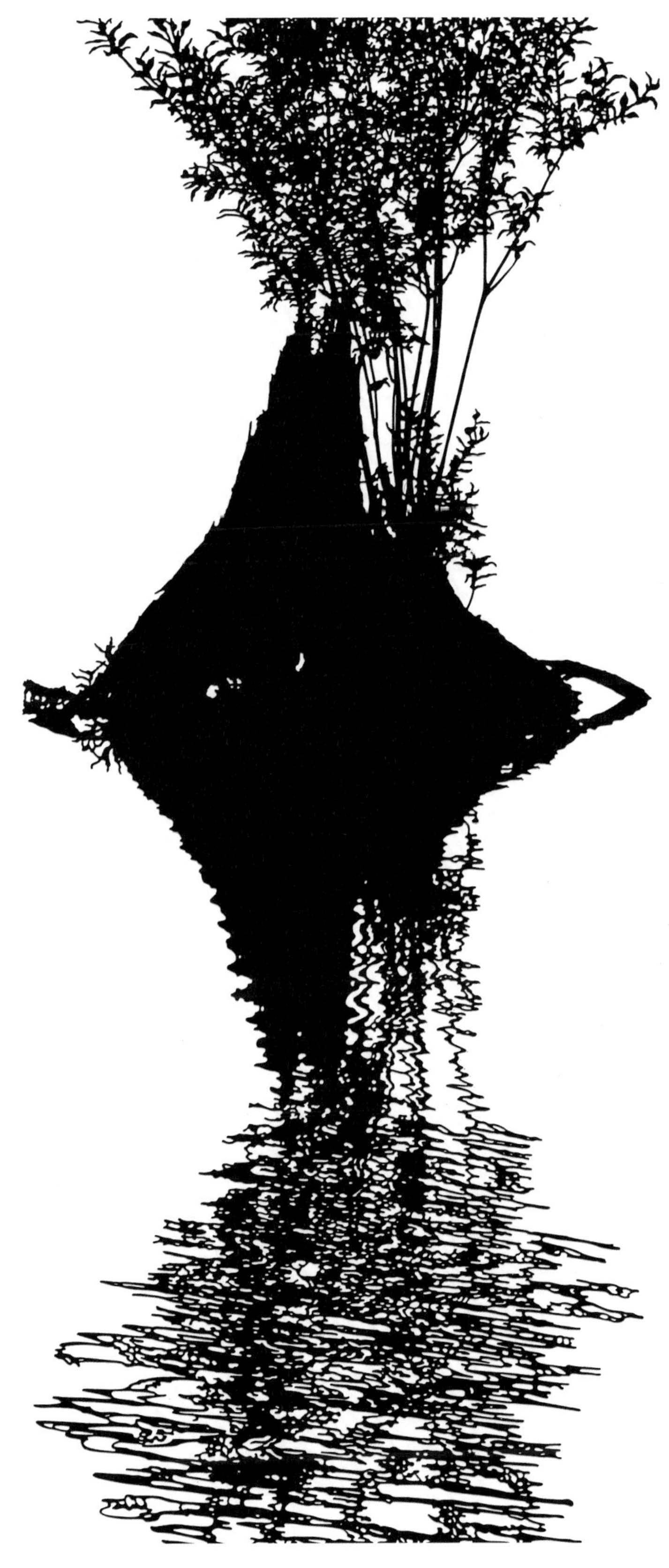

Insel
2008

Cut-out
145 × 101.7 cm
Courtesy Mai 36 Galerie, Zurich

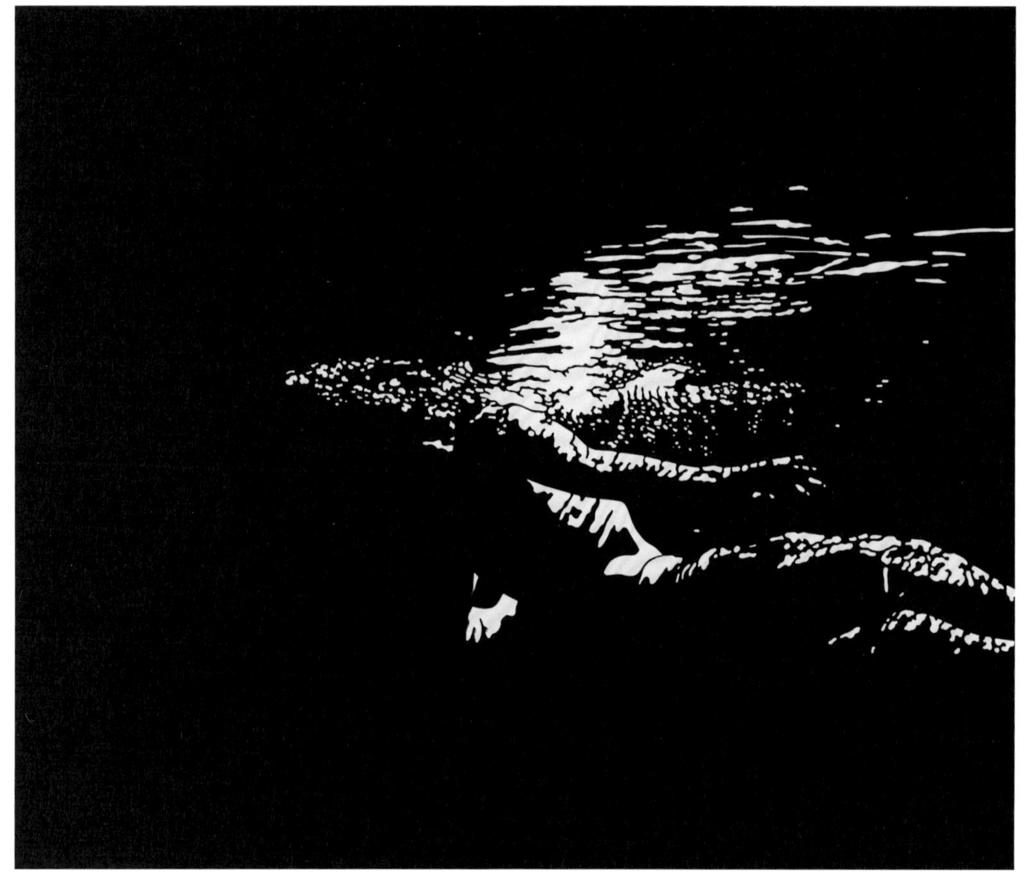

Schwimmer
2008

Cut-out
61 × 71.5 cm
Courtesy Mai 36 Galerie, Zurich

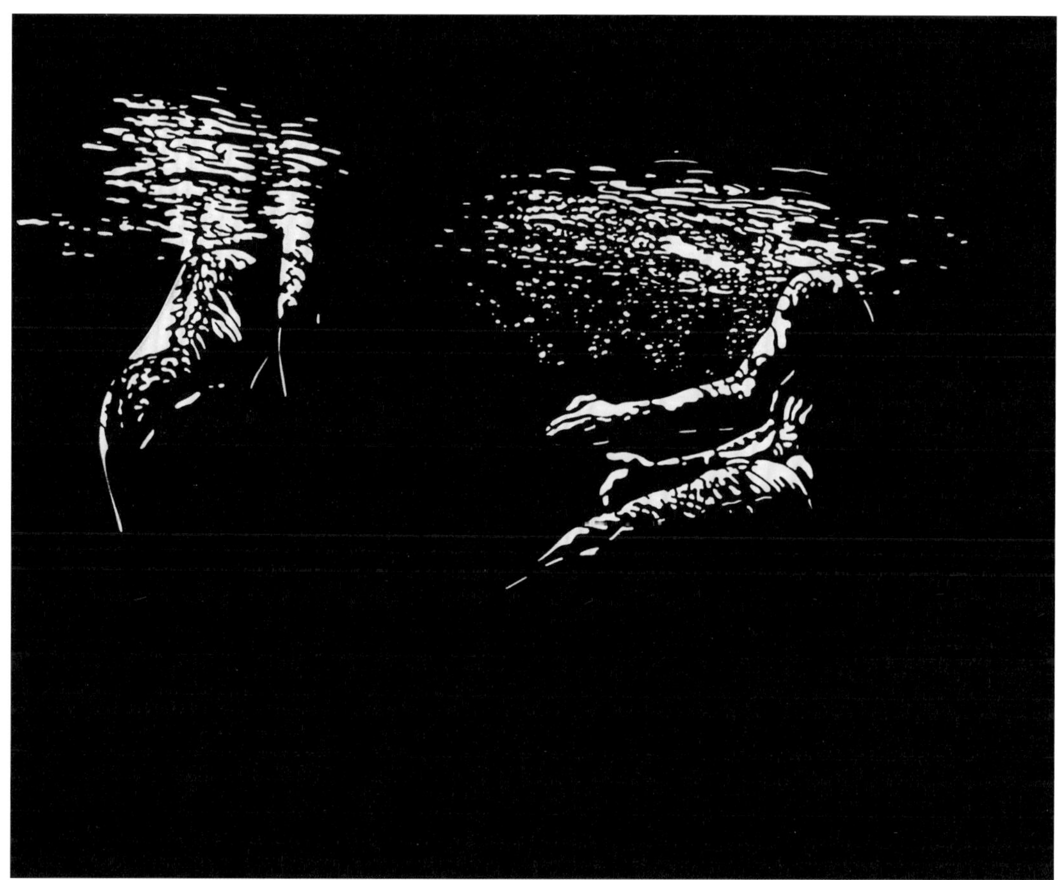

Schwimmer
2008

Cut-out
61.7 × 76.2 cm
Courtesy Mai 36 Galerie, Zurich

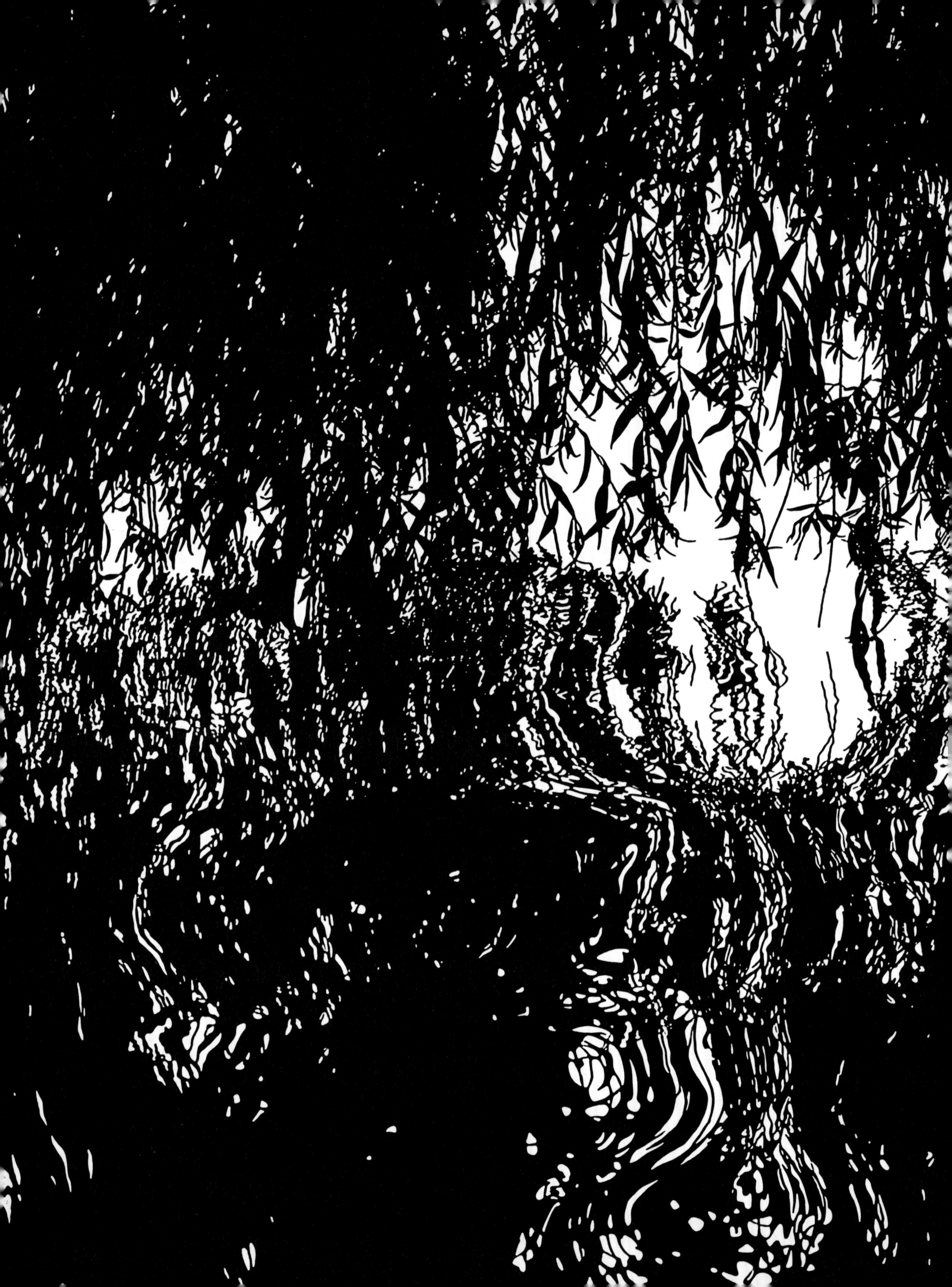

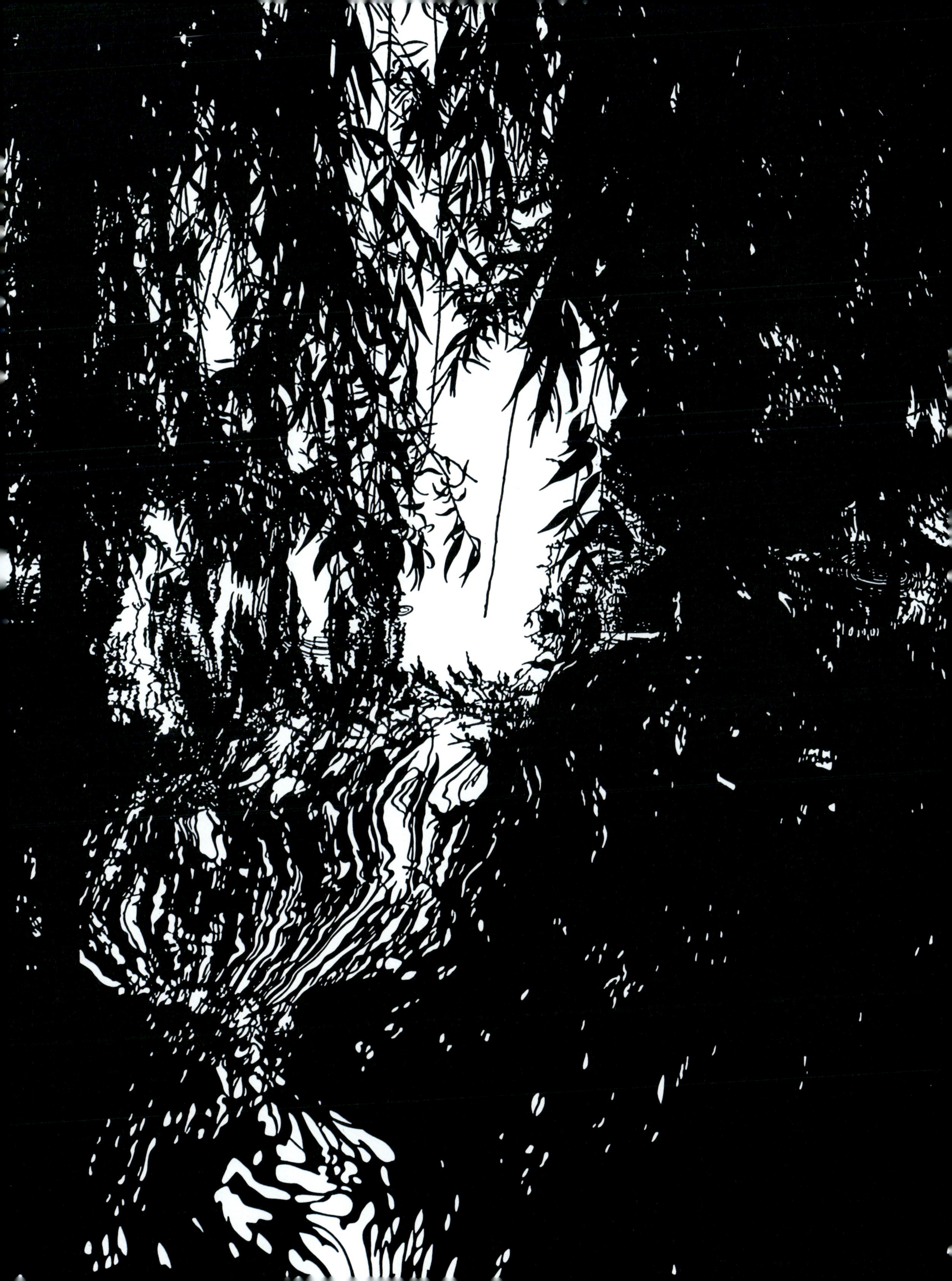

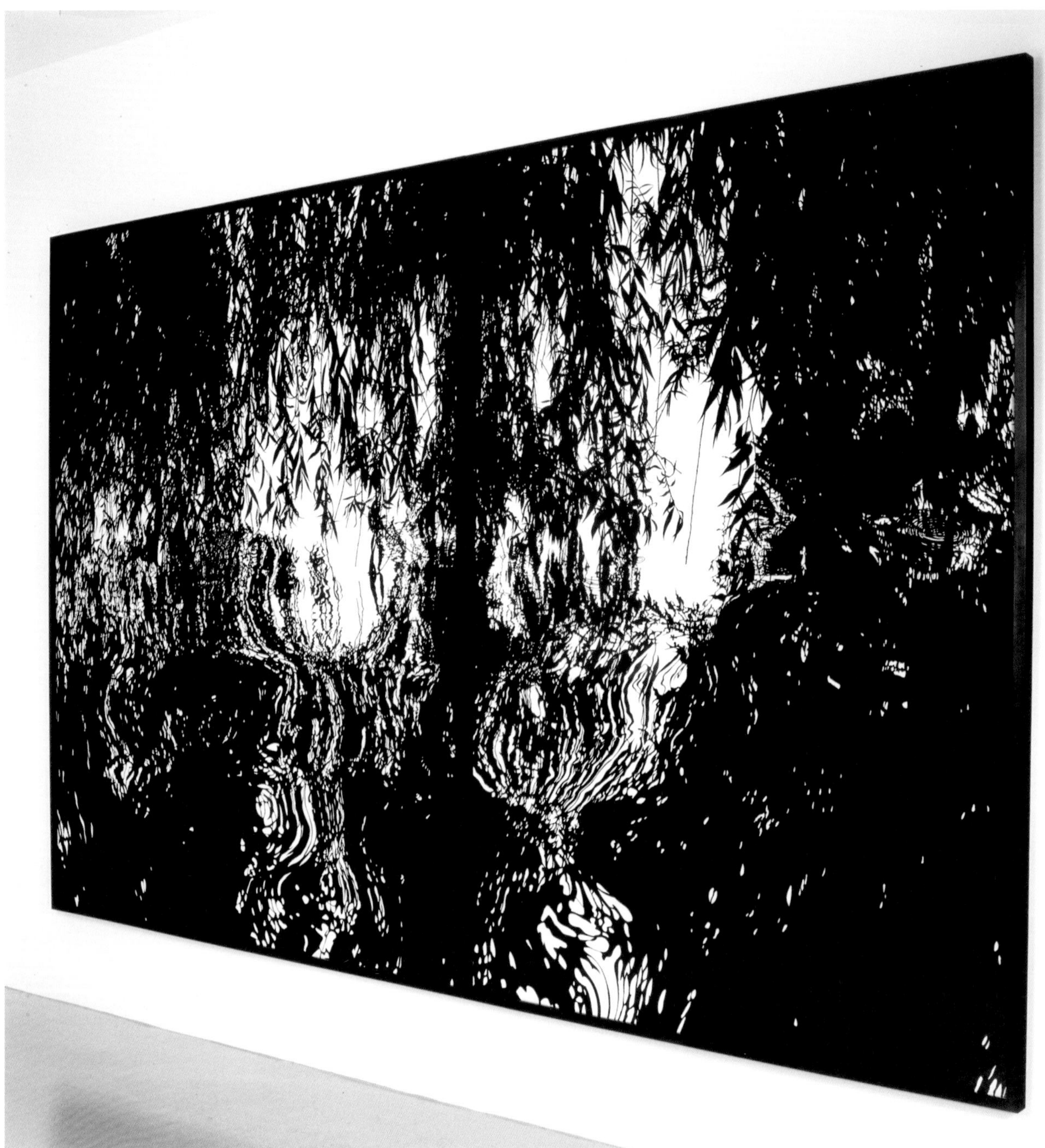

Weiden 6
2005

Cut-out (2 parts)
Overall dimensions 229 × 348.5 cm
Private collection

(Detail on pp. 78–79)

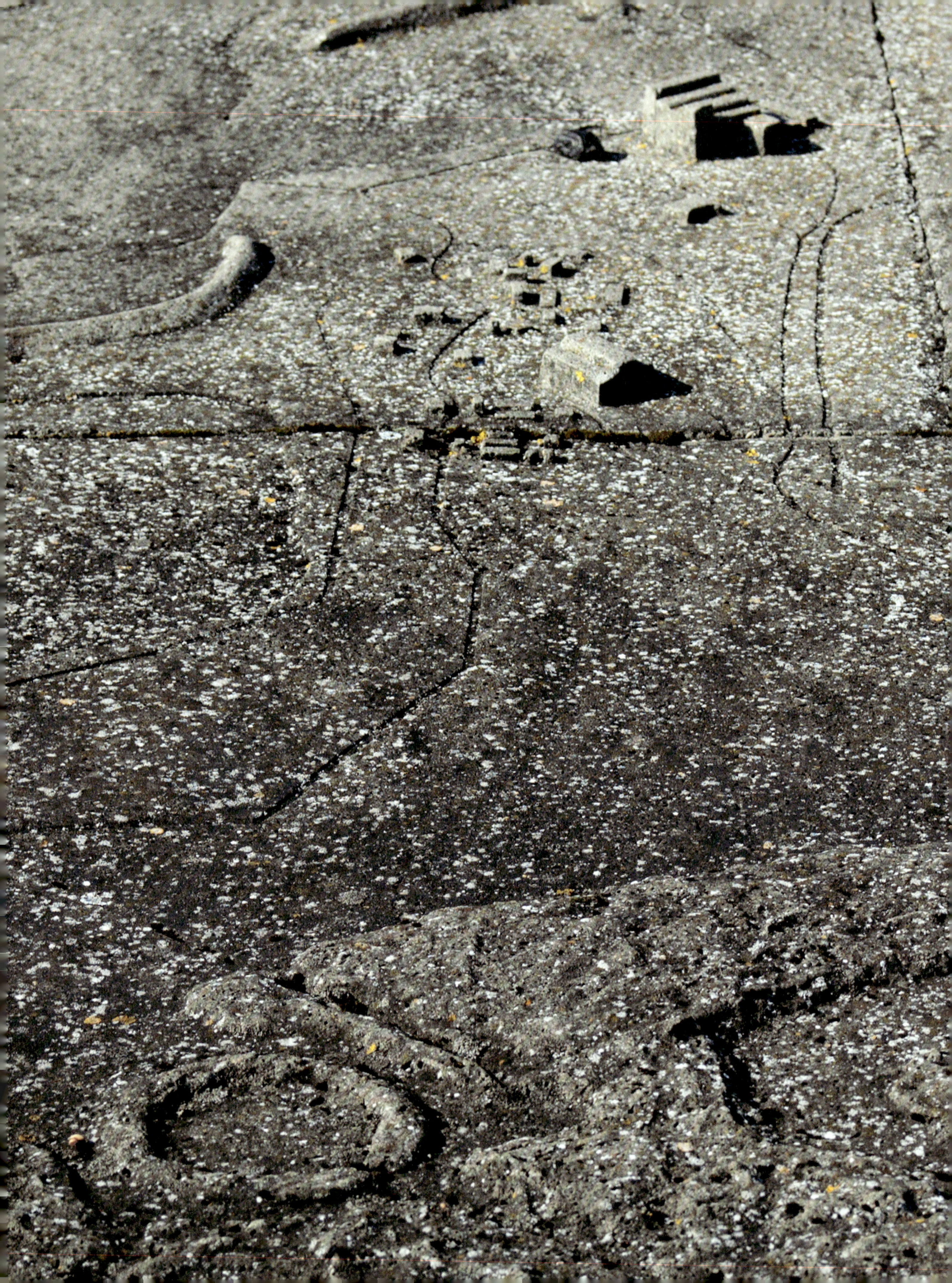

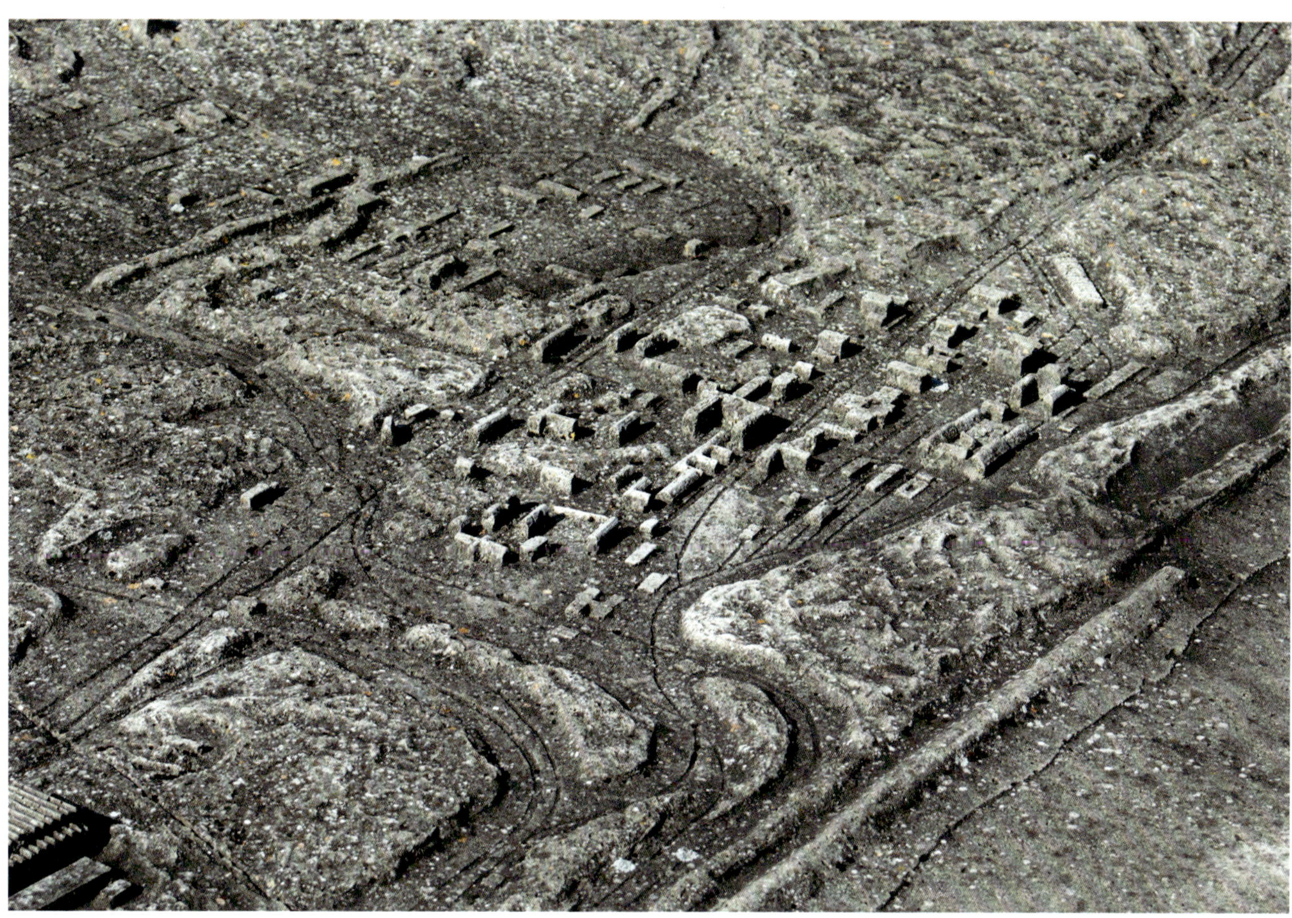

Peenemünde 1
2012

7 C-Prints (a–g)
each 25.5 × 38 cm
Ed. 3 + 1
Courtesy Mai 36 Galerie, Zurich

(Detail of C-Print b on p. 82)

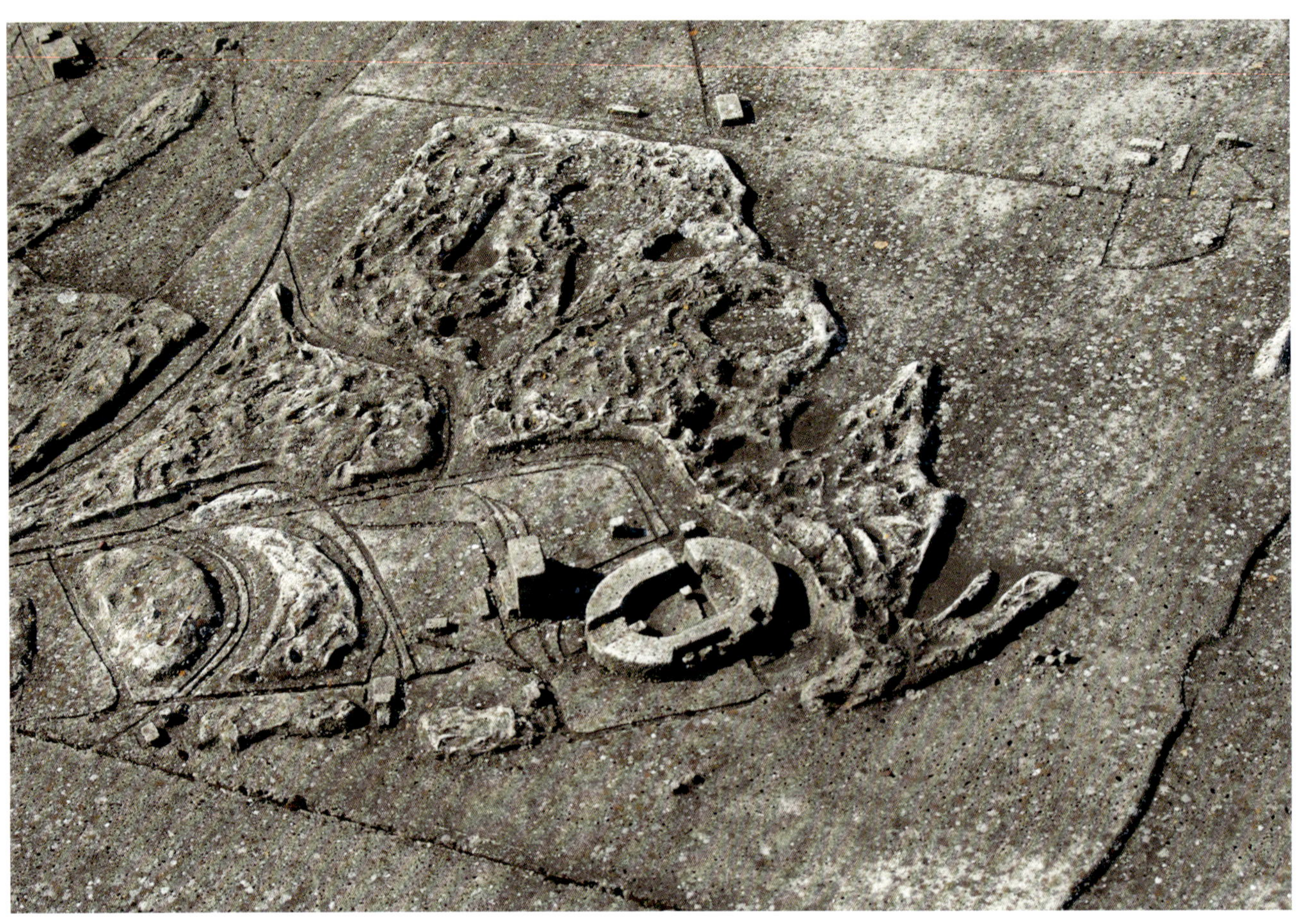

Peenemünde 1
2012

7 C-Prints (a–g)
each 25.5 × 38 cm
Ed. 3 + 1
Courtesy Mai 36 Galerie, Zurich

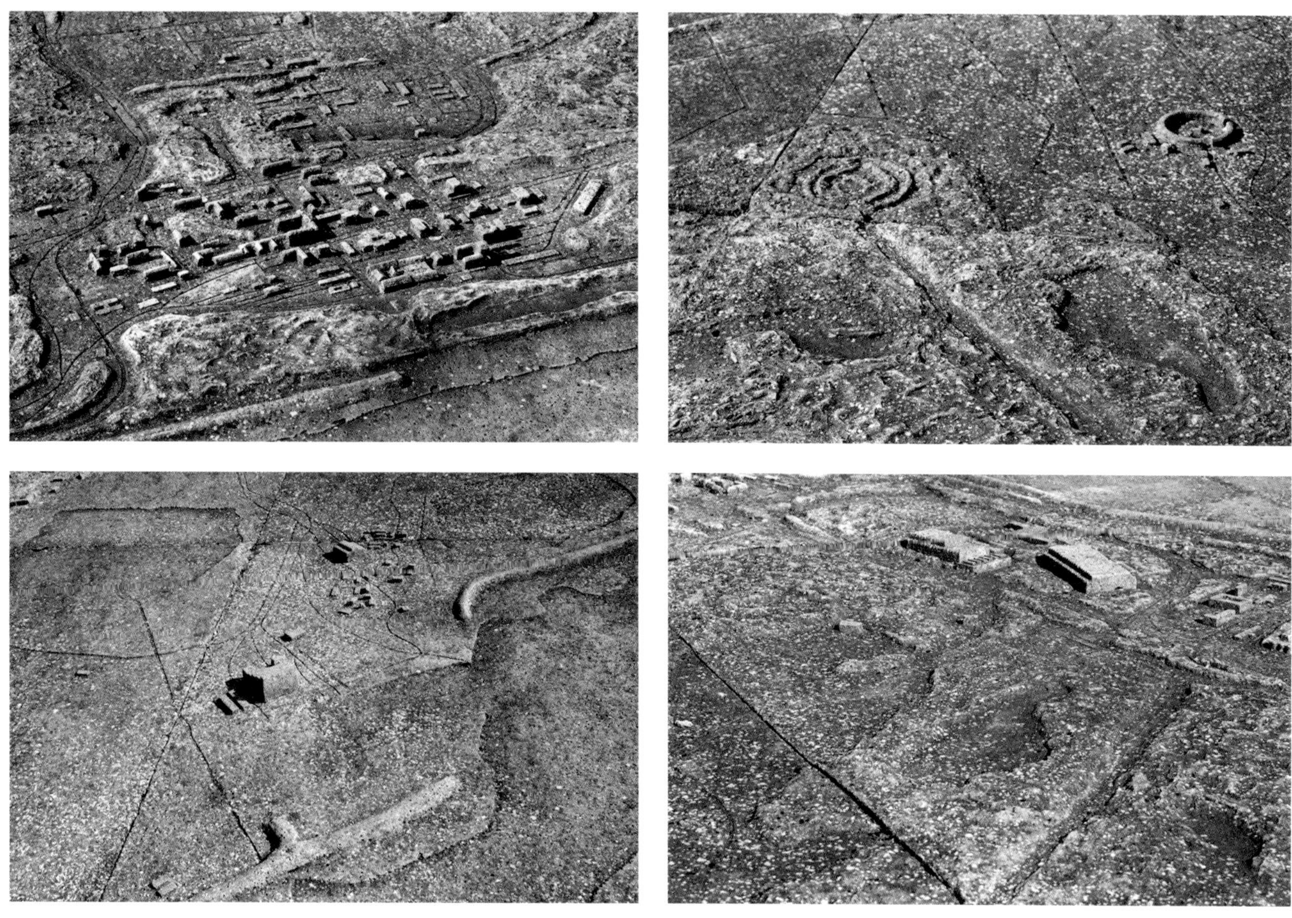

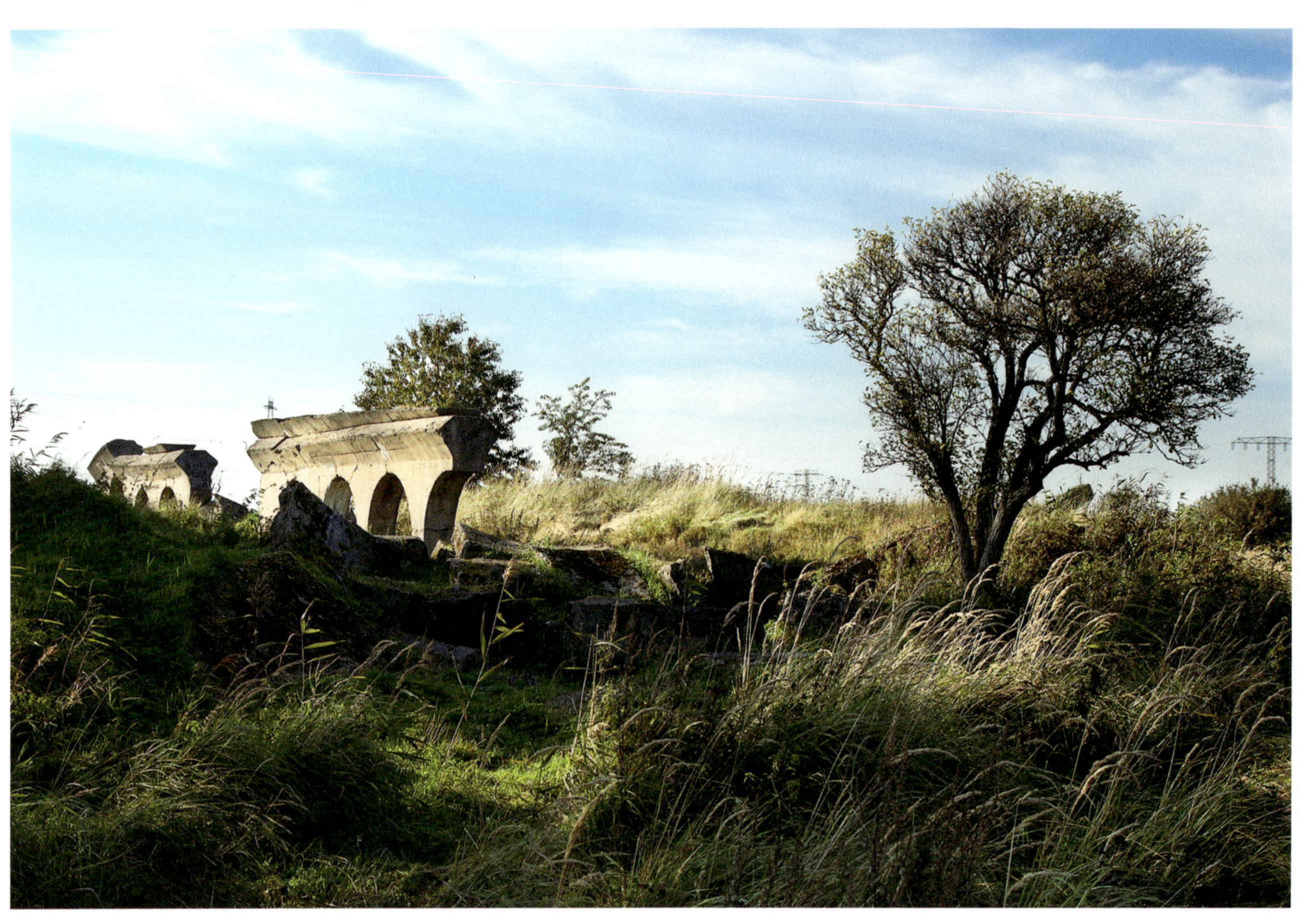

Peenemünde 2
2012

2 C-Prints
each 25.5 × 38 cm
Ed. 3 + 1
Courtesy Mai 36 Galerie, Zurich

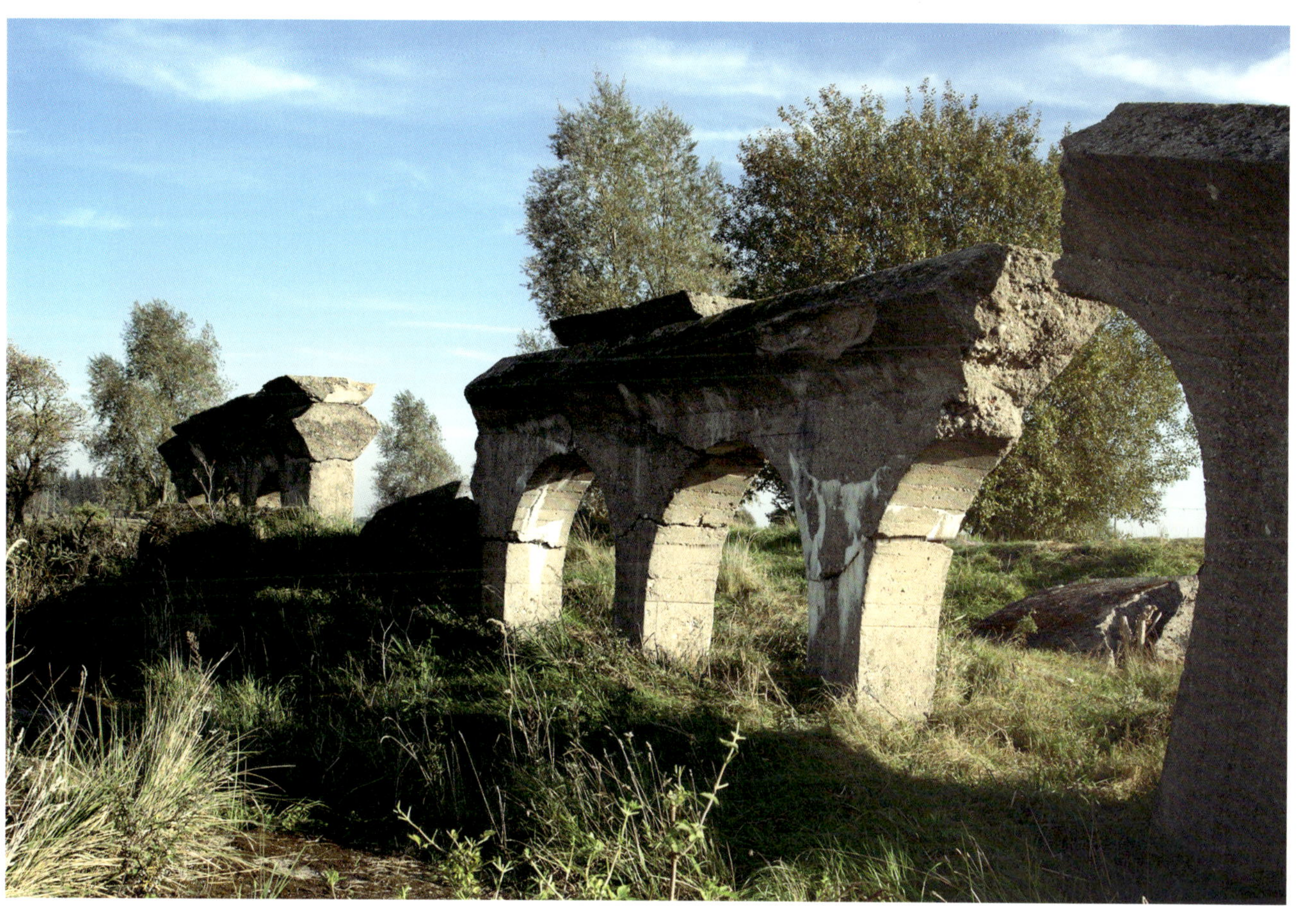

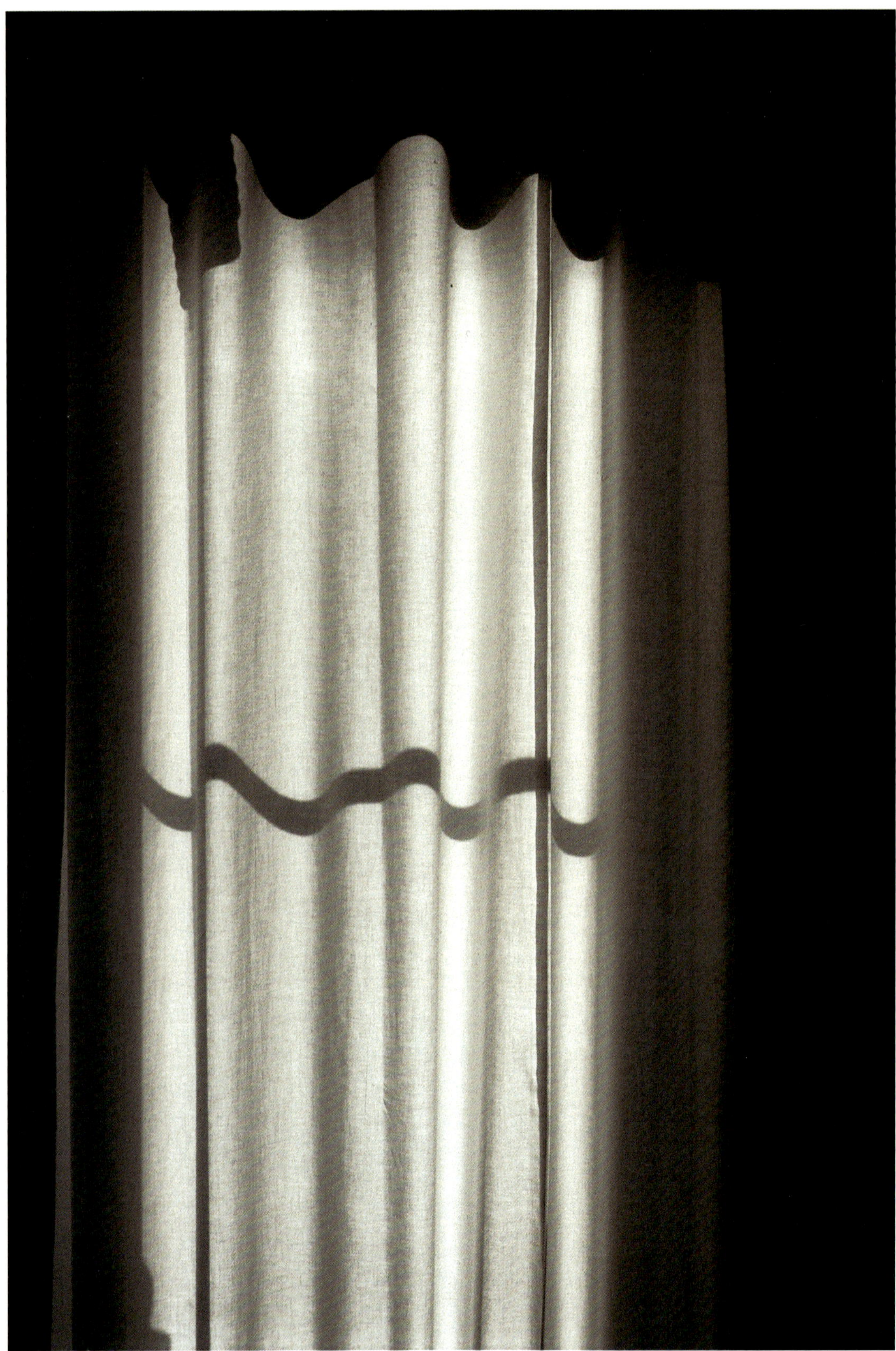

Vorhang
2008

C-Print
75 × 50 cm
Ed. 3 + 1
Courtesy Mai 36 Galerie, Zurich

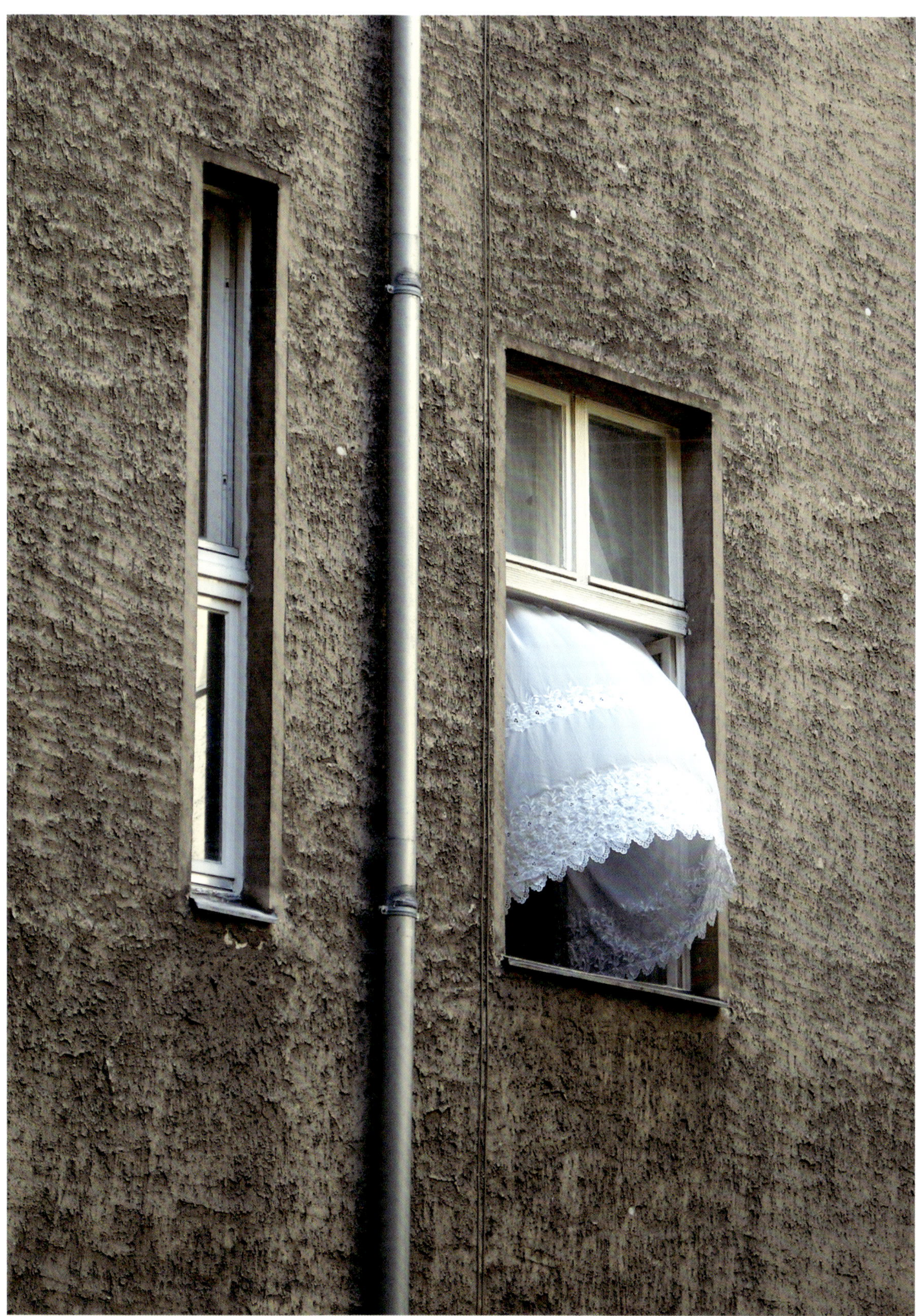

Hoffenster
2011

C-Print
23.5 × 17 cm
Ed. 3 + 1
Courtesy Mai 36 Galerie, Zurich

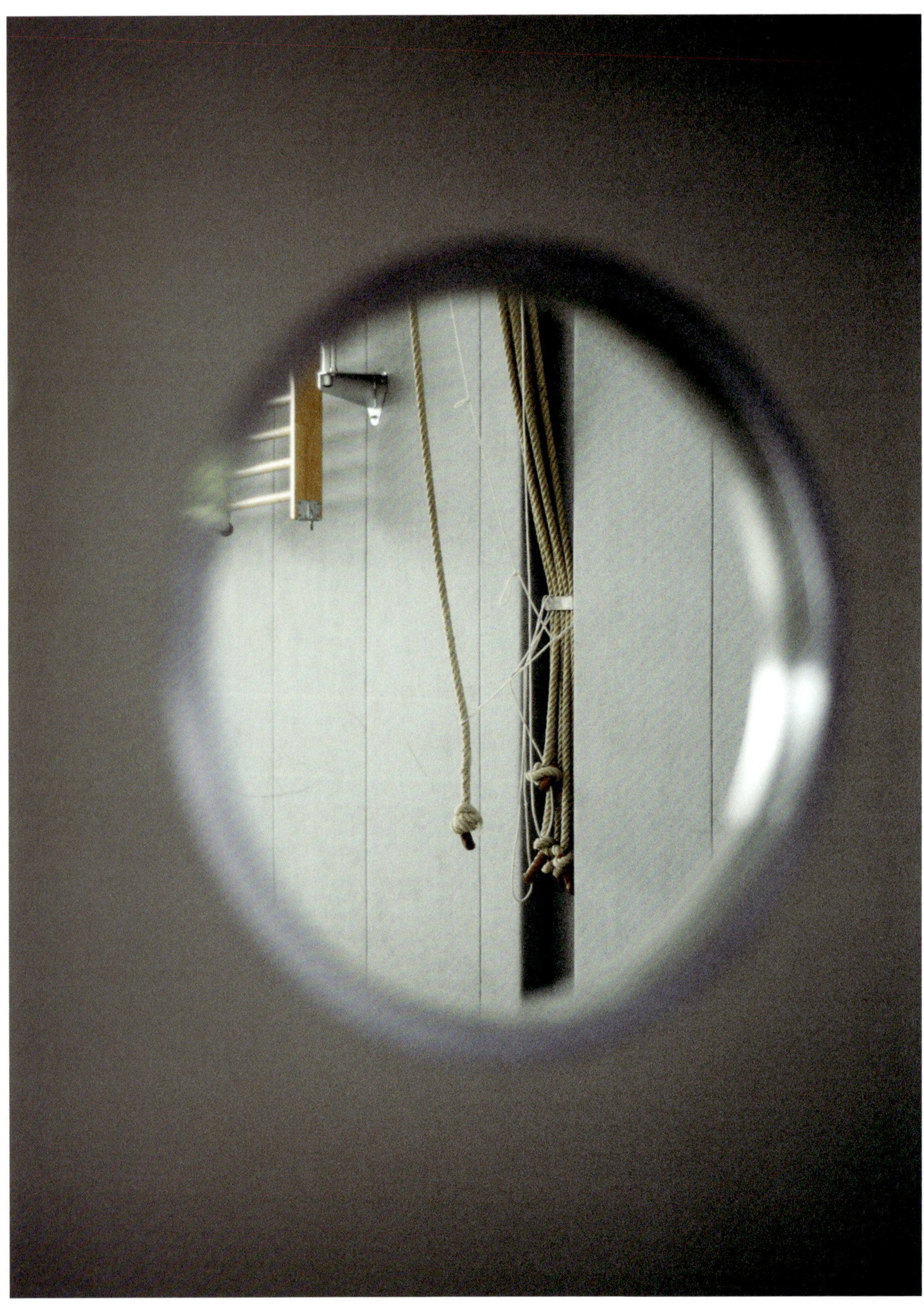

Turnhalle
2009

C-Print
43 × 30 cm
Ed. 3 + 1
Courtesy Mai 36 Galerie, Zurich

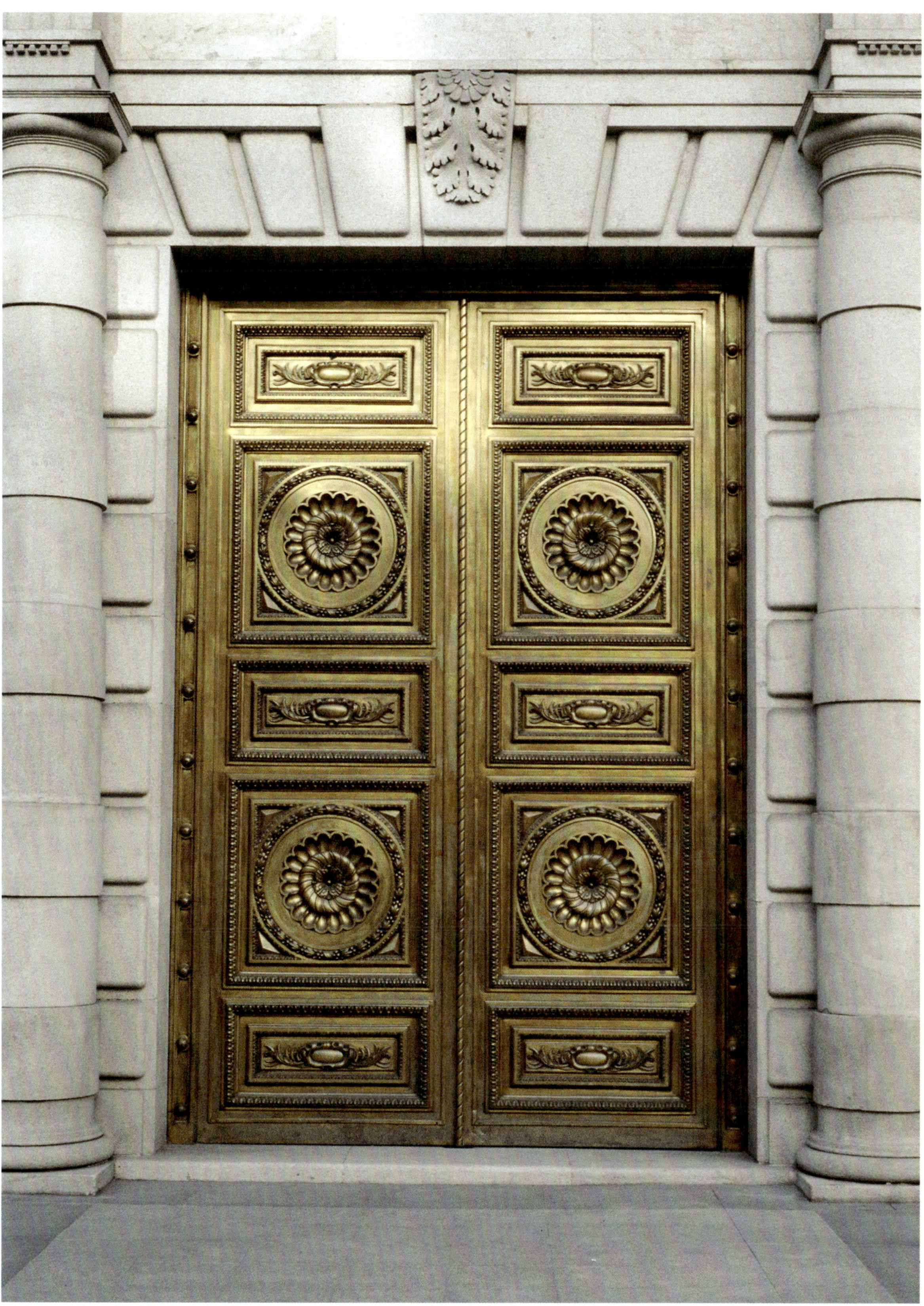

Tür
2008

C-Print
43 × 30 cm
Ed. 3 + 1
Courtesy Mai 36 Galerie, Zurich

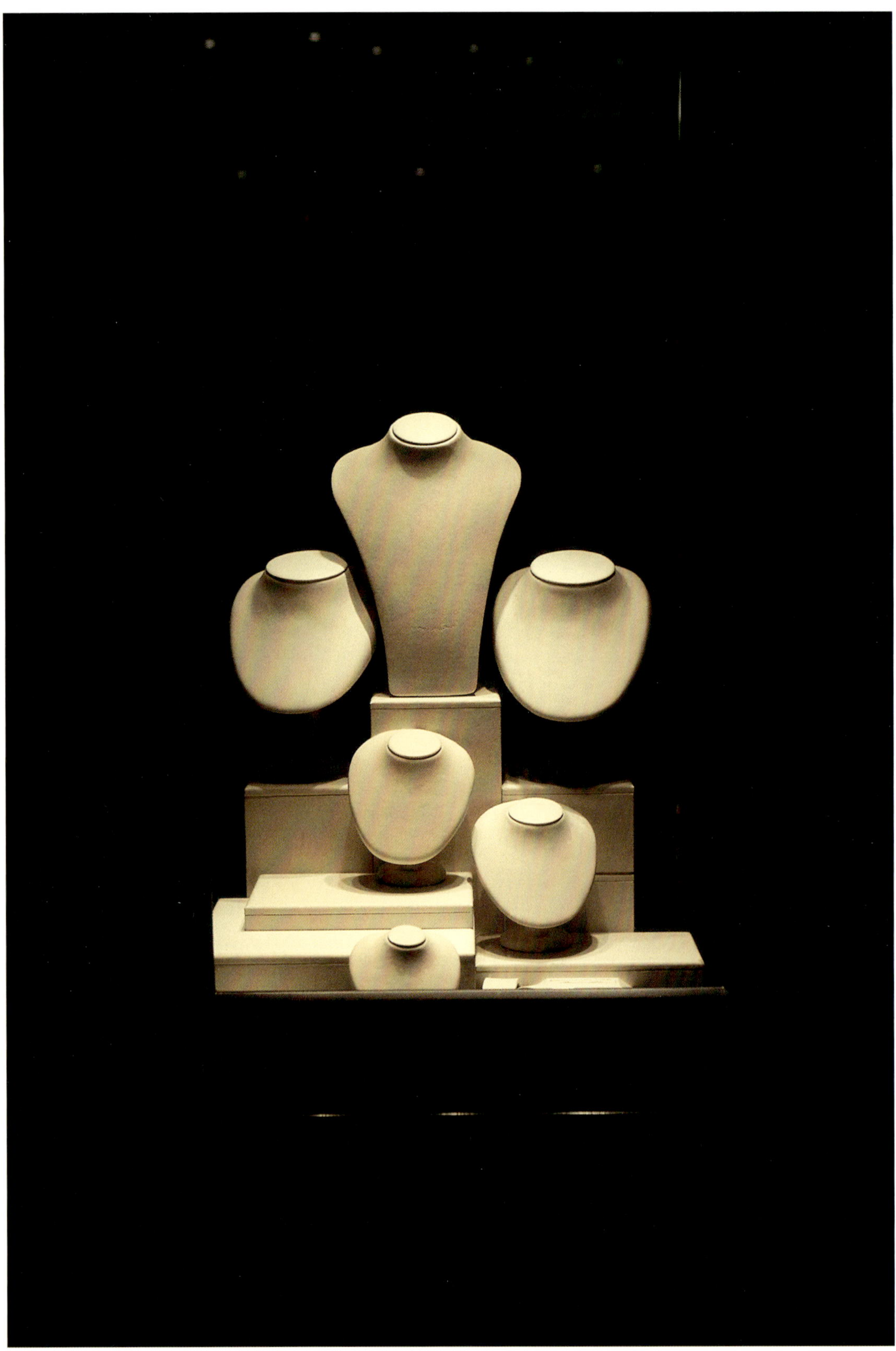

Vitrine
2008

C-Print
107 × 79.5 cm
Ed. 3+1
Courtesy Mai 36 Galerie, Zurich

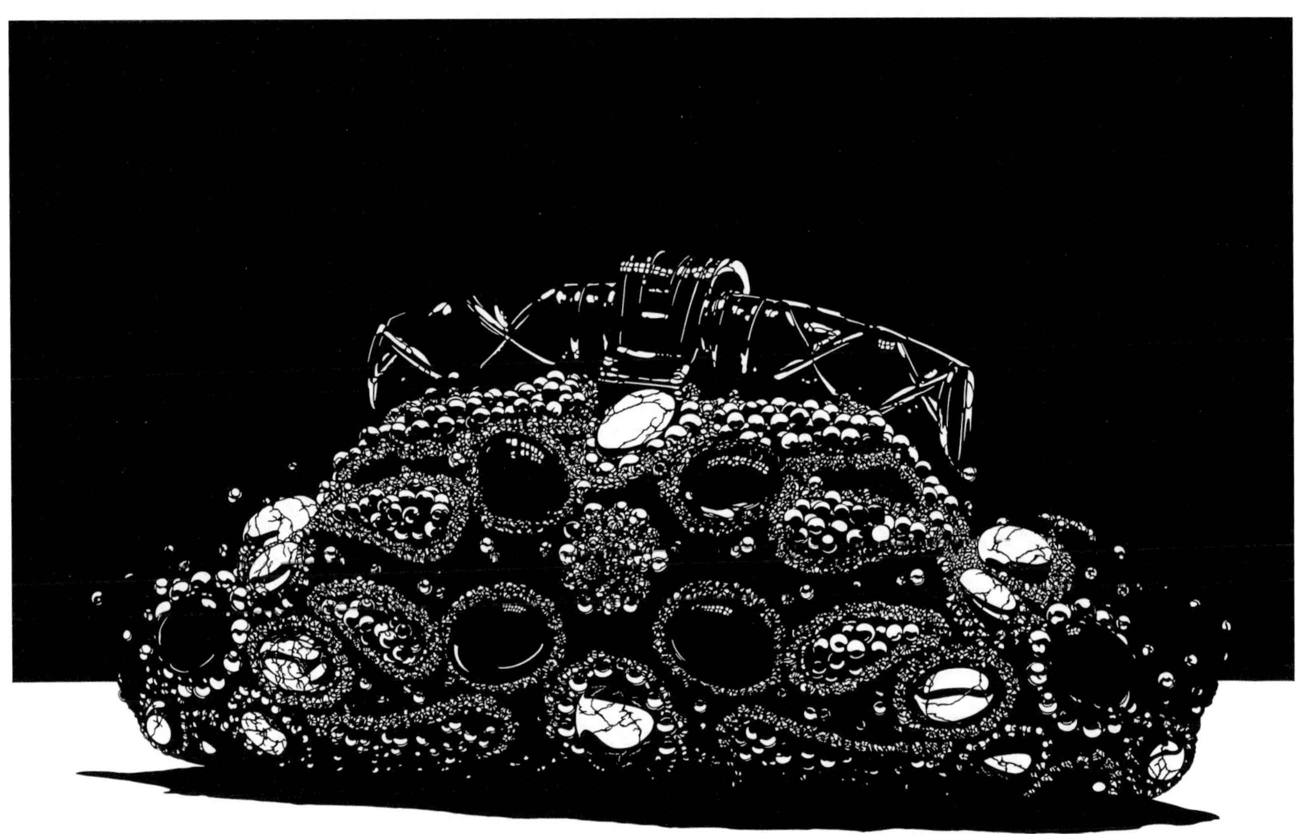

Bulgari-Handtasche
2012

Cut-out
101.2 × 148 cm
Courtesy Mai 36 Galerie, Zurich

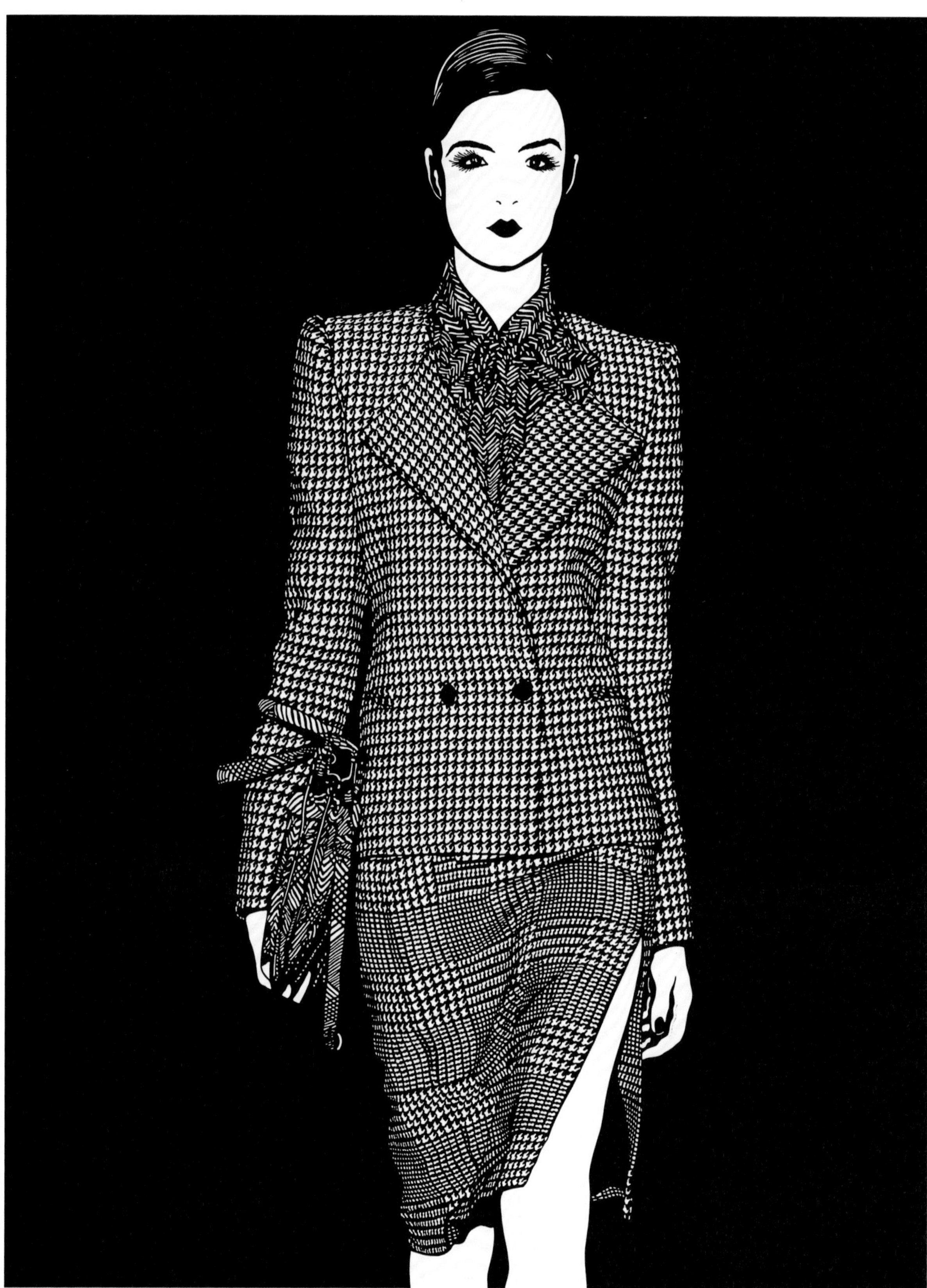

Modell 01/12
2012

Cut-out
131 × 99.5 cm
Kunstsammlung Neubrandenburg

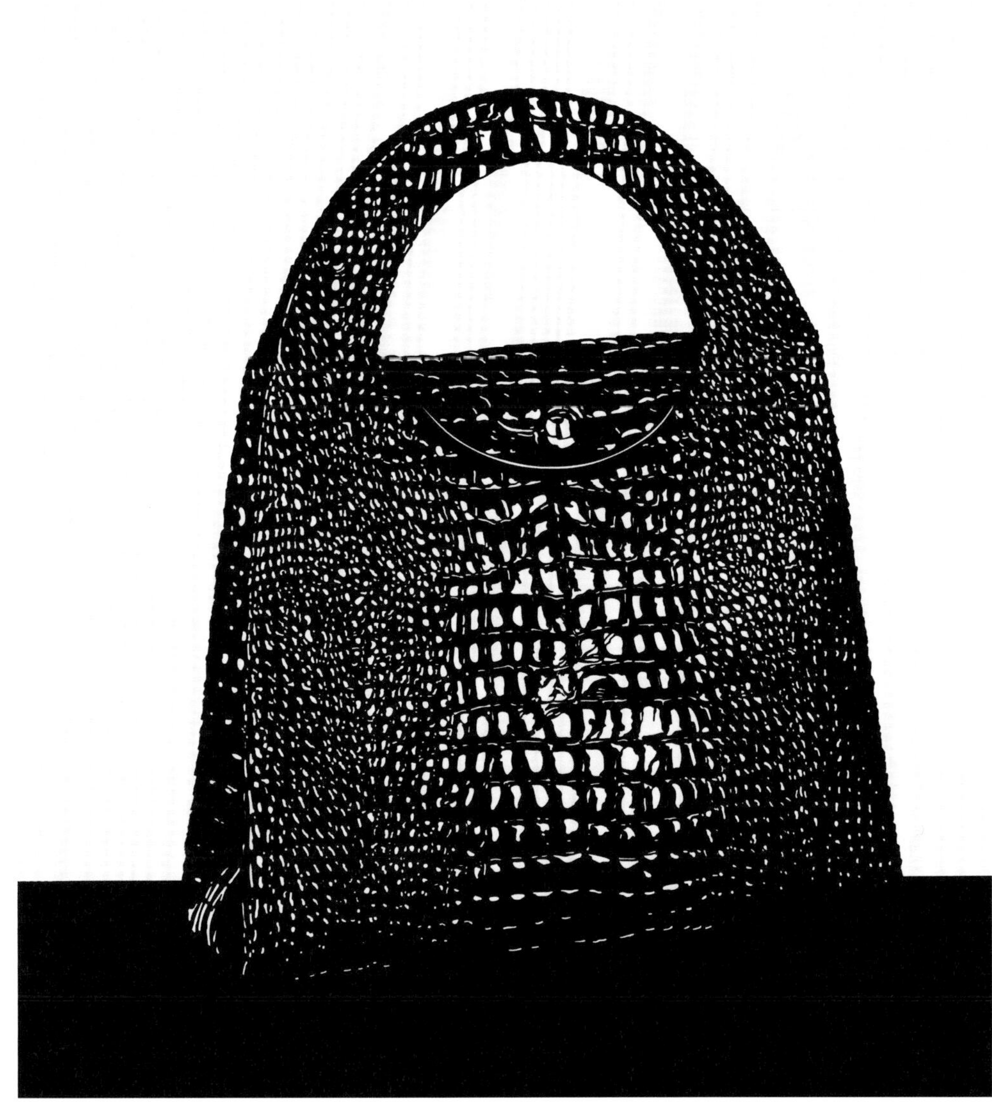

Martin-Margiela-Tasche
2012

Cut-out
101.7 × 81.5 cm
Courtesy Mai 36 Galerie, Zurich

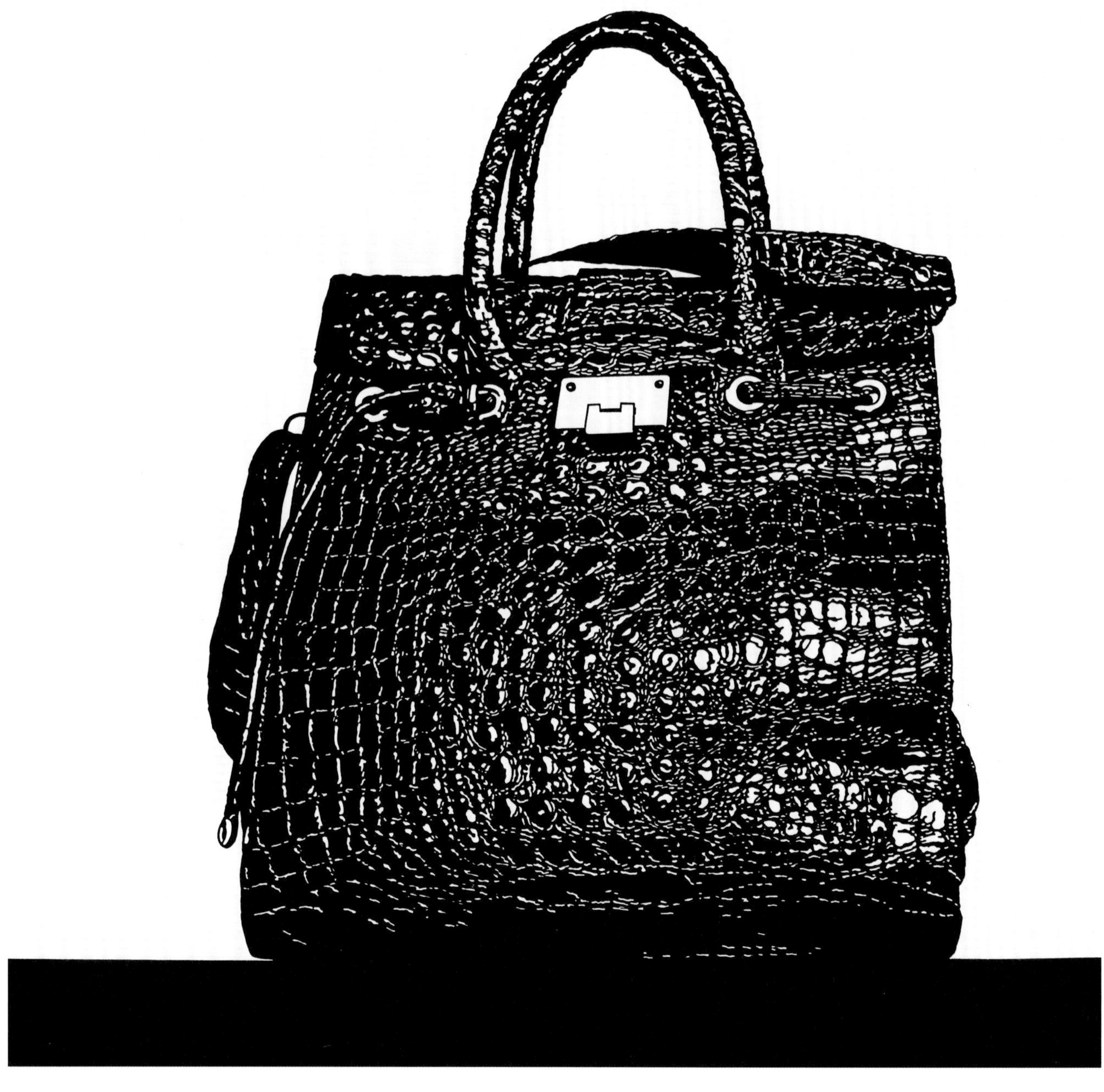

Jimmy-Choo-Tasche
2011

Cut-out
122.7 × 101.7 cm
Private collection

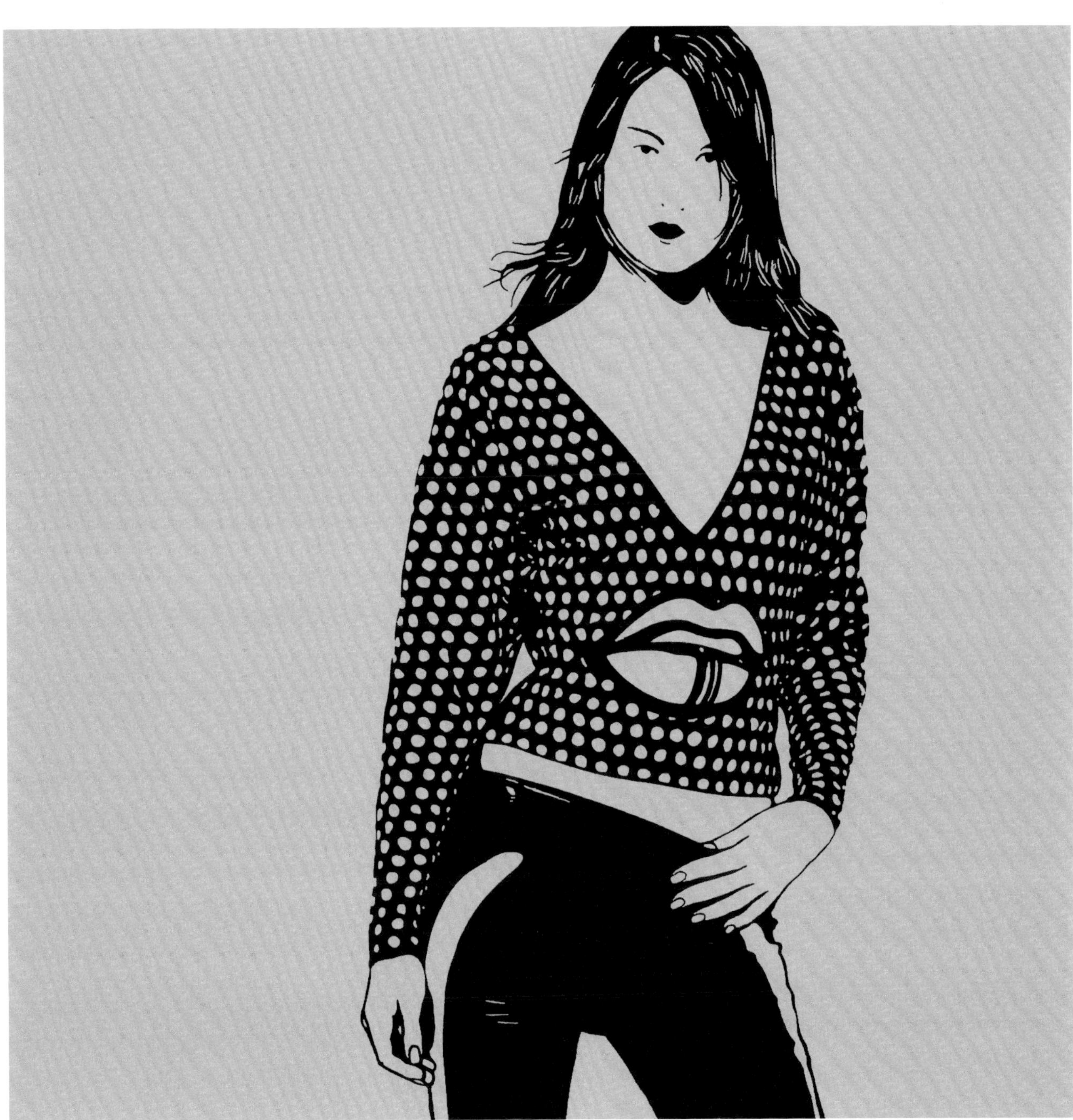

Lichtenstein-T-Shirt
2001

Cut-out
50 × 50 cm
Lafrenz Collection, Berlin

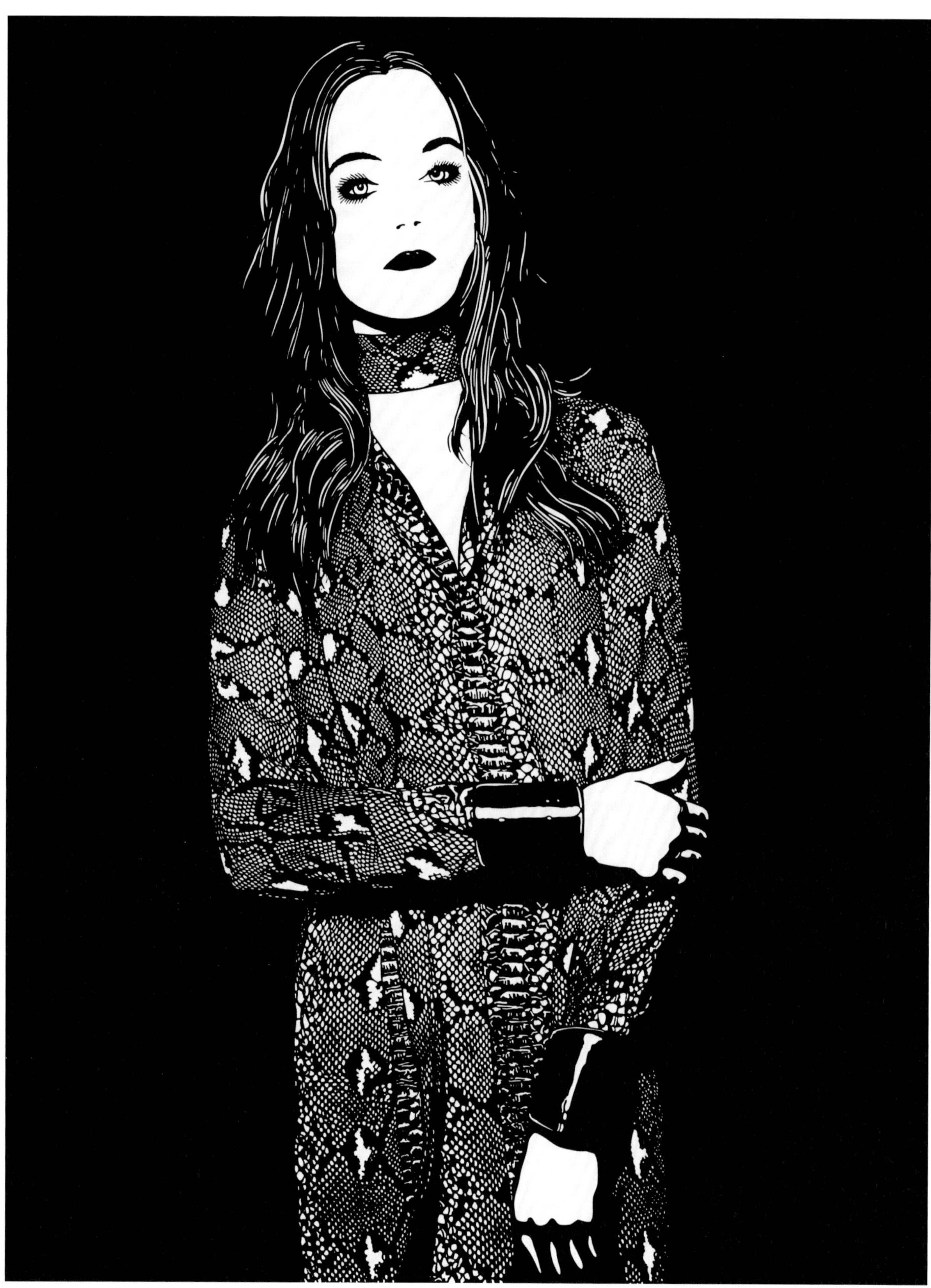

Modell 01/11
2011

Cut-out
131 × 99.5 cm
Courtesy Mai 36 Galerie, Zurich

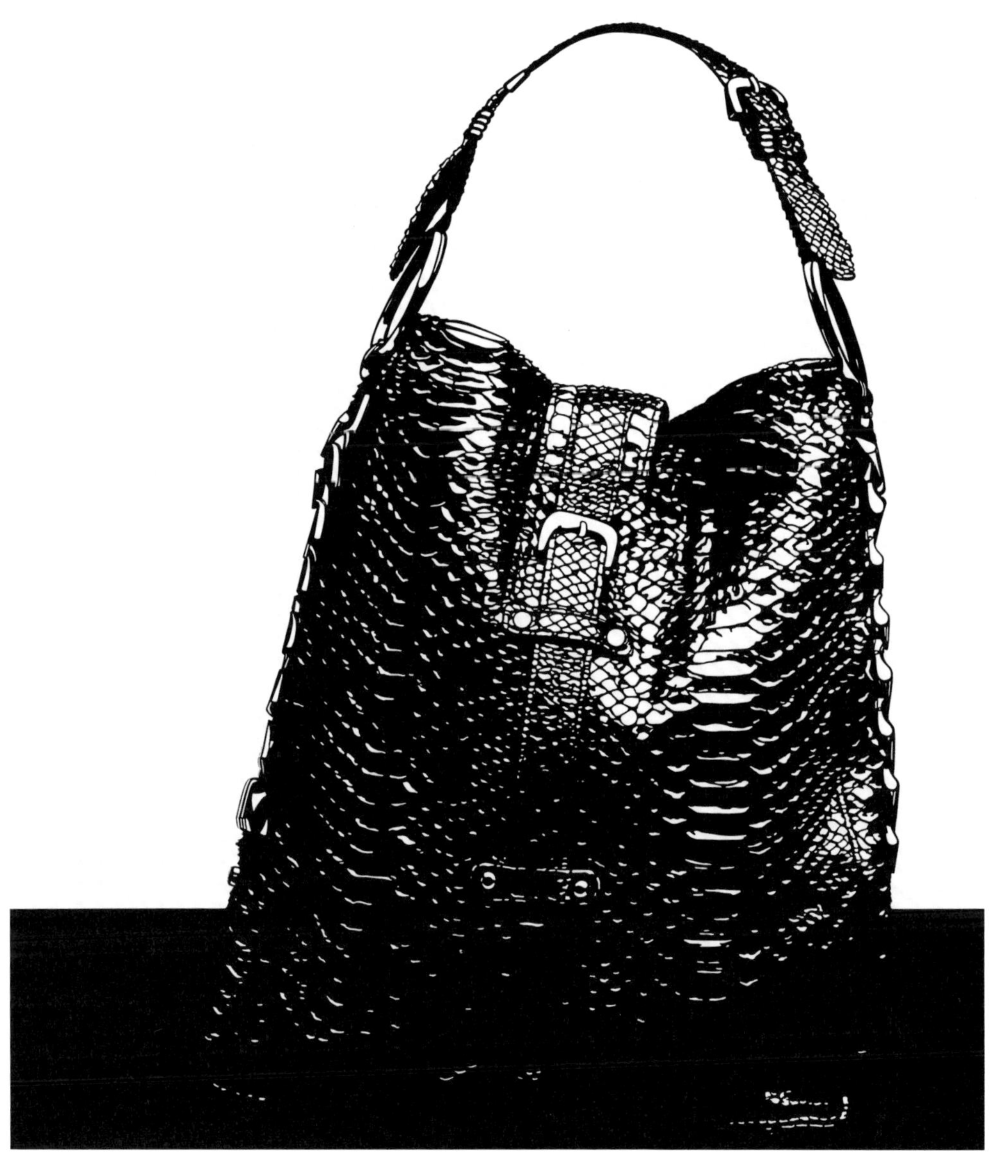

Jiki-Tasche
2012

Cut-out
101.7 × 81.5 cm
Courtesy Dominik Mersch Gallery, Sydney

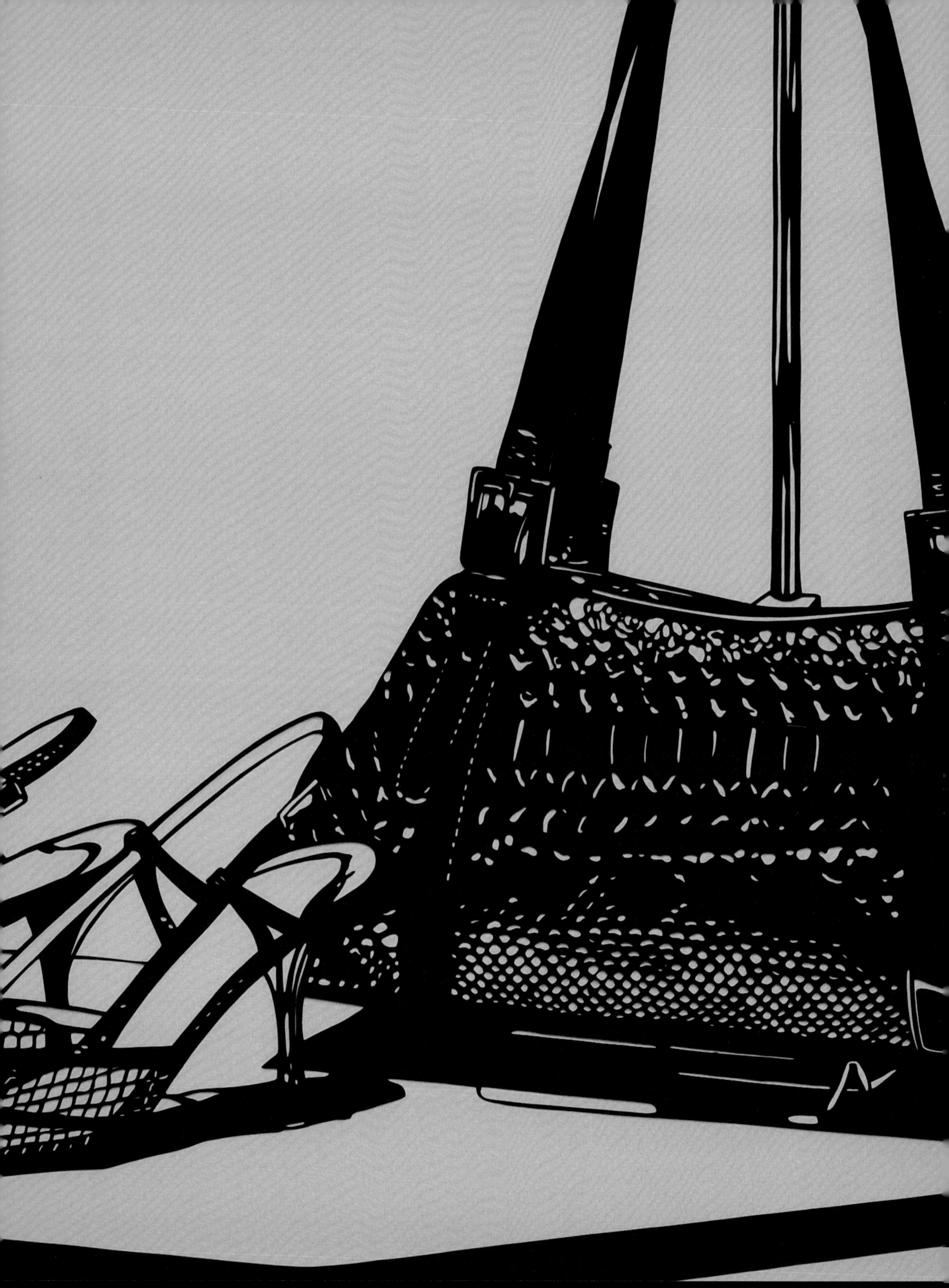

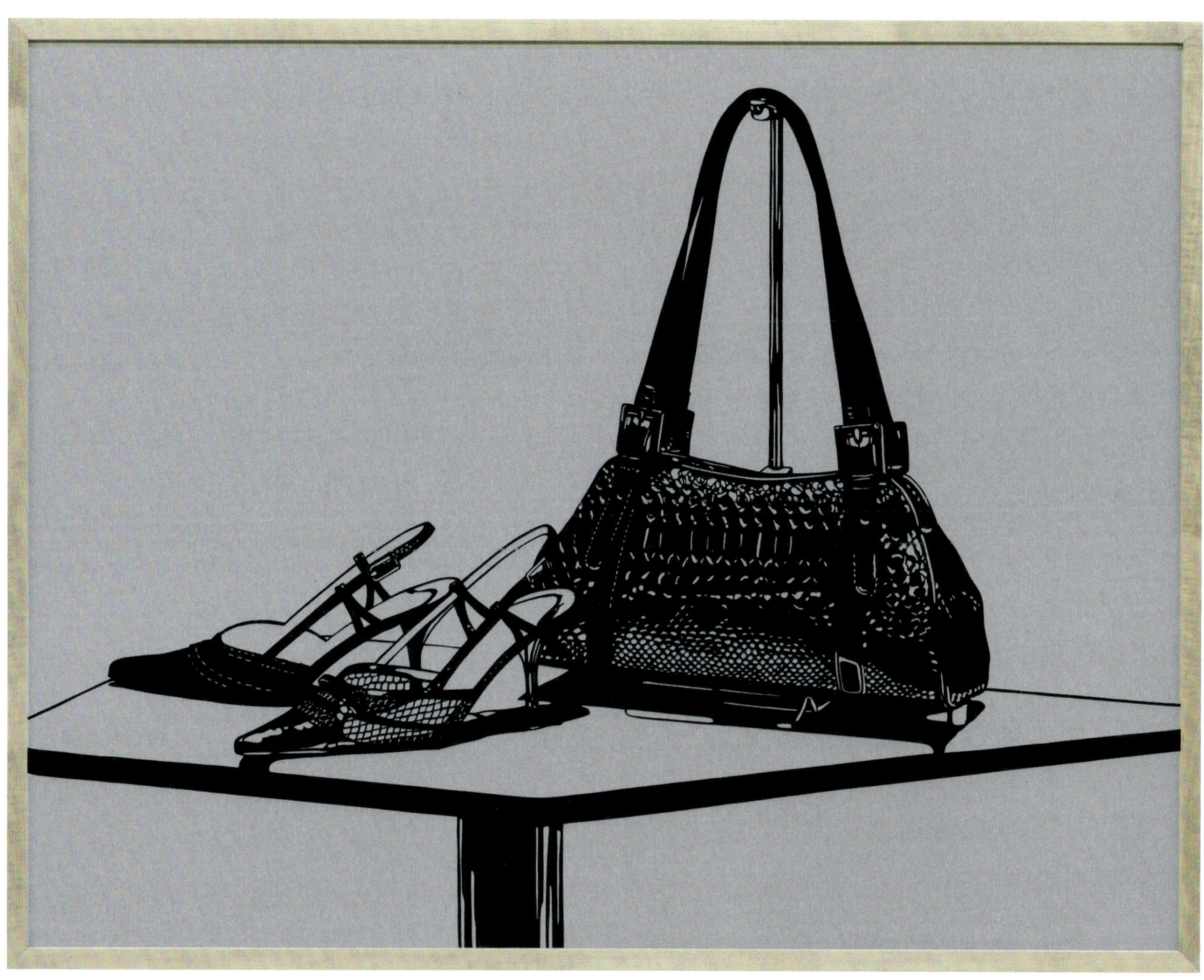

Handtasche und Schuhe
2007

Cut-out
67.5 × 87.5 cm
Private collection

(Detail on p. 100)

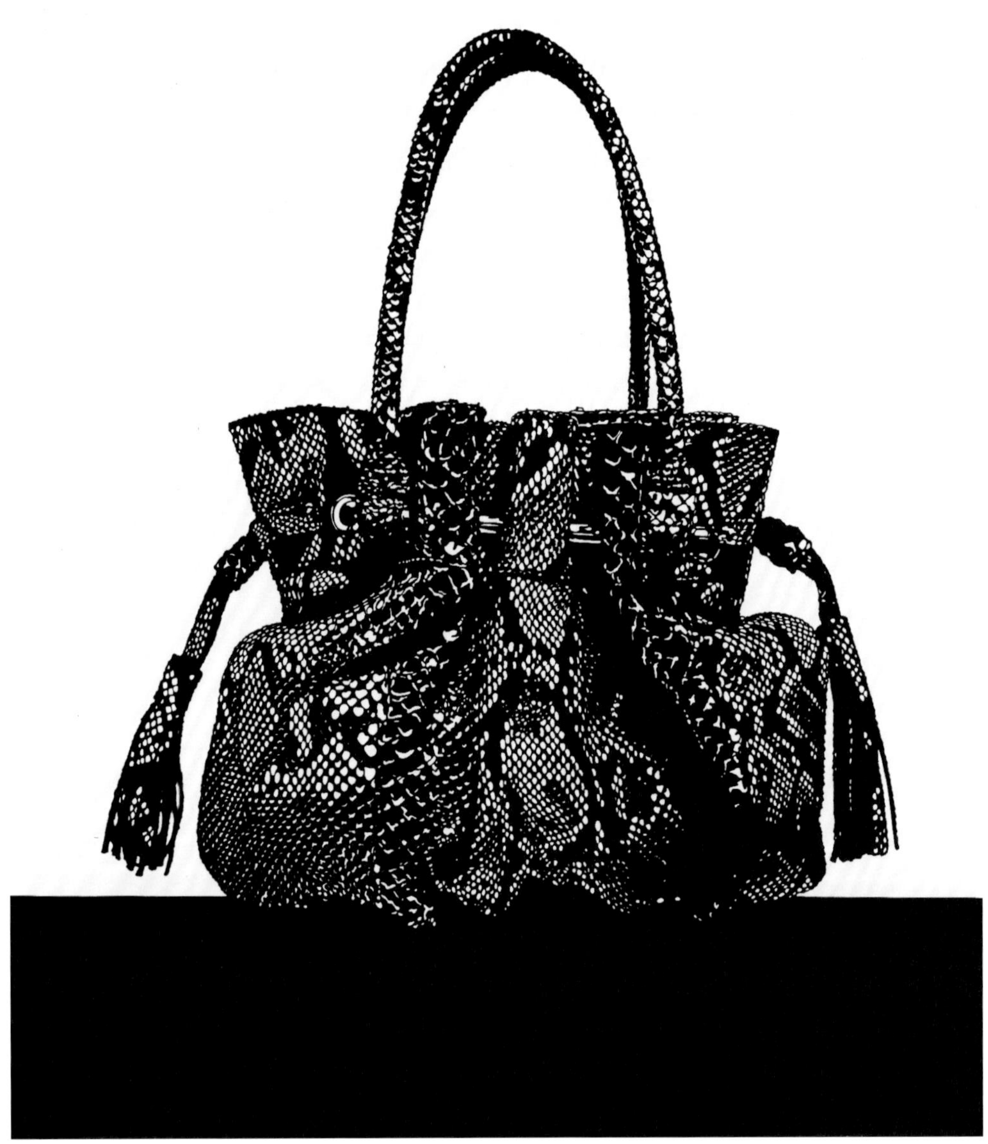

Prada-Tasche
2012

Cut-out
101.7 × 81.5 cm
Courtesy Dominik Mersch Gallery, Sydney

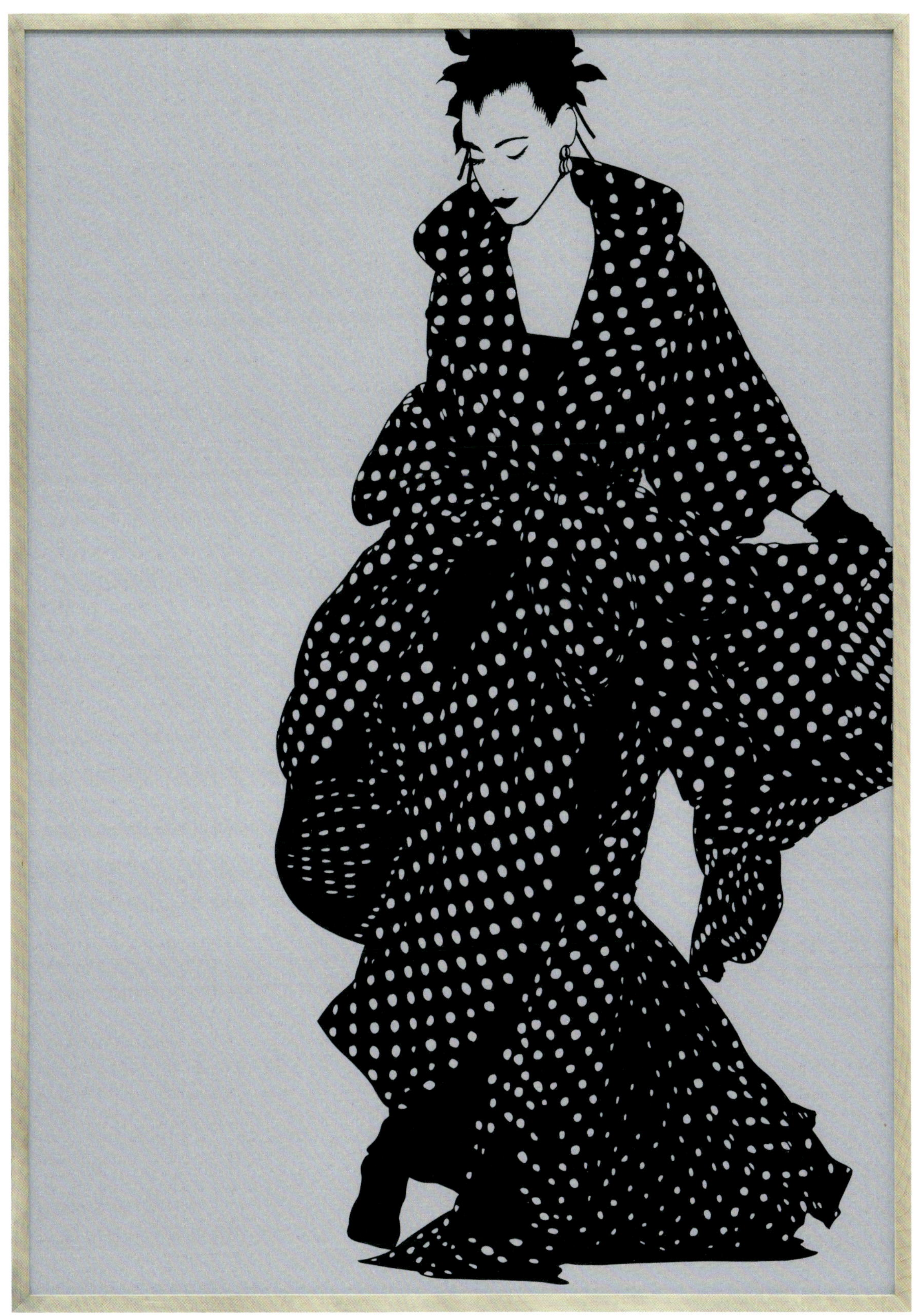

Modell 02/07
2007

Cut-out
106 × 75 cm
Private collection

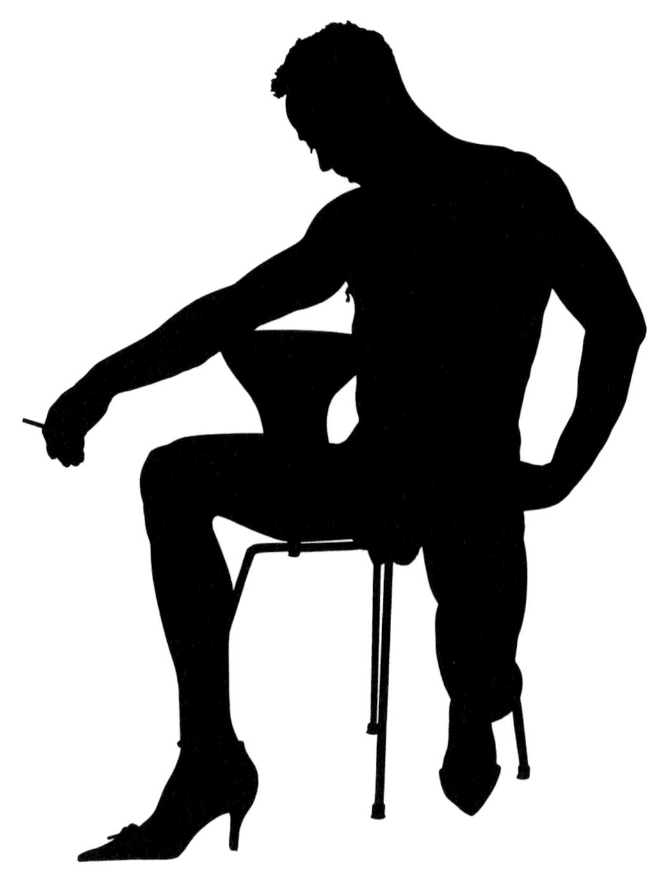

Fred + Antchair
2012

Cut-out
70 × 50 cm
Courtesy Widmer+Theodoridis contemporary, Zurich

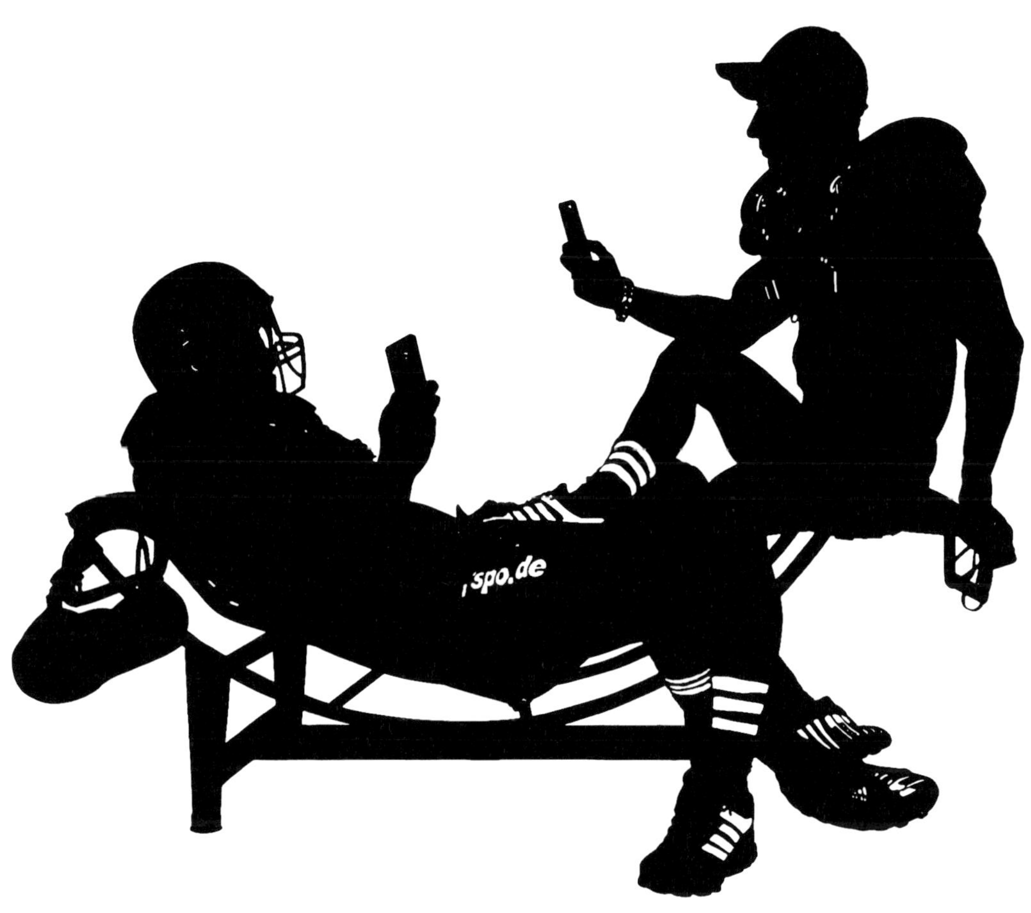

Christian + Fred + LC4
2012

Cut-out
80 × 100 cm
Courtesy Widmer+Theodoridis contemporary, Zurich

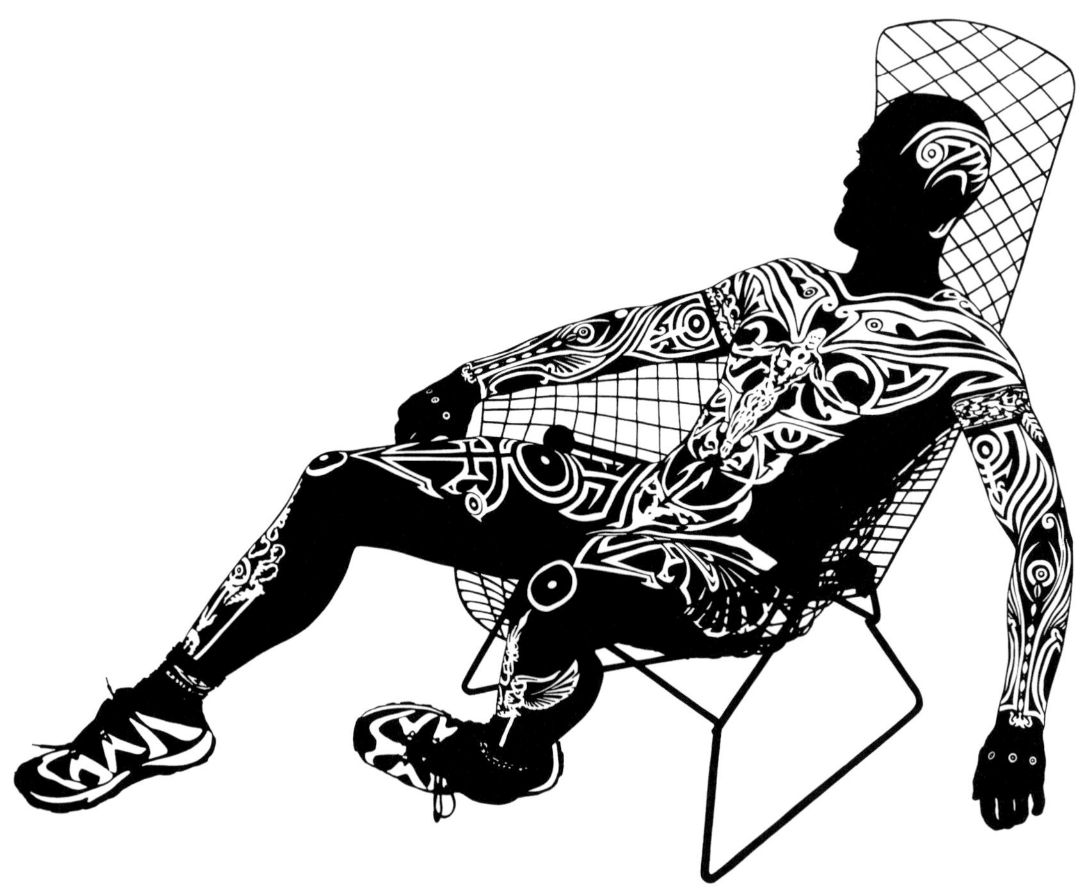

Logan Mc Cree + Birdchair
2011

Cut-out
126 × 174 cm
Courtesy Widmer+Theodoridis contemporary, Zurich

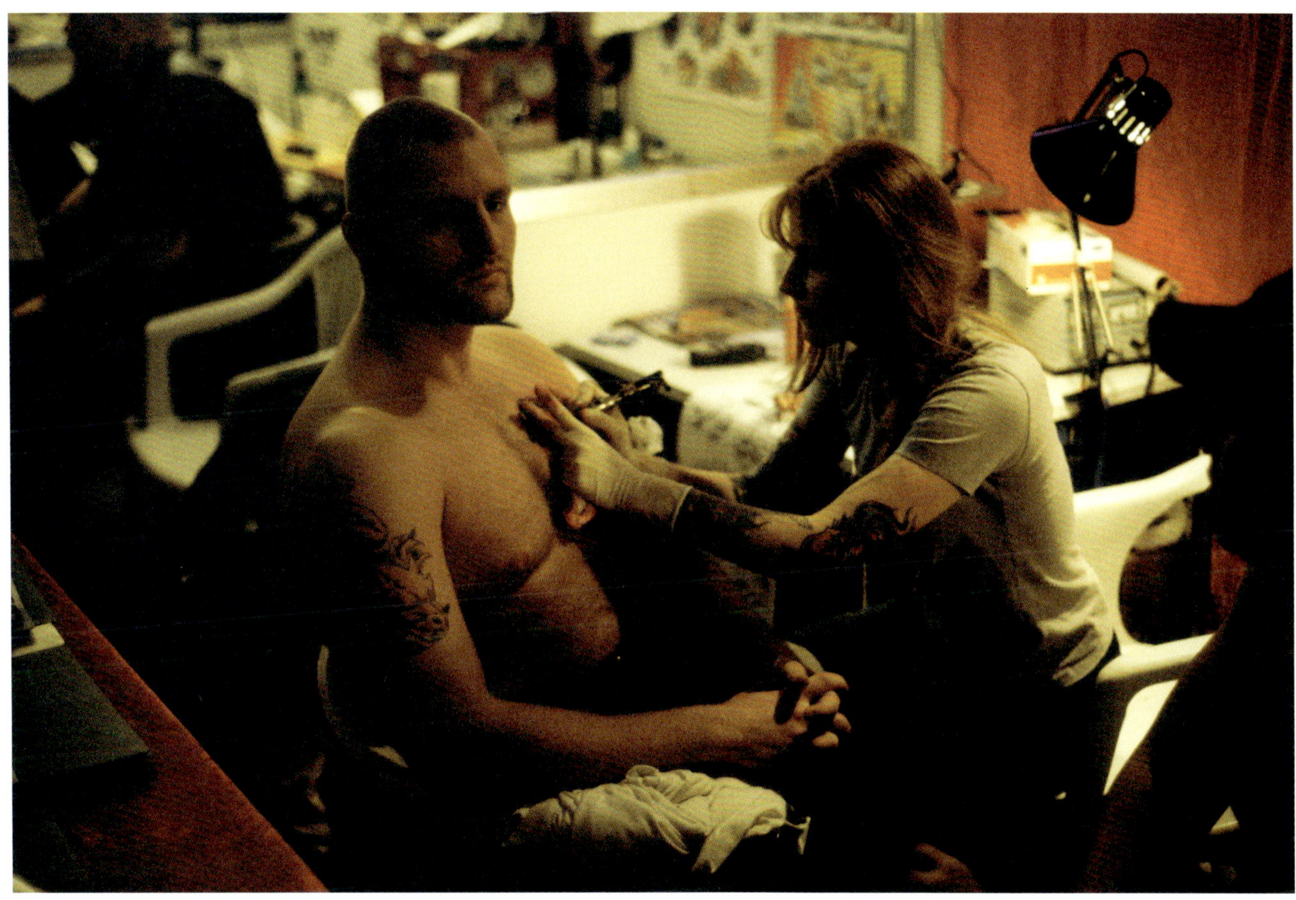

Tätowierung
2008

C-Print
50 × 75 cm
Ed. 3+1
Courtesy Mai 36 Galerie, Zurich

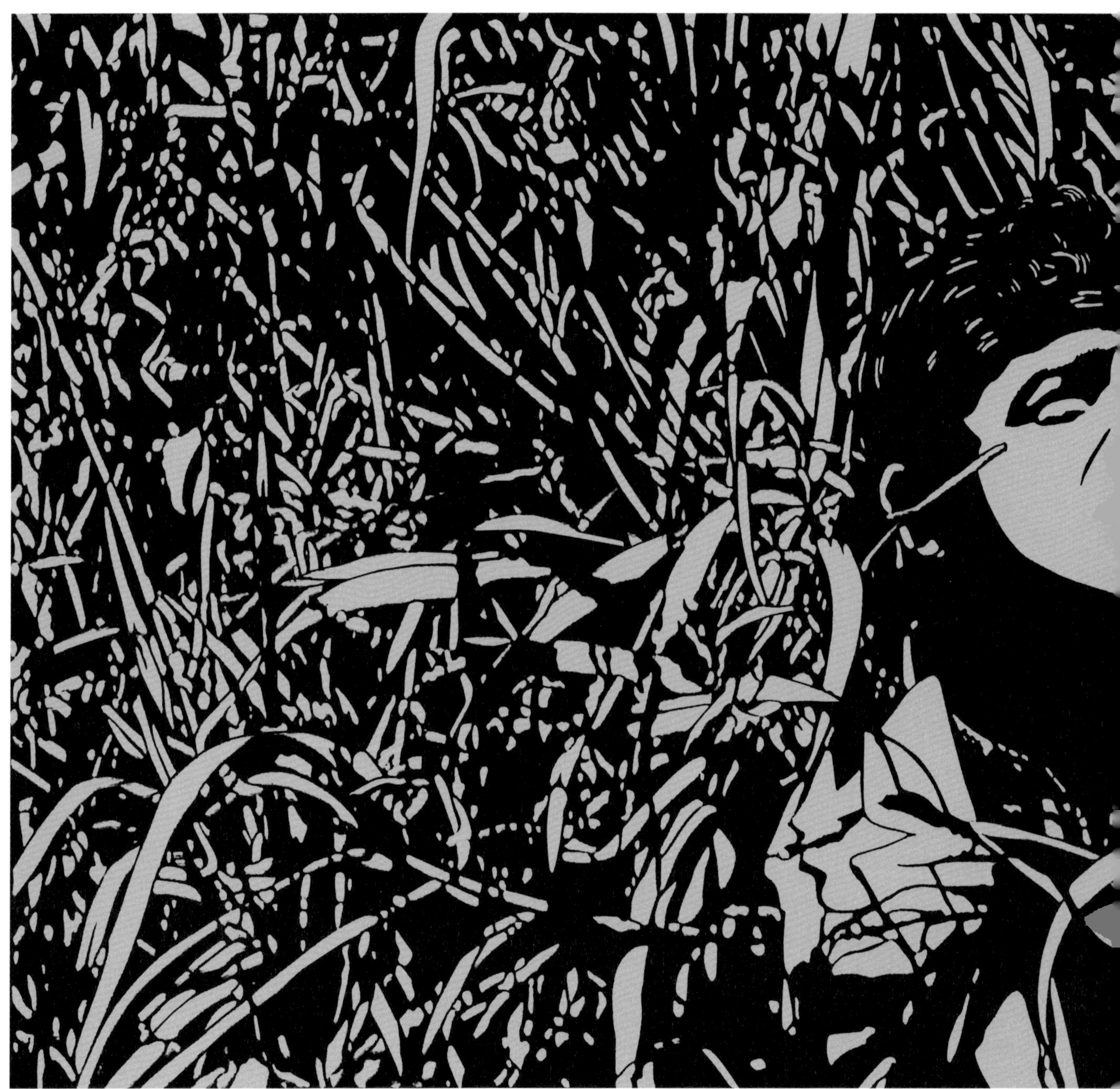

Filmstill 2 (pierrot le fou)
2008

Cut-out
50 × 108 cm
Private collection

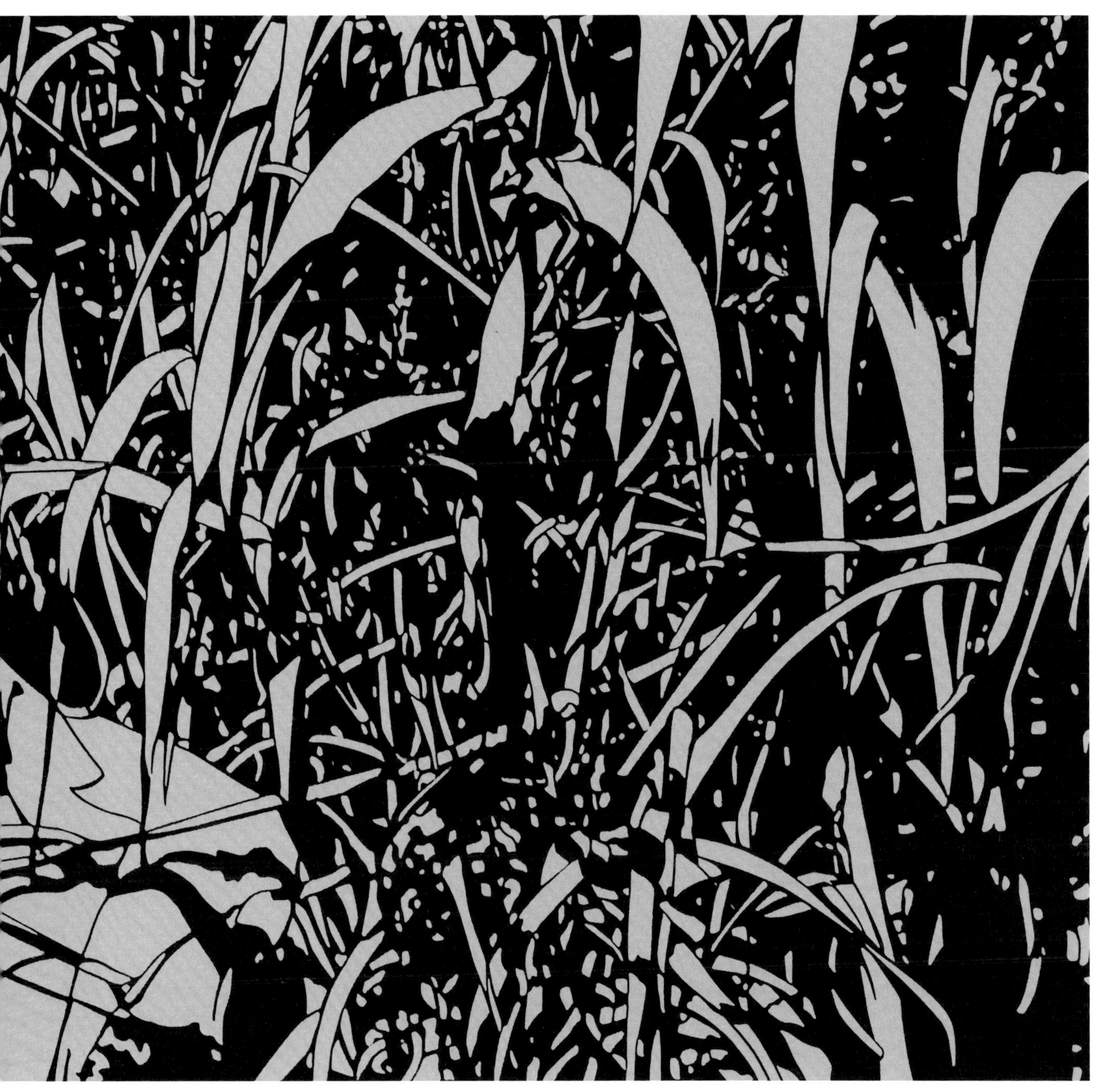

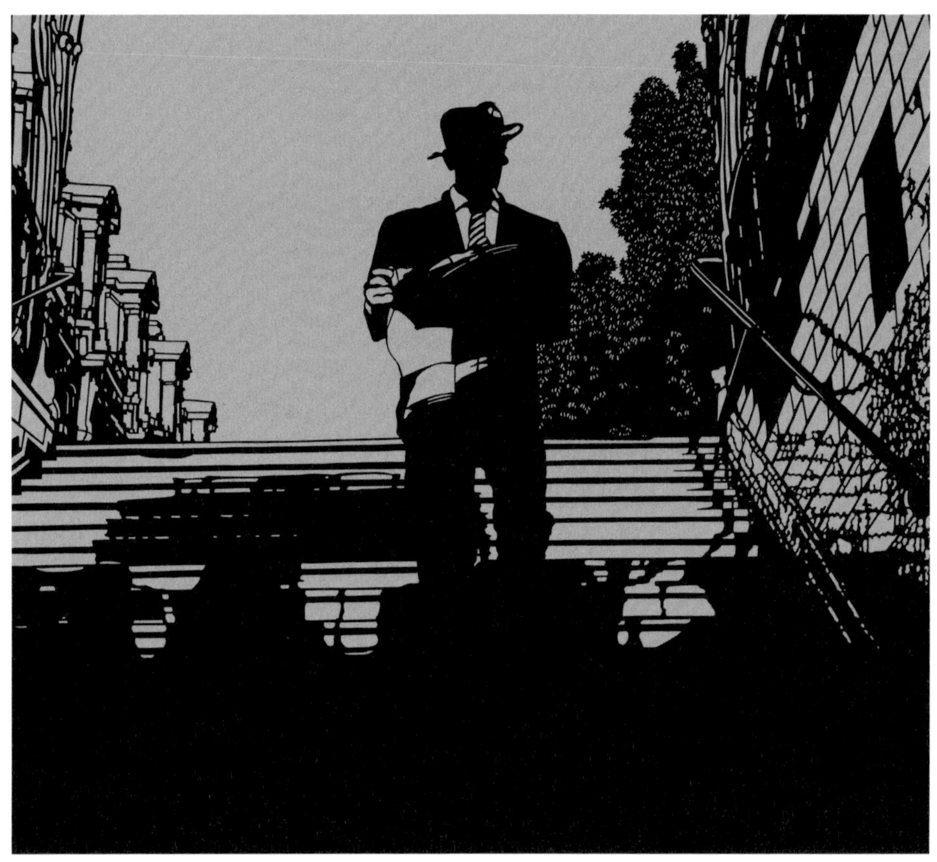

Filmstill 9 (à bout de souffle)
2008

Cut-out
83 × 92 cm
Private collection

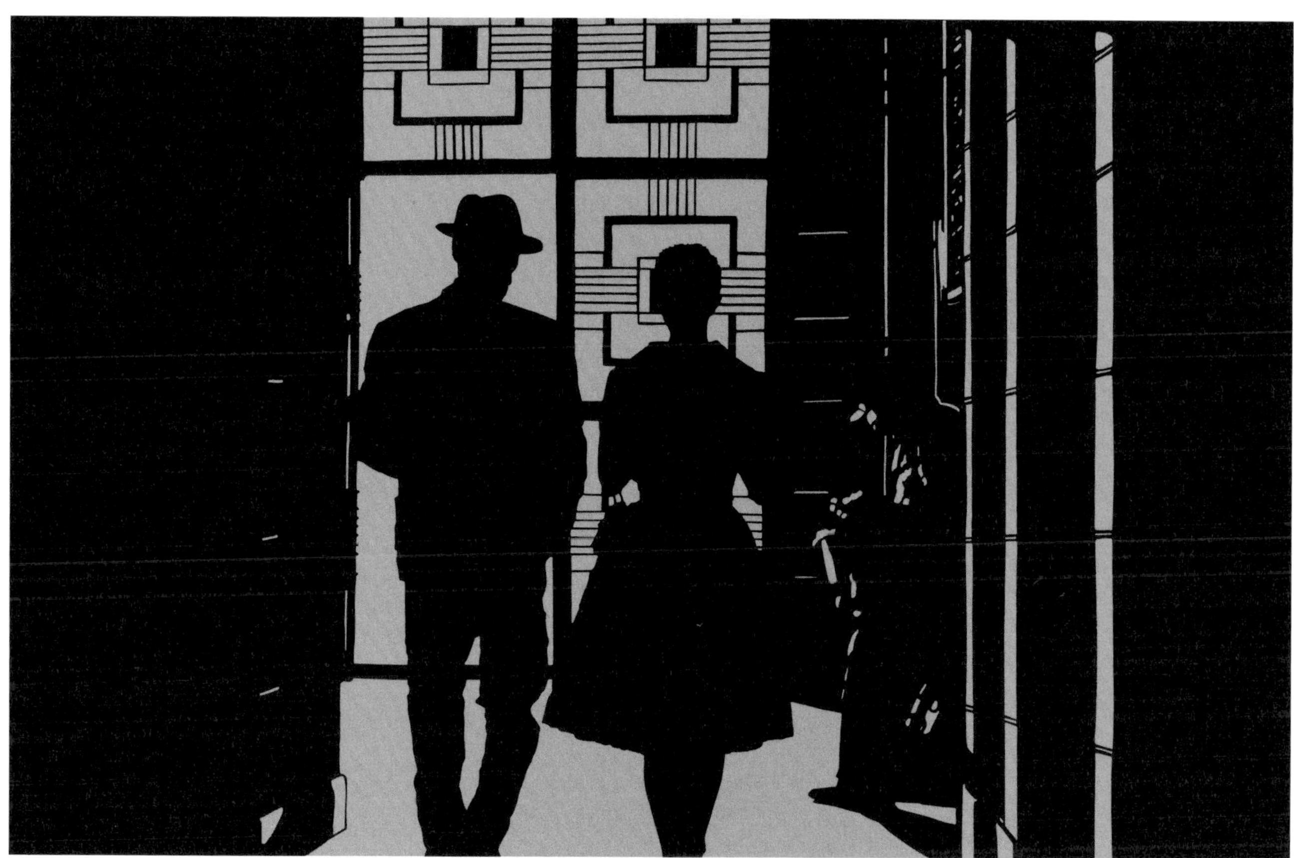

Filmstill 10 (à bout de souffle)
2008

Cut-out
58 × 92 cm
Private collection

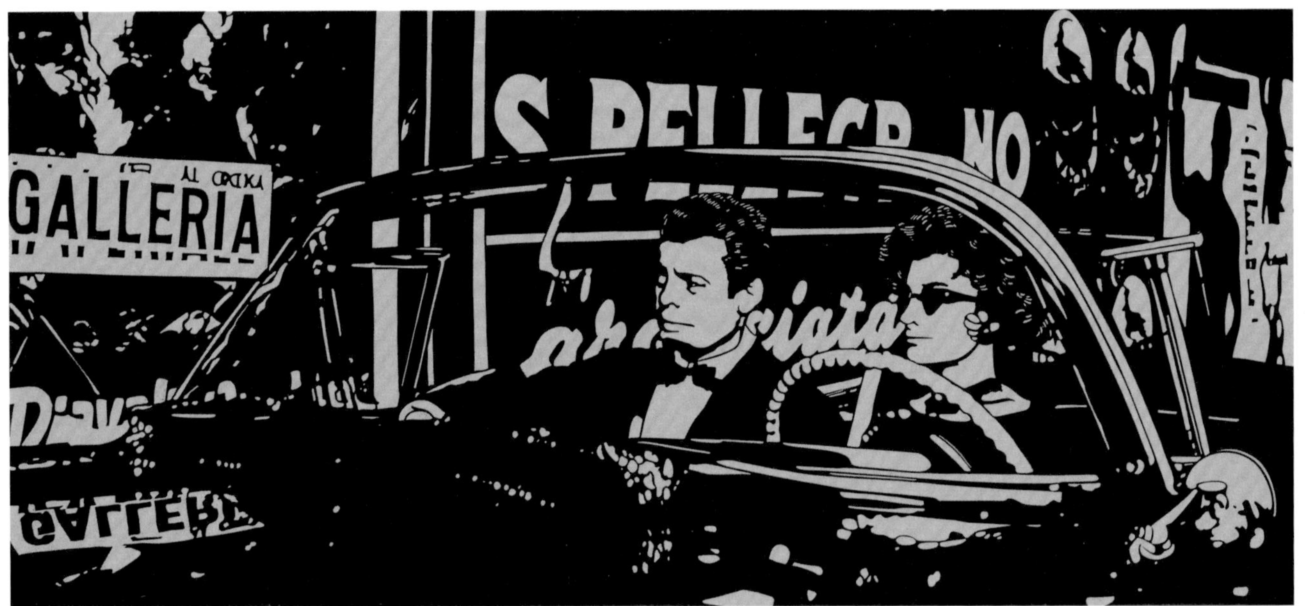

Filmstill 11 (la dolce vita)
2008

Cut-out
50 × 108 cm
Private collection

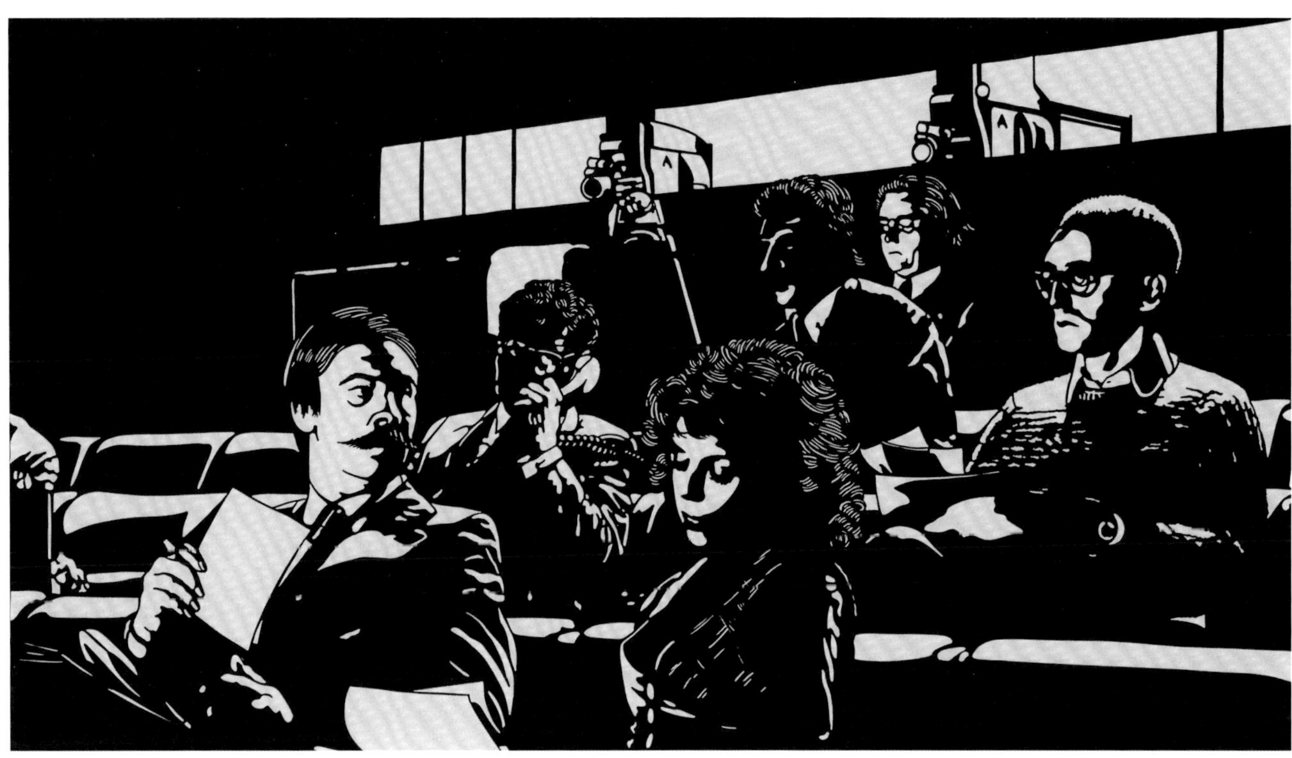

Filmstill 18 (die verlorene ehre der katharina blum)
2009

Cut-out
54 × 96.3 cm
Private collection

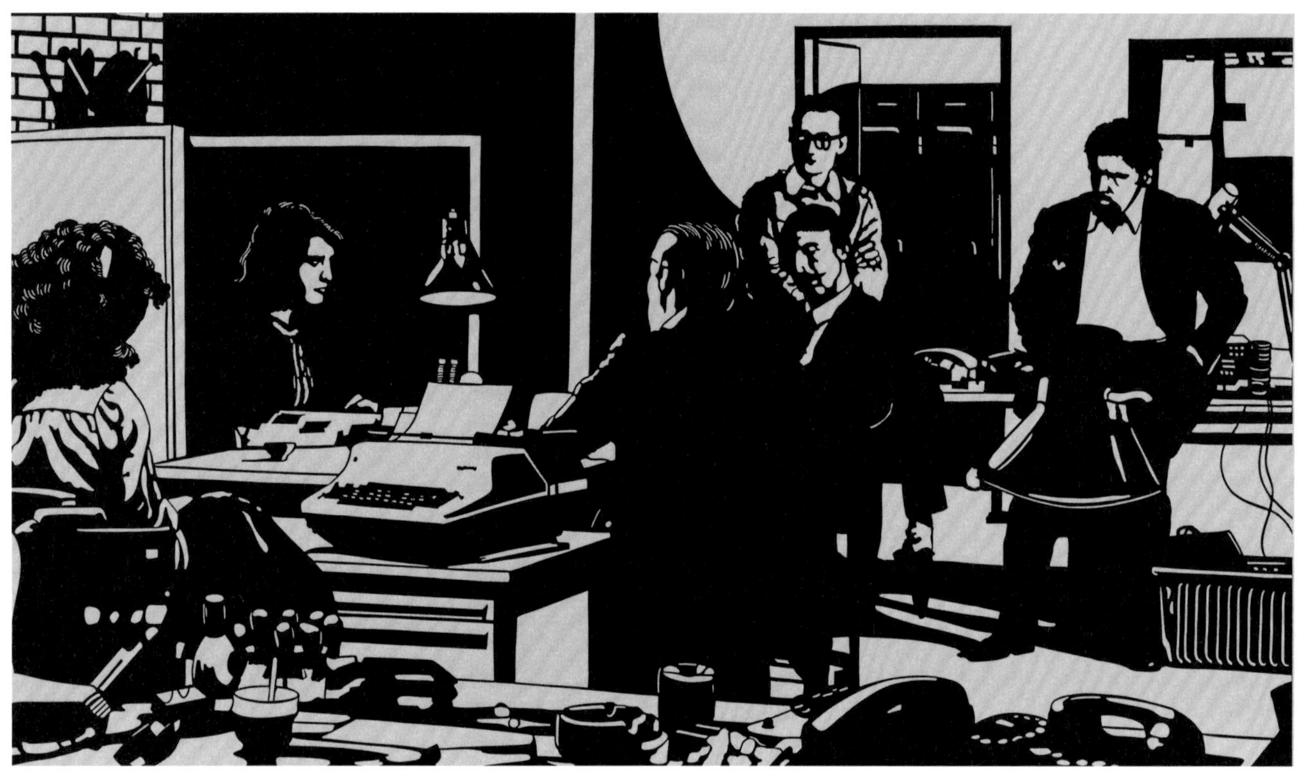

Filmstill 19 (die verlorene ehre der katharina blum)
2009

Cut-out
56.7 × 98.7 cm
Private collection

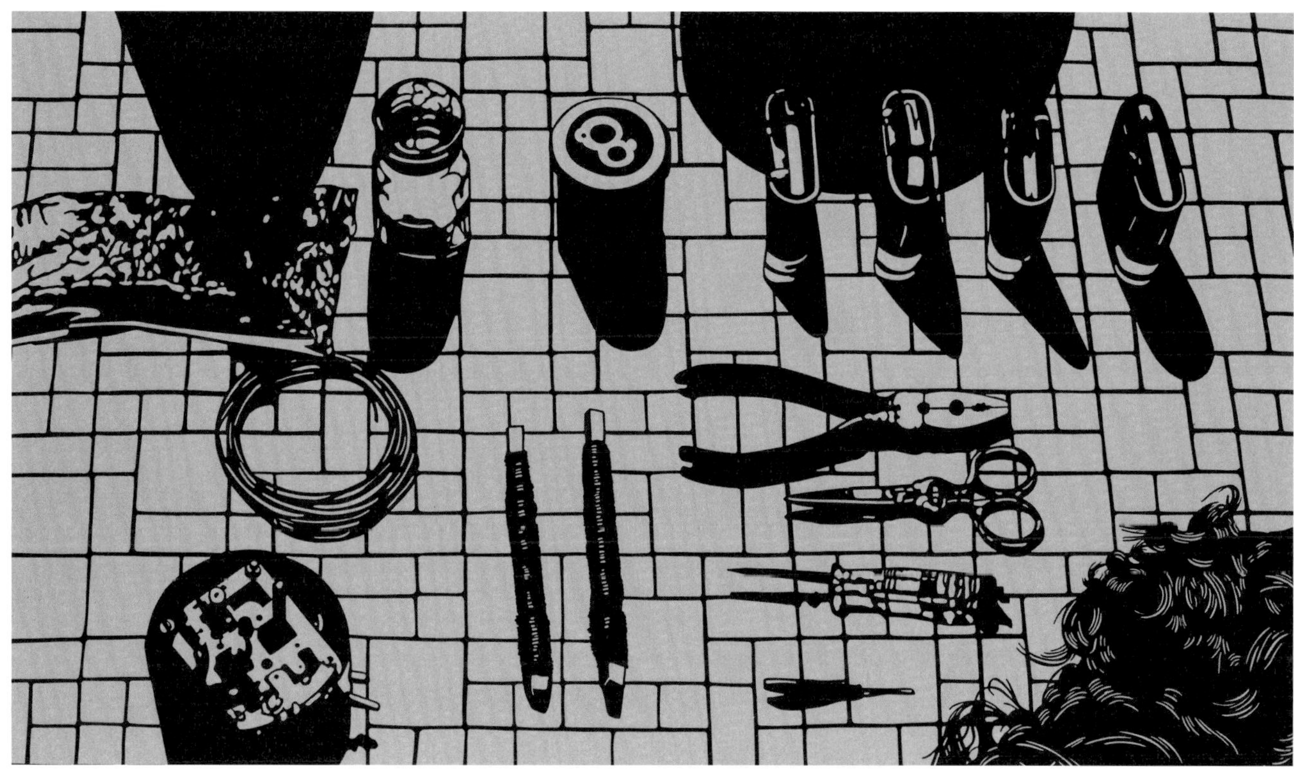

Filmstill 20 (die verlorene ehre der katharina blum)
2009

Cut-out
54 × 96.3 cm
Courtesy Mai 36 Galerie, Zurich

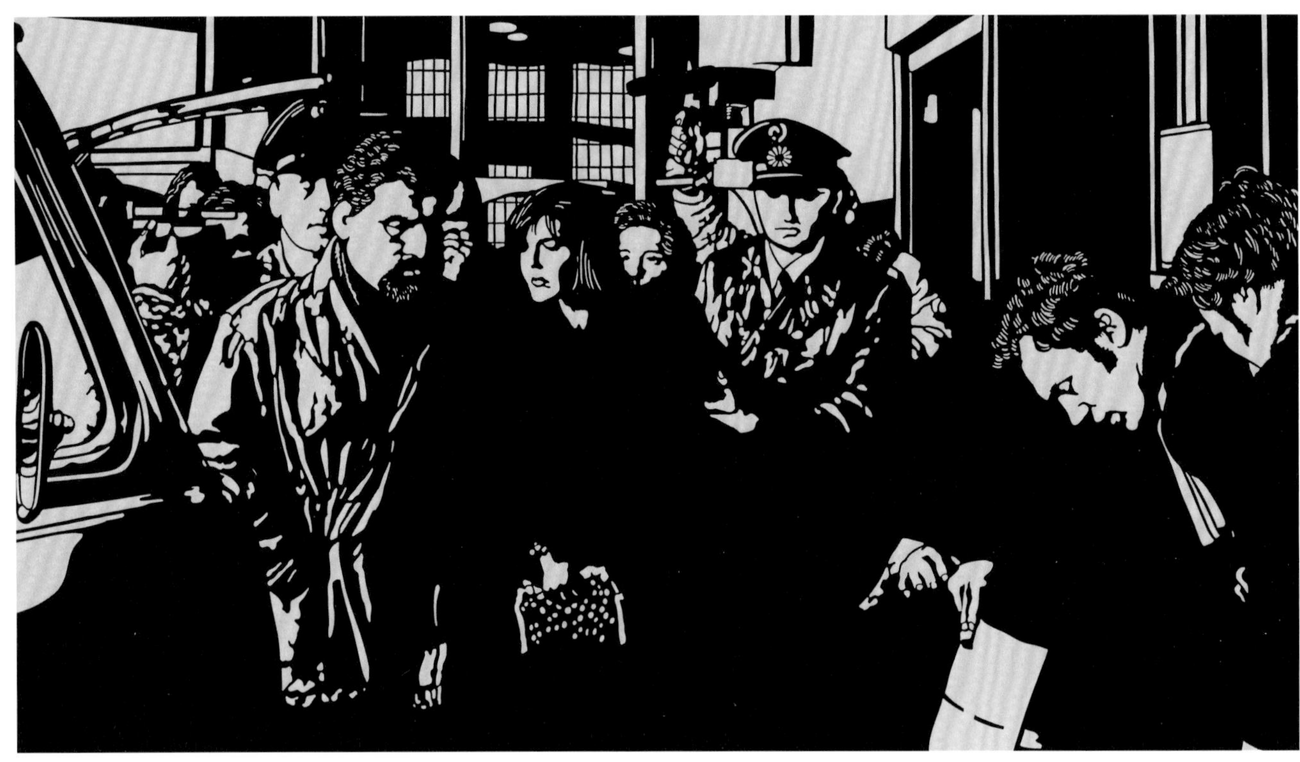

Filmstill 21 (die verlorene ehre der katharina blum)
2009

Cut-out
54 × 97 cm
Private collection

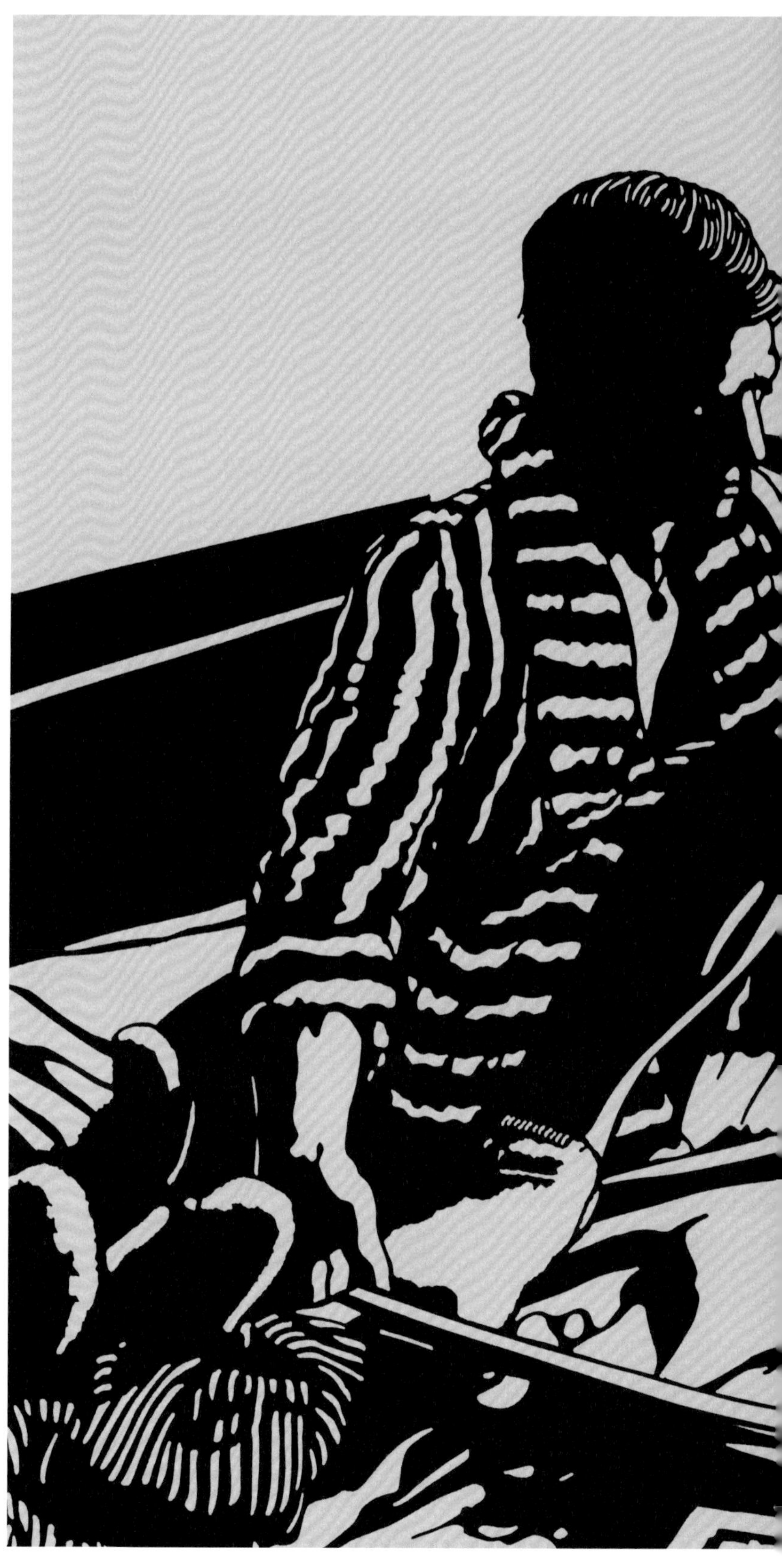

Filmstill **22** (à bout de souffle)
2009

Cut-out
51 × 72 cm
Private collection

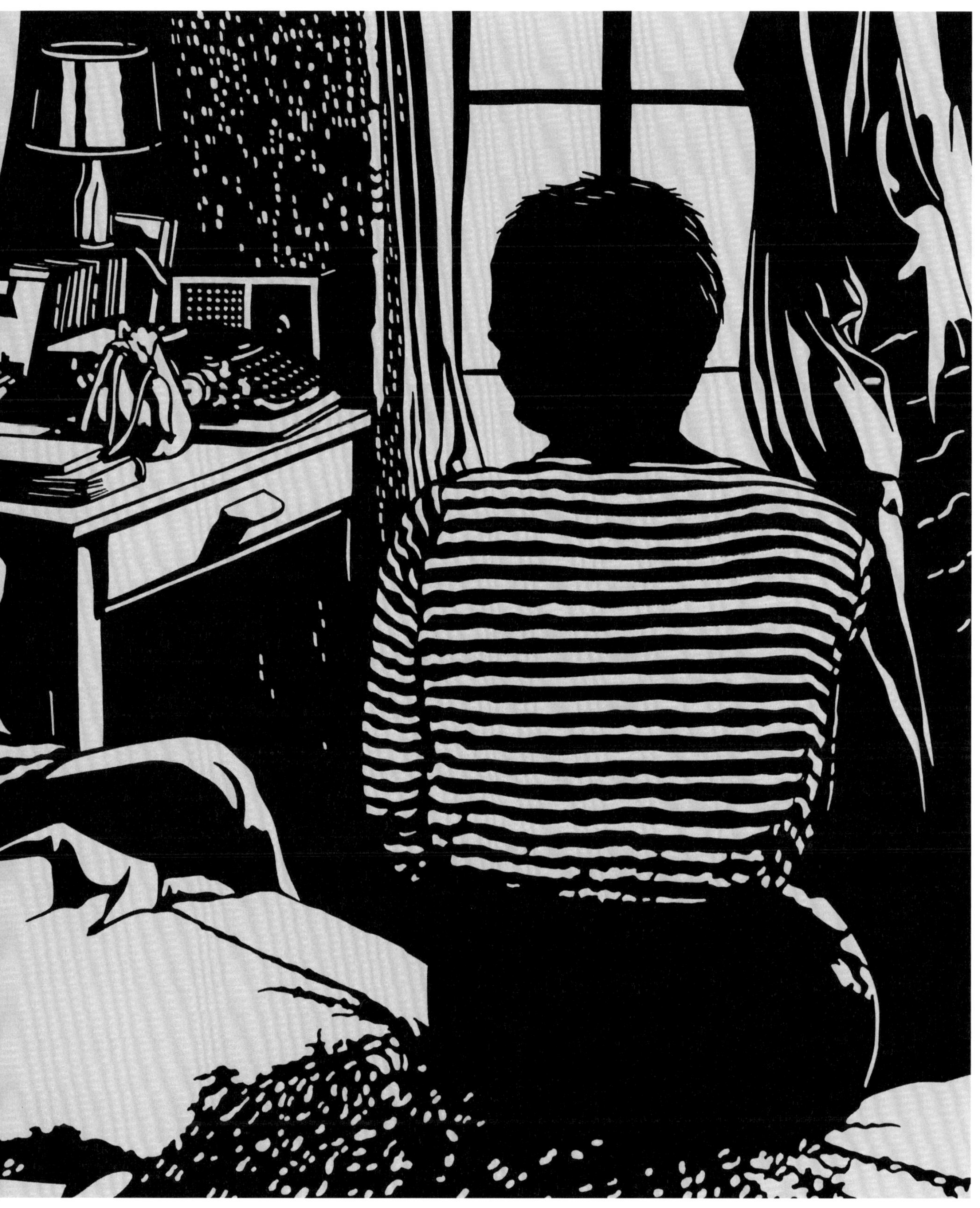

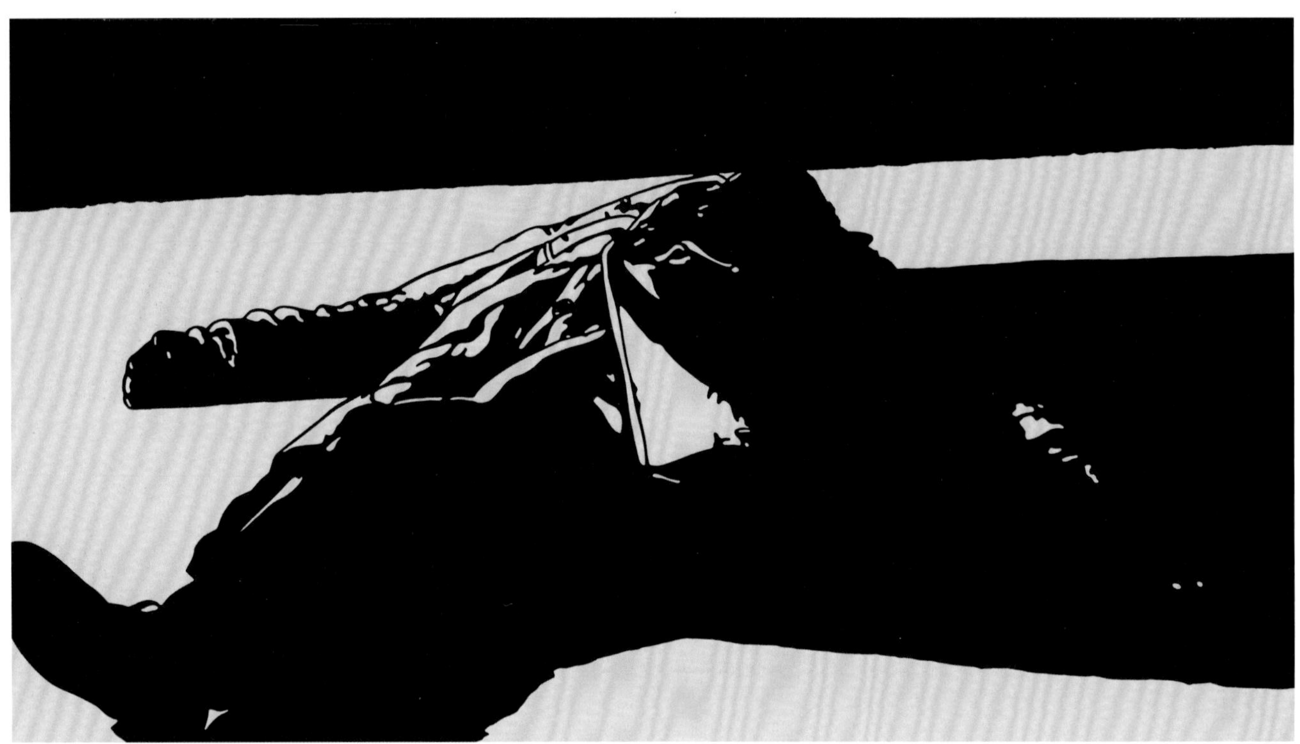

Filmstill 23 (dial M for murder)
2009

Cut-out
33 × 60 cm
Courtesy Mai 36 Galerie, Zurich

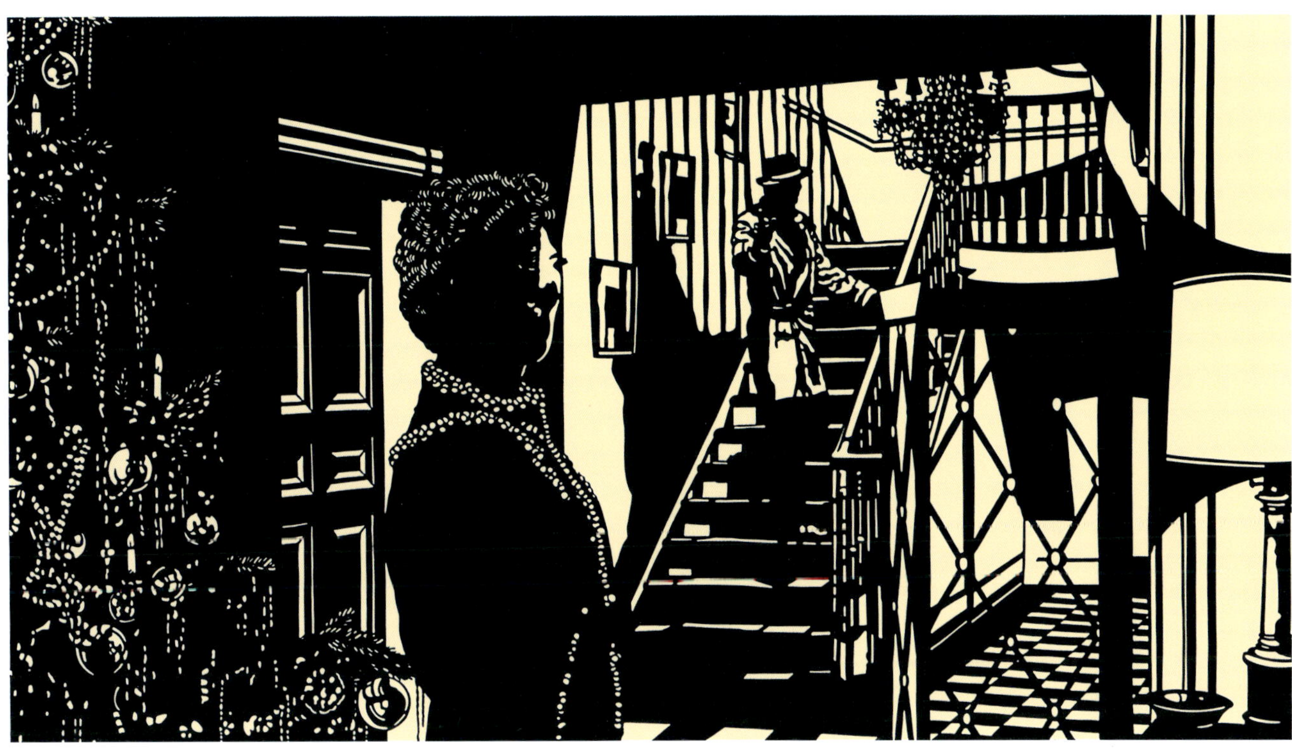

Filmstill 32 (all that heaven allows)
2010

Cut-out
53 × 94.4 cm
Private collection

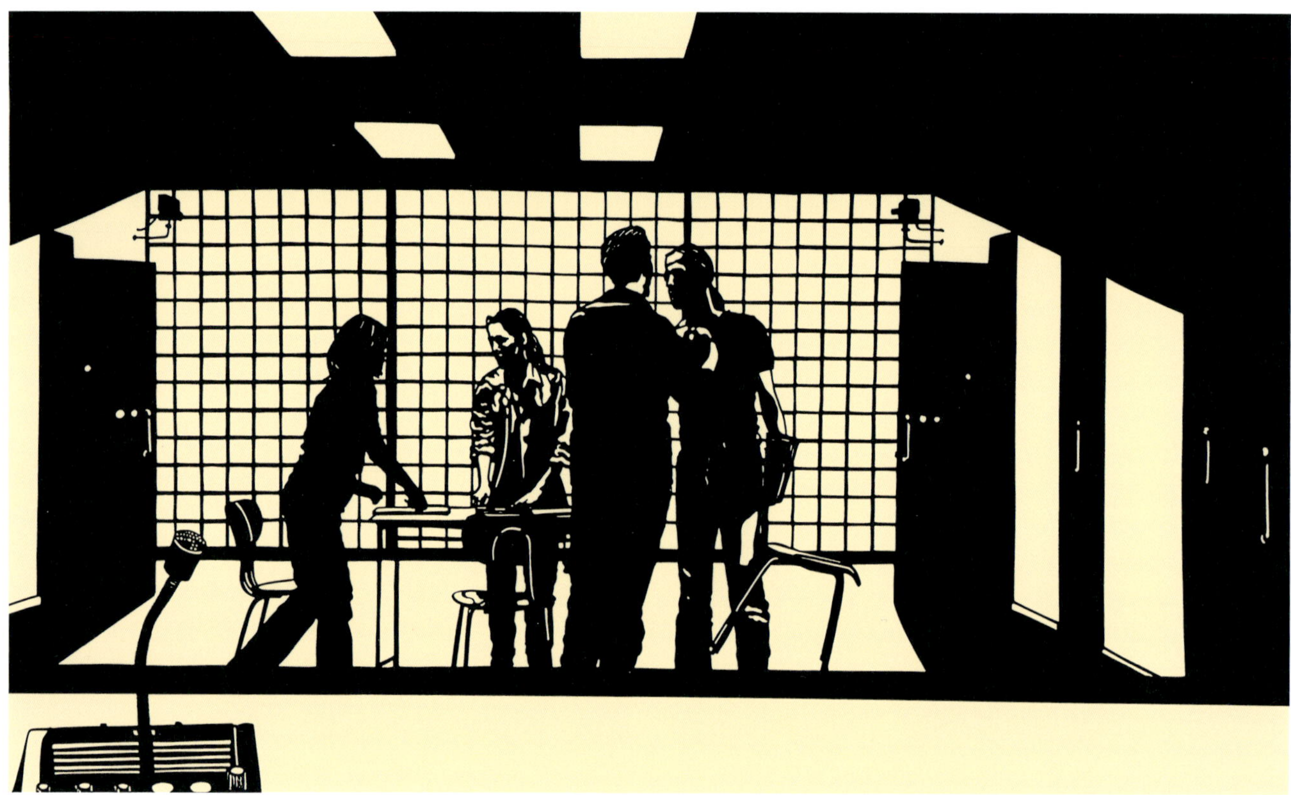

Filmstill 33 (stammheim)
2010

Cut-out
54 × 90 cm
Private collection

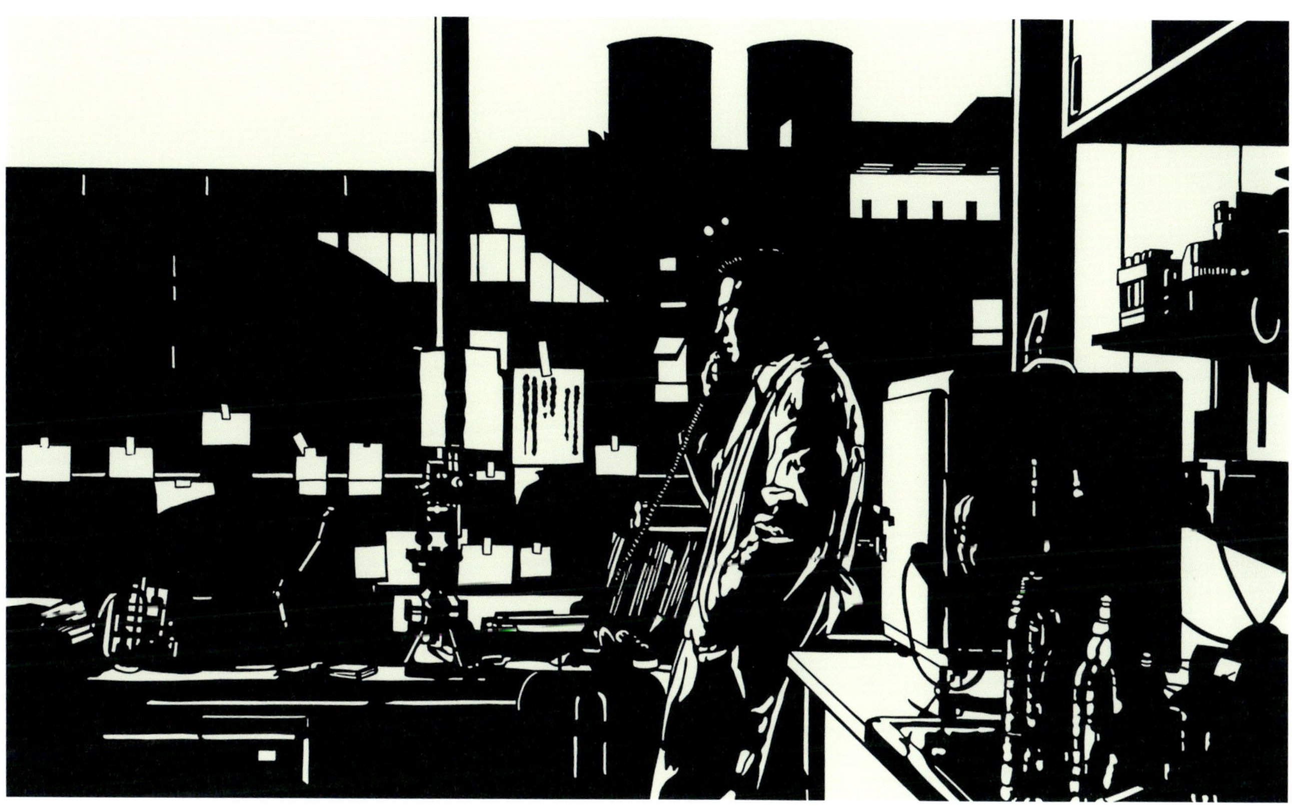

Filmstill 34 (messer im kopf)
2010

Cut-out
55.8 × 96.5 cm
Private collection

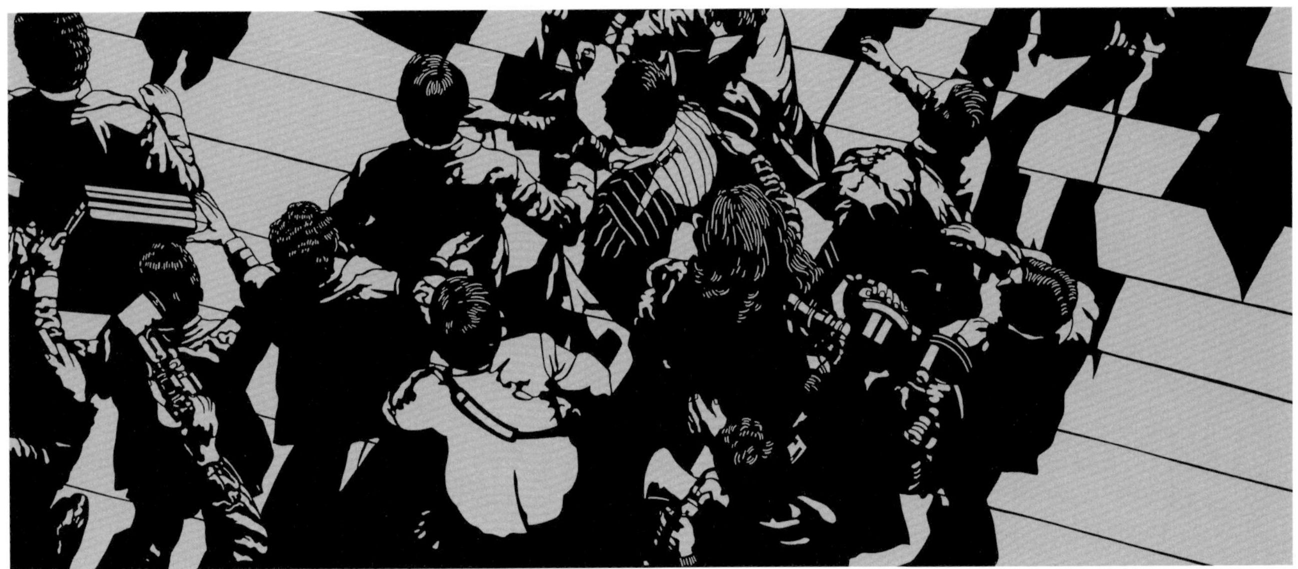

Filmstill 26 (magnum force)
2009

Cut-out
42.1 × 98.6 cm
Courtesy Mai 36 Galerie, Zurich

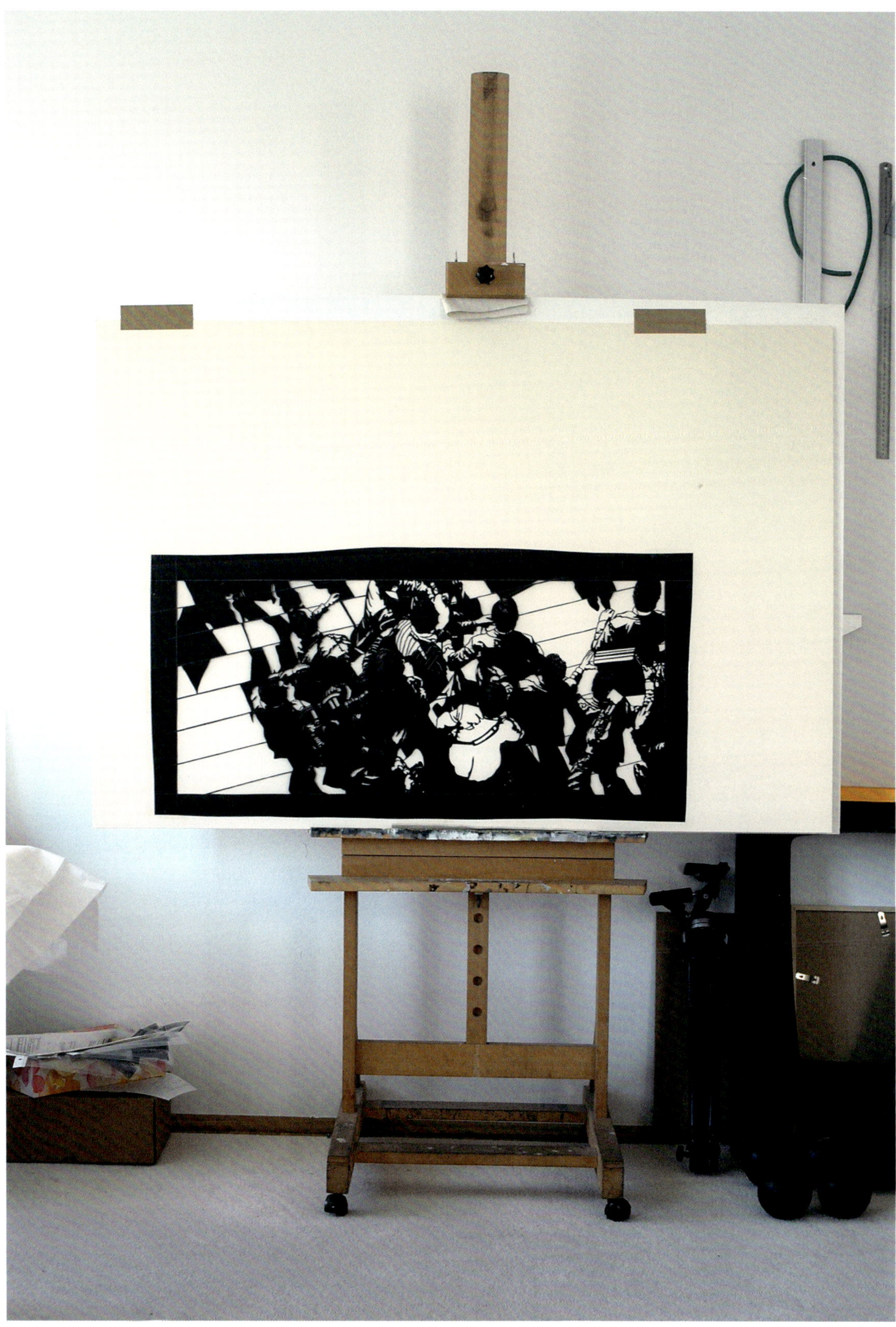

Filmstill 26 (magnum force)
2009

(Studio view)

Kanzel
2003

Cut-out
31.7 × 69.5 cm
Lobeck Collection, Wuppertal

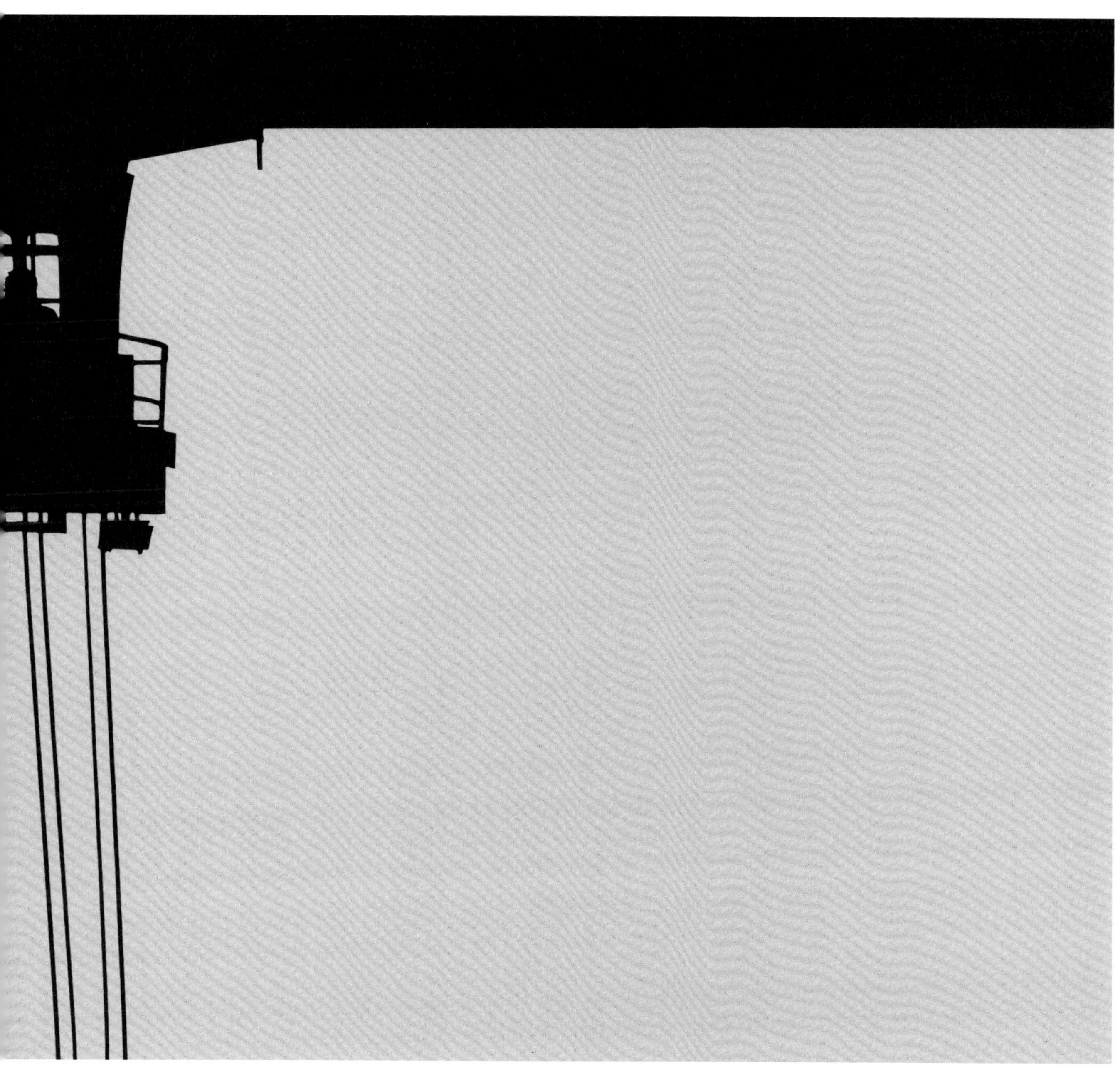

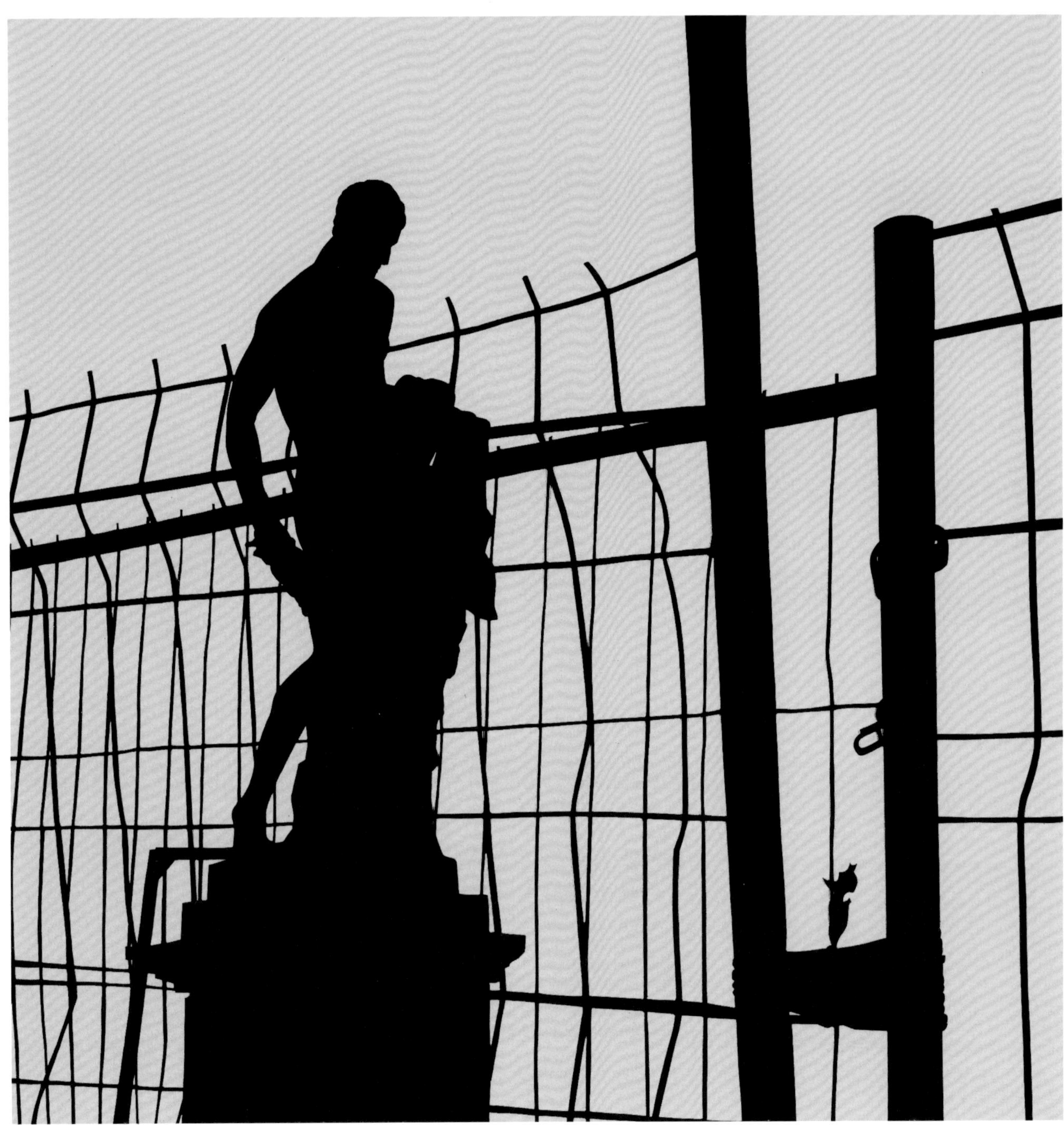

Bauzaun
2003

Cut-out
50.8 × 50.2 cm
Private collection

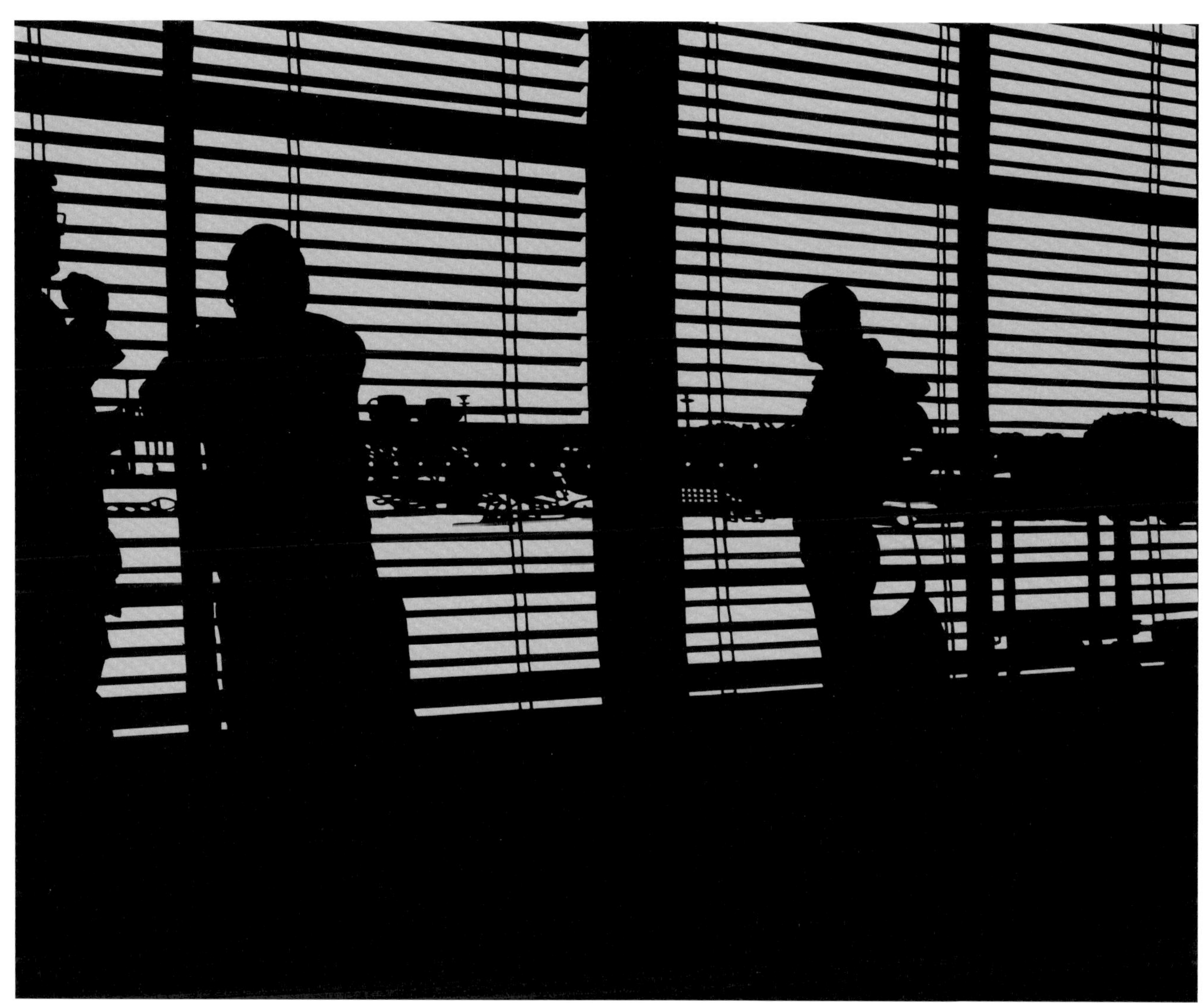

Tegel 3
2006

Cut-out
40 × 50 cm
Burger Collection, Hong Kong

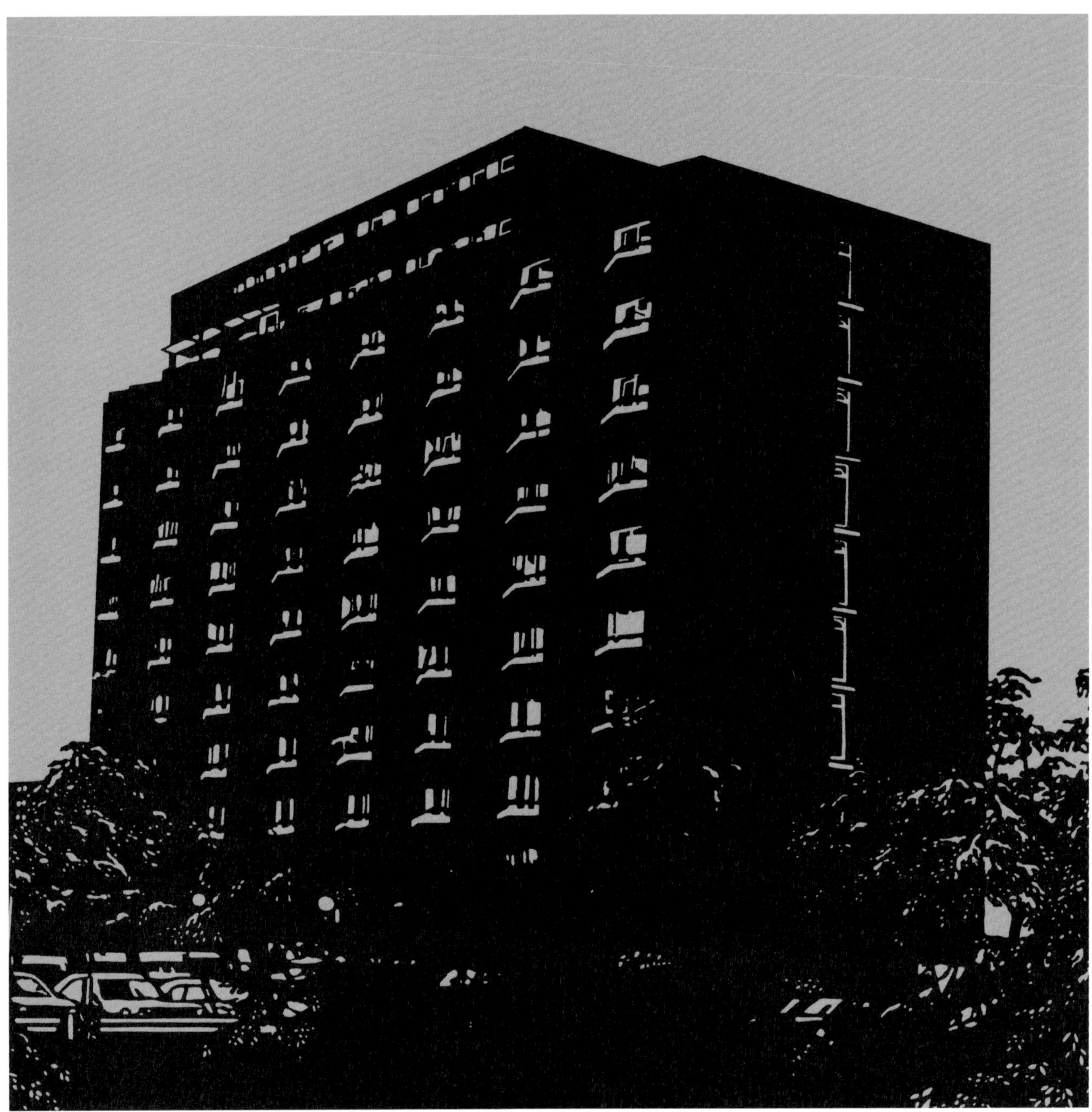

Wohnhaus
2000

Cut-out
50 × 50 cm
Private collection, Berlin

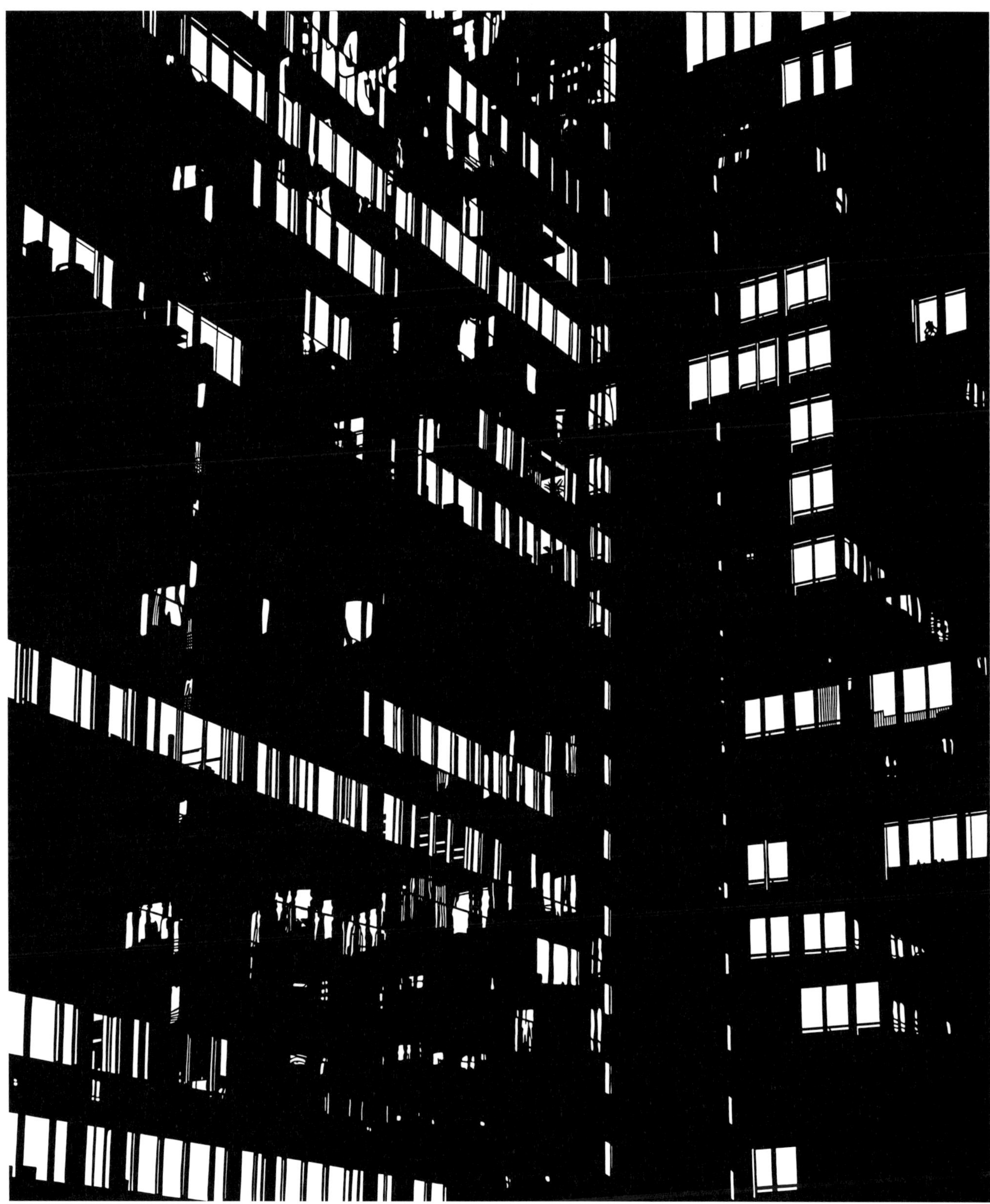

Haus 2
2006

Cut-out
169 × 145.5 cm
Springmeier Collection, Berlin

(Detail on pp. 132–33)

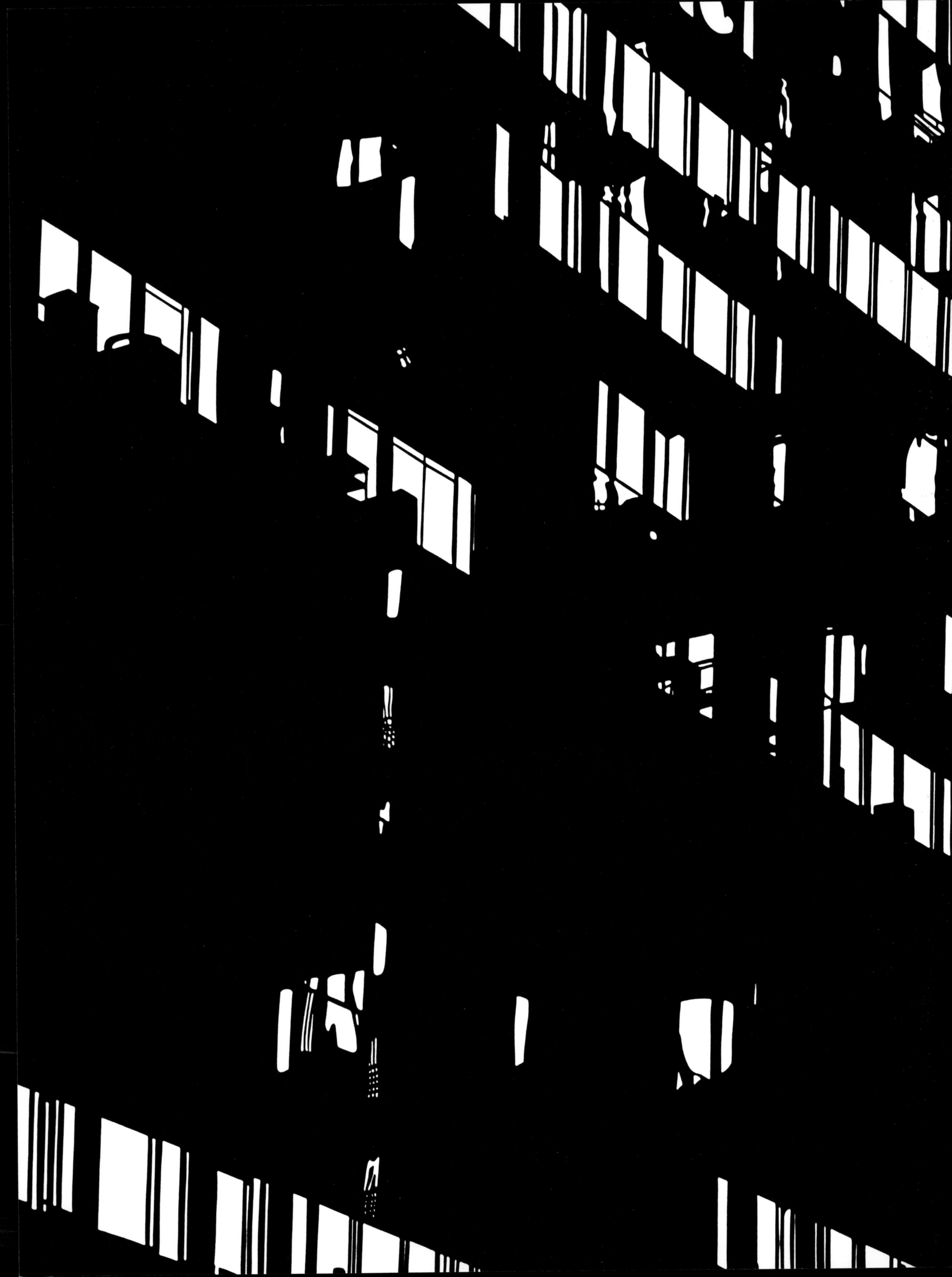

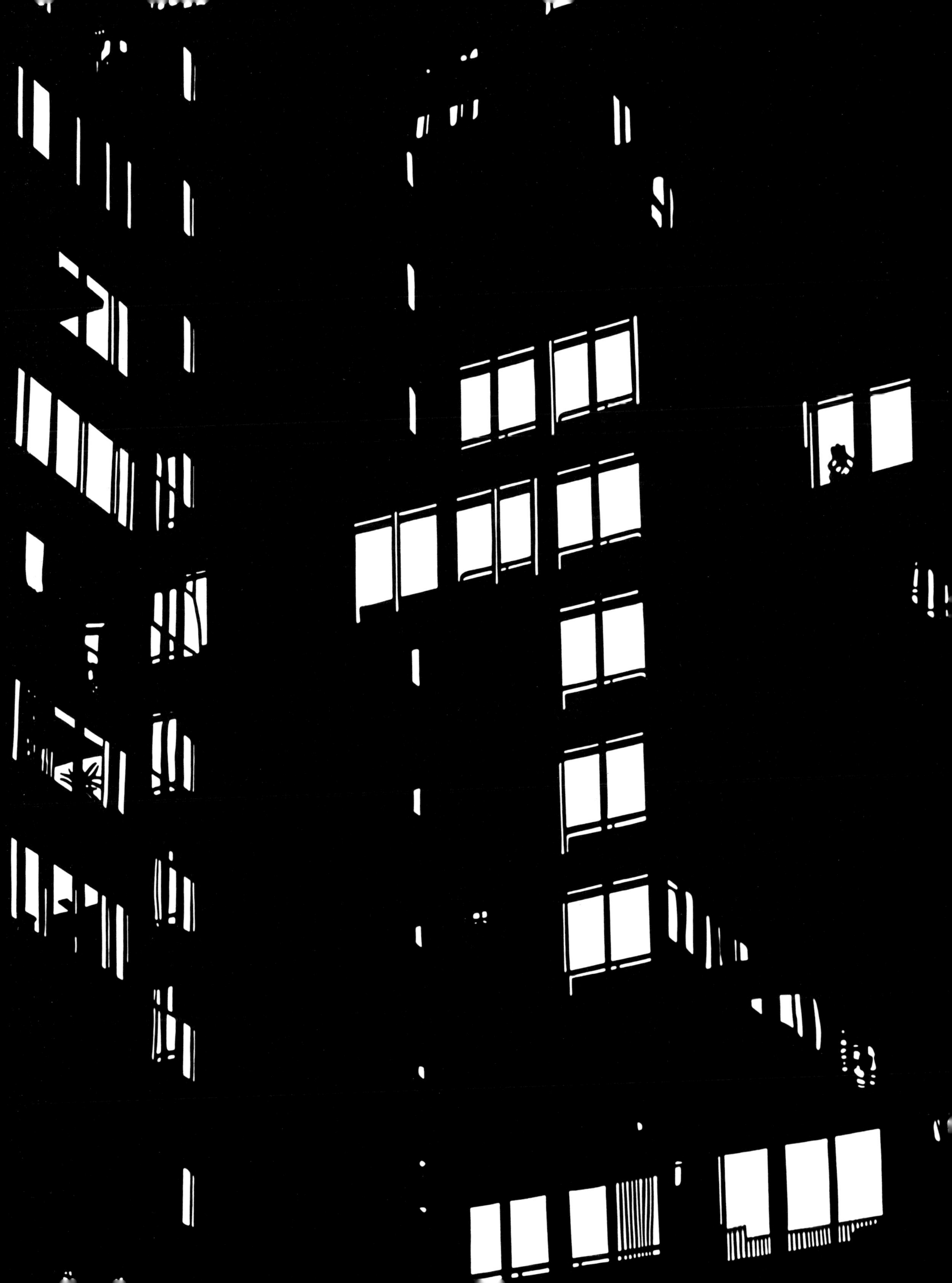

Biography
Biografie

1965
Born in Berlin / Geboren in Berlin
Lives and works in Berlin / Lebt und arbeitet in Berlin

1988–94
Studied at Hochschule der Künste Berlin in the class of
Prof. Dieter Appelt / Studium an der Hochschule der
Künste Berlin bei Prof. Dieter Appelt

1994
Master class of Prof. Dieter Appelt / Meisterschüler bei
Prof. Dieter Appelt

2004
Scholarship / Stipendium, Künstlerhaus Schloss Balmoral,
Bad Ems

Solo Exhibitions (Selection)
Einzelausstellungen (Auswahl)

2012
Black Beauty, Künstlerverein Malkasten, Düsseldorf (D)*
There Is Always Something Better, Dominik Mersch Gallery,
Sydney (AUS)
Rauchzeichen, Galerie der Stadt Remscheid (D)*
Papierschnitte, Kunstsammlung Neubrandenburg (D)*

2010
Automatencasino, September, Berlin (D)
New Works, Mai 36 Galerie, Zurich / Zürich (CH)

2009
Ephemeral Studies, Dominik Mersch Gallery, Sydney (AUS)

2008
Cut-Outs, Kunstverein Friedrichshafen (D)
Recent Cut-outs and First C-Prints, Galería Fúcares,
Madrid (ES)

2007
Schwarze Pumpe, Mai 36 Galerie, Zurich / Zürich (CH)
The Morning After the Night Before, Dominik Mersch
Gallery, Sydney (AUS)

2006
Platons Schatten, Galerie Jesco von Puttkamer, Berlin (D)

2005
Mai 36 Galerie, Zurich / Zürich (CH)
After Moriyama, Vous Etes Ici, Amsterdam (NL)

2004
Laden No.5, Künstlerhaus Schloss Balmoral, Bad Ems (D)*

2003
Mai 36 Galerie, Zurich / Zürich (CH)*
Grünau, griedervonputtkamer, Berlin (D)*
Cut-outs, Vous Etes Ici, Amsterdam (NL)

2002
Galerie nächst St. Stephan, Rosemarie Schwarzwälder,
Vienna / Wien (AT)*
Modelle, Galerie Koch und Kesslau, Berlin (D)

2001
Cut-Outs, griedervonputtkamer, Berlin (D)

1999
Digitale Oberflächen, Galerie Koch und Kesslau, Berlin (D)

1995
Neuform, allgirls gallery, Berlin (D)

1993
*Wenn ich mir eine Behinderung aussuchen könnte, dann
möchte ich auf keinen fall blind sein,* allgirls gallery, Berlin (D)

1992
Mongolismus und Mathematik, allgirls gallery, Berlin (D)

1991
The Sunny Side of The Moon, Botschaft e.V., Berlin (D)
Die Geschichte der Tränen, Galerie Bergmannstrasse 110,
Berlin (D)

Group Exhibitions (Selection)
Gruppenausstellungen (Auswahl)

2012
If You Can Give Me Love, Widmer+Theodoridis contemporary, Zurich / Zürich (CH)
Meeresrauschen, upstairs, Berlin (D)
5 – A Five Year Anniversary Exhibition, Dominik Mersch Gallery, Sydney (AUS)

2011
Cut. Scherenschnitte 1970–2010, Museum Moderner Kunst Kärnten, Klagenfurt (AT)*
SpielWiese, Widmer+Theodoridis contemporary, Zurich / Zürich (CII)

2010
FrischFleisch, Widmer+Theodoridis contemporary, Zurich / Zürich (CH)
Expanded Drawing, Galería Isabel Hurley, Málaga (ES)
Cut. Scherenschnitte 1970–2010, Hamburger Kunsthalle (D)*

2008
2x [(2x20) + (2x2)] + 2 = Xx (Desperately) Trying to Figure Out the World, Brooke Alexander Gallery, New York (USA)
2x [(2x20) + (2x2)] + 2 = Xx (Desperately) Trying to Figure Out the World, Mai 36 Galerie, Zurich / Zürich (CH)
Beyond Nature. Natur- und Landschaftsdarstellungen im 21. Jahrhundert, Galerie Heike Strelow, Frankfurt am Main (D)

2007
Schnittzauber, Burg Zug (CH)
Wer nicht auf seine Weise denkt, denkt überhaupt nicht, Widmer+Theodoridis contemporary, Zurich / Zürich (CH)
Ausgezeichnet!, Kunstverein Freiburg (D)*

2006
Trafic d'influence, Blancpain Art Contemporain, Geneva / Genf (CH)
New Trajectories I – Relocations: Recent Painting, Drawing and Multi-media Work from the Ovitz Family Collection, Los Angeles, The Douglas F. Cooley Memorial Art Gallery, Reed College, Portland, OR (USA)

2004
Schwarz auf Weiss. Zeichnerischer Realismus – zeitgenössische Positionen, Kunstmuseum Solothurn (CH)*
elegant underground, raumpool e. V., Frankfurt am Main (D)

2003
Schnipseljagd – Paper Chase, müllerdechiara, Berlin (D)
Cut Out, Galerie Barbara Gross, Munich / München (D)
Suite Voices #5, Vous Etes Ici, Amsterdam (NL)
Striche gegen das Nichts. Jahresausstellung, Darmstädter Sezession (D)

2002
Crossing Cultures – Elementarteilchenkunst, Jahresmuseum, Kunsthaus Mürzzuschlag (AT)

2000
Allee der Räume, Spielfeld, Berlin (D)
Schaustelle, Galerie Giesler, Berlin (D)

1995
allgirls, I space, Gallery of the College of Fine and Applied Arts, Chicago, IL (USA)
Studio Hellerau, Festspielhaus Hellerau, Dresden (D)
The Friendly Village, Milwaukee Institute of Art & Design, WI (USA)
Prawda i Metoda, Centrum Sztuki Współczesnej Zamek Ujazdowski, Bytom (PL)

1994
Ambulance, Le Faubourg, Strasbourg / Straßburg (F)
Reformhaus Thiel, Dirty Windows Gallery, Berlin (D)

1993
allgirls on tour, Galerie Eigen + Art, Leipzig (D)
transcEND AIDS, Watts Towers Arts Center + McGroarty Arts Center, Los Angeles/Tujunga, CA (USA)

1992
Hausgeist, NGBK, Berlin (D)
The Tina Friedrich Art Collection, Galerie Transit, Leuven / Löwen (B)

1991
Everything Is Perfectly Right, Botschaft e.V., Berlin (D)

* Catalogue / Katalog

Bibliography (Selection)
Bibliografie (Auswahl)

2012
· Frank Becker, »Faszinierende Kunstwerke mit dem Skalpell gefertigt«, in *rga,* April 28 / 28. April, p. / S. 26.
· Christian Peiseler. »Die Kunst des Scherenschnitts«, in *Bergische Morgenpost,* April 28 / 28. April, p. / S. B5.
· dpa / mv, »Papierkünstler Thiel eröffnet Ausstellungsjahr 2012«, *www.ostsee-zeitung.de,* January 23 / 23. Januar
· —, »Aktuell in der Kunstsammlung: Stefan Thiel Papier-schnitte«, in *Stadtanzeiger Neubrandenburg,* January 21 / 21. Januar, p. / S. 3.
· Winfried Wagner, »Die Vielfalt des Papierschnitts«, in *Anzeigenkurier Neubrandenburg,* January 18 / 18. Januar, pp. / S. 1, 3.
· Winfried Wagner, »Skalpell statt Schere: Papierkünstler zeigt Neues«, in *Nordkurier Neubrandenburg,* January 14–15 / 14./15. Januar, p. / S. 4.
· —, »Kunst per Skalpell: Papierkünstler Stefan Thiel«, *www.focus.de,* January 13 / 13. Januar.
· Susanne Schulz, »Mit einem Besucherrekord im Rücken ins Jubiläumsjahr«, in *Stadtanzeiger Neubrandenburg,* January 6 / 6. Januar, p. / S. 14.

2011
· Oliver Zybok, »Stefan Thiel«, in *CUT. Scherenschnitte – 20 aktuelle Positionen,* exh. cat. / Ausst.-Kat. Museum Moderner Kunst Kärnten, Klagenfurt, p. / S. 82.
· Kaey, »Porn Psaligraphy«, in *Horst,* 1, pp. / S. 68–81.

2010
· Oliver Zybok, »Stefan Thiel«, in *CUT. Scherenschnitte 1970–2010,* exh. cat. / Ausst.-Kat. Hamburger Kunsthalle, p. / S. 72.
· —, »Mit Schere statt Pinsel«, in *Elle Decoration,* 1, p. / S. 65.

2009
· »Landschaft / Landscape«, in *Harper's Magazine,* March / März, p. / S. 22.

2008
· Stefan Thiel, »D.-A.-F. de Sade, Die 120 Tage von Sodom«, in *Das Magazin des Instituts für Theorie, Taktilität – Sinneserfahrung als Grenzerfahrung,* December 12–13 / 12./13. Dezember, p. / S. 31.
· Harald Ruppert, »Scherenschnitt mal ohne Goethes Schädel«, in *Südkurier,* October 10 / 10. Oktober, p. / S. 23.
· Bettina Klix, »Ringtausch«, in *Der Tagesspiegel,* March 8 / 8. März, p. / S. 28.

· Ralf Schäfer, »Kunst existiert, wenn sie irritiert«, in *Schwäbische Zeitung,* January 12 / 12. Januar, p. / S. 20.

2007
· Hans-Dieter Fronz, »Tausend kleine Nadelstiche«, in *Südkurier,* 102, May 4 / 4. Mai, p. / S. 17.
· Yvonne Ziegler, »Linie mit Perspektive«, *www.artline.org,* April 20 / 20. April.
· Volker Baumeister, »Unter die Dinge gegangen«, in *Badische Zeitung,* April 4 / 4. April, p. / S. 23.
· Annette Hoffmann, »Die Zeichnung ist zurückgekommen«, in *Der Sonntag,* April 1 / 1. April, p. / S. 19.
· Felicity Lunn, »Walk the Line«, in *Ausgezeichnet!,* exh. cat. / Ausst.-Kat. Kunstverein Freiburg, ed. by / hrsg. von Felicity Lunn, Freiburg, pp. / S. 2–11.

2006
· Felicity Lunn, »Kunstwerk«, in *Berliner Morgenpost, Wochenendmagazin,* October 15 / 15. Oktober, p. / S. 12.
· Sophie Allgaardh, »När Texten blir Propp«, in *Paletten,* 3, pp. / S. 38–39.

2005
· Karl Haxel, »Thiel verband Privat- und Berufssphäre«, in *Rhein-Lahn-Zeitung,* August 4 / 4. August, p. / S. 12.

2004
· André Rogger, »Gezeichnete Vielfalt in Schwarz-Weiss«, in *Tagesanzeiger,* June 16 / 16. Juni, p. / S. 20.
· Eva Buhrfeind, »Die präzise Sichtung der äußeren Welt«, in *Aargauer Zeitung,* 104, May 5 / 5. Mai, p. / S. 15.
· Katharina Amman, »Schwarz auf Weiss. Zeichnerischer Realismus – zeitgenössische Positionen«, in *Schwarz auf Weiss. Zeichnerischer Realismus – zeitgenössische Positionen,* exh. cat. / Ausst.-Kat. Kunstmuseum Solothurn, Zurich / Zürich, pp. / S. 3–7.
· Ralph Ubl, »Gesichter ausschneiden / Cutting out Faces«, in *Stefan Thiel. Silhouetten,* exh. cat. / Ausst.-Kat. Künstlerhaus Schloss Balmoral, Bad Ems, ed. by / hrsg. von Danièle Perrier & Klaus Gallwitz, Bad Ems, pp. / S. 3–7.

2003
· Marc Spiegler, »Stefan Thiel at Mai 36 Galerie, Zürich«, in *ARTnews,* November, p. / S. 168.
· Harald Fricke, »Stefan Thiel«, in *Artforum,* October / Oktober, pp. / S. 182–83.
· Arjan Reinders, »De Opening / Stefan Thiel (Vous Etes Ici)«, in *Kunstbeeld,* October / Oktober, p. / S. 46.
· Wiebke Hüster, »Schwarz, Ocker, Gold«, in *Frankfurter Allgemeine Zeitung,* May 31 / 31. Mai, p. / S. 45.
· —, »Bunte Schatten an der Wand«, in *Q zwei,* April, p. / S. 34.

· Roberta de Righi, »Moderne Kunst entdeckt Romantik«,
in *Abendzeitung,* March 31 / 31. März, p. / S. 17.
· Justin Hoffmann, »Einschneidende Erlebnisse«,
in *Süddeutsche Zeitung,* March 12 / 12. März,
p. / S. 59.
· Katrin Bettina Müller, »Geschnittene Schatten«, in *tip,*
March 12 / 12. März, p. / S. 86.
· Carolin Fries, »Farbe ist kein Müll«, in *Süddeutsche Zeitung,*
SZ Extra, 54, March 6 / 6. März, p. / S. 3.

2002
· Andreas Hergeth, »Schatten reißen«, in *die tageszeitung,*
February 20 / 20. Februar, p. / S. 28.
· Carl Aigner, »Vom (Aus-)Schnitt der Bilder. Transfer und
Übersetzung in neuen Arbeiten von Stefan Thiel / On the
Cutting (Out) of Pictures. Transfer and Transposition in
Stefan Thiel's New Works«, in *Stefan Thiel. Cut-Outs,*
exh. cat. / Ausst.-Kat. griedervonputtkamer, Berlin; Galerie
nächst St. Stephan, Rosemarie Schwarzwälder, Vienna /
Wien; Mai 36 Galerie, Zurich / Zürich, pp. / S. 41–43.
· Edmund Piper, »Interview mit Stefan Thiel / Interview
with Stefan Thiel«, in *Stefan Thiel. Cut-Outs,* exh. cat. /
Ausst.-Kat. griedervonputtkamer, Berlin; Galerie nächst
St. Stephan, Rosemarie Schwarzwälder, Vienna / Wien;
Mai 36 Galerie, Zurich / Zürich, pp. / S. 21–25.
· Raimar Stange, »Schwarz auf Weiß. Zur ästhetischen
Strategie von Stefan Thiel / Black on White. On Stefan
Thiel's Aesthetic Strategy«, in *Stefan Thiel. Cut-Outs,*
exh. cat. / Ausst.-Kat. griedervonputtkamer, Berlin; Galerie
nächst St. Stephan, Rosemarie Schwarzwälder, Vienna /
Wien; Mai 36 Galerie, Zurich / Zürich, pp. / S. 4–7.

2001
· Angelika Heinick, »Träume zu Wattebäuschen«,
in *Frankfurter Allgemeine Zeitung,* November 17 /
17. November, p. / S. 56.
· Peter Richter, »Heute im Weinbergsweg: Die neue Früh-
jahrskollektion zum Ausmalen«, in *Frankfurter Allgemeine*
Zeitung, January 25 / 25. Januar, p. / S. 42.

1999
· Knut Ebeling, »Petting für Blinde«, in *Der Tagesspiegel,*
March 27 / 27. März, p. / S. 25.

1995
· Knut Ebeling, »Corporate Collecting Alive and Well«,
in *ARTnewsletter,* 21, 5, October 31 / 31. Oktober,
n. p. / o. S.
· James Auer, »Victimization, Indignation Dwell in ›Friendly
Village‹«, in *Milwaukee Journal Sentinel,* October 2 /
2. Oktober, p. / S. 38.

1993
· Nancy Kapitanoff, »Exhibits Against AIDS«, in *Los Angeles*
Times, October 15 / 15. Oktober, p. / S. 11.
· Harald Fricke, »Sehen und Tasten – Stefan Thiel in der allgirls
gallery«, in *die tageszeitung,* April 15 / 15. April, p. / S. 26.
· Katrin Bettina Müller, »Kunstnotizen«, in *tip,* April, p. / S. 25.

1992
· Jan Kenis, »Scheisse! Een schop tegen de schenen!«,
in *Het Belang van Limburg,* November 6 / 6. November,
p. / S. 31.

1991
· Ulrich Clewing, »Die Glaubwürdigkeit der Bilder wider
der Austauschbarkeit der Dinge«, in *die tageszeitung,*
September 27 / 27. September, p. / S. 25.
· Elke Melkus, »Nichts ist, wie es ist«, in *Berliner Zeitung,*
August 12 / 12. August, p. / S. 16.
· Harald Fricke, »Kreislaufstörungen«, in *die tageszeitung,*
August 2 / 2. August, p. / S. 22.
· Carsten Herz, »Feinripp als Weg zum Glück«,
in *Der Tagesspiegel,* July 23 / 23. Juli, p. / S. 23.

This book is published in conjunction with the exhibitions /
Diese Publikation erscheint anlässlich der Ausstellungen

Stefan Thiel. Papierschnitte
Kunstsammlung Neubrandenburg
January 15 – March 18, 2012
15. Januar – 18. März 2012

Stefan Thiel. Rauchzeichen
Galerie der Stadt Remscheid
April 29 – June 17, 2012
29. April – 17. Juni 2012

Stefan Thiel. Black Beauty
Künstlerverein Malkasten, Düsseldorf
October 3 – November 11, 2012
3. Oktober – 11. November 2012

Cover illustration / Einbandabbildung:
Stefan Thiel
Filmstill 9 (à bout de souffle), 2008

Catalogue / Katalog

Editor / Herausgeber:
Oliver Zybok

Concept / Konzept:
Victor Gisler, Stefan Thiel, Oliver Zybok

Editing / Redaktion:
Oliver Zybok

Graphic design, typesetting, & reproductions /
Grafische Gestaltung, Satz & Reproduktionen:
Palla Grafik Design sgv, Zollikon/Zürich

Translations / Übersetzungen:
Katrin A. Velder

Copyediting / Lektorat:
Clemens von Lucius (German / Deutsch)
Vajra Spook (English / Englisch)

Reproductions / Reproduktionen:
Mediaviso AG, Zürich

Production / Verlagsherstellung:
Hannes Halder & Monika Reinhardt, Hatje Cantz

Paper / Papier:
Munken Print Cream 15, 115 g/m²; Luxo Art Samt New, 150 g/m²

Printing / Druck:
Dr. Cantz'sche Druckerei Medien GmbH, Ostfildern

Binding / Buchbinderei:
Buchbinderei Dieringer, Gerlingen

© 2012 Kunstsammlung Neubrandenburg, Galerie der Stadt Remscheid,
Künstlerverein Malkasten, Düsseldorf, Hatje Cantz Verlag, Ostfildern,
the authors / die Autoren

© 2012 for the reproduced works by Stefan Thiel: the artist / für die
abgebildeten Werke von Stefan Thiel: der Künstler

© 2012 for the reproduced works by / für die abgebildeten Werke von
John Heartfield & Henri Matisse: VG Bild-Kunst, Bonn

Images mentioned / Bildnachweis
Page / Seite 17: Jean Huber, *Der auf der Insel Lemnos ausgesetzte
Philoctet,* 1776–80, White cut-out mounted on black paper / Weißschnitt,
auf schwarzes Papier montiert, 42,9 × 55 cm, Fondation William Cuendet
et Atelier de Saint-Prex, Musée Jenisch, Vevey
Page / Seite 20: Philipp Otto Runge, *Lilien,* approx. / um 1805, Double-
folded white cut-out placed on gray paper / doppelt gefalteter Scherenschnitt weiß, auf graues Papier aufgelegt, 28 × 22 cm, Staatliche Kunst-
sammlungen Weimar

Published by / Erschienen im
Hatje Cantz Verlag
Zeppelinstrasse 32
D-73760 Ostfildern

Tel. +49 711 4405-200
Fax +49 711 4405-220
www.hatjecantz.com

You can find information on this exhibition and many others
at www.kq-daily.de. / Informationen zu dieser oder zu anderen
Ausstellungen finden Sie unter www.kq-daily.de.

Hatje Cantz books are available internationally at selected bookstores.
For more information about our distribution partners please visit
our website at www.hatjecantz.com

ISBN 978-3-7757-3415-8
Printed in Germany

Exhibitions / Ausstellungen

Overall concept and coordination /
Gesamtkonzeption und -koordination:
Oliver Zybok

Kunstsammlung Neubrandenburg
Grosse Wollweberstrasse 24
D-17033 Neubrandenburg

Tel. +49 395 555-1290
Fax +49 395 555-1299
kontakt@kunstsammlung-neubrandenburg.de

Concept / Konzeption: Merete Cobarg, Stefan Thiel

Director / Leiterin: Merete Cobarg
Office / Sekretariat: Sylvia Kolb
Museologist / Museologin: Angela Günther
Public relations / Öffentlichkeitsarbeit: Elke Pretzel
Art education / Museumspädagogik: Heidemarie Tworke

Galerie der Stadt Remscheid
Scharffstrasse 7–9
D-42853 Remscheid

Tel. / Fax +49 2191 162798
galerie@remscheid.de

Concept / Konzeption: Stefan Thiel, Oliver Zybok

Artistic director / Künstlerischer Leiter: Oliver Zybok
Curatorial assistant / Kuratorische Assistenz: Tom Horn
Administration / Verwaltung: Uwe von Lonski
Public programs / Kunstvermittlung: Ute Lennartz
Technical support / Ausstellungstechnik: Thorsten Loers

Künstlerverein Malkasten, Düsseldorf
Jacobistrasse 6a
D-40211 Düsseldorf

Tel. +49 211 356471
Fax +49 211 360678
info@malkasten.org

Concept / Konzeption: Stefan Thiel, Oliver Zybok

Board of directors / Vorstand:
Robert Hartmann (Chair / 1. Vorsitzender),
Bernd Peters (Vice Chair / 2. Vorsitzender),
Johannes auf der Lake, Thilo Hirsig, Michael Kortländer,
Johannes Lenhart, Olaf Maubach, Melanie Richter, Katja Stuke,
Matthias Wetterau, Thomas Wündrich

Curator / Kurator: Oliver Zybok
Office / Sekretariat: Lisa Kuschmann, Dorothée Kuschmann
Archive / Archiv: Sabine Schroyen
Website / Internet: Britta Helmerdig
Technical support / Ausstellungstechnik: Kruno Stipesevic, Nika Span

Acknowledgments / Dank

Victor Gisler, Oliver Zybok, Nando Palla,
Dominik Mersch, Jordanis Theodoridis &
Werner Widmer, Raimar Stange, Stefan Neuner,
Merete Cobarg, Robert Hartmann,
Christina Bleuler, Christian Vuillemin, Kurt Schatt,
Katrin Velder, Heiko Wagner
as well as the employees of / sowie den
Mitarbeiterinnen und Mitarbeitern der
Mai 36 Galerie (Zurich / Zürich),
Kunstsammlung Neubrandenburg,
Galerie der Stadt Remscheid & des
Künstlervereins Malkasten (Düsseldorf).